北京教育科学研究院学术著作出版资助基金项目
研究得到了"联校教育、社会科学、医学研究论文奖计划"的奖励资助

杨小敏 著

办学条件及其对学生的影响

基于中国农村义务教育阶段中小学校的实证研究

**School Running Condition and
Its Effects on Students:**
An Empirical Study Based on the Ordinary Elementary and
Junior High Schools of Compulsory Education in Rural China

北京师范大学出版集团
BEIJING NORMAL UNIVERSITY PUBLISHING GROUP
北京师范大学出版社

前　言

　　本书是基于笔者的博士论文修改而成的。关注农村义务教育阶段学校的办学条件并将其作为博士论文的选题，既是缘于偶然，也是出于一种必然。偶然在于笔者 2009 年博士入学之初所参与的一个有关农村义务教育办学条件的咨询项目，必然在于笔者视听、思考与行为的惯性，或者说是一种研究上的"路径依赖"，具体表现在两个方面：其一，感官所察觉的中小学办学条件明显的校际差异和区域差异，尤其是农村地区中小学校办学条件总体上相对落后这种现实，以及在初步研究、分析基础上所呈现的经验证据使笔者不断关注农村学校办学条件问题；其二，近些年出现的乡村学校"豪华"建筑的典型个案激起了人们在面对教育资源不均衡时，"不患寡而患不均"的社会情绪，引发了包括众多新闻媒体在内的社会各界对中小学建设广泛而持续的关注和议论，也进而激发了笔者对学校建筑设施尤其是农村学校办学条件问题更加浓厚的研究兴趣。

　　2010 年 9 月 5 日，南京《扬子晚报》发表了一篇图文并茂的报道——《苏州耗资过亿建小学　教室配洗手间地热空调》，其"富贵逼人"体现在"看规模，花 1.1 亿，还以为是商业楼盘；看设施，装了地热空调，每个教室配洗手间；看收费，按国家标准，六年级只收 14 块"①。于是，这所在苏州乃至全国硬件条件最好的小学，经过包括中央电视台等媒体的聚焦，将社会民众对学校高标准建设的议论推向了舆论的风口浪尖。

---

　　①　苏州耗资过亿建小学　教室配洗手间地热空调 . http：//news. sohu. com/ 20100905/n274712315. shtml.

早在 2009 年 3 月 30 日，湖南红网论坛中一篇附有照片的文章《张家界有座中国最牛的乡村小学》①，就已经引发了社会各界对中小学尤其是农村地区学校"花巨资建设"的争论，记者随后核实该校是由政府投资约 4000 万元，修建在张家界武陵源景区的武陵源二中新校舍。该校舍有几栋极具民族特色的房子，白墙黑瓦，依稀还能看到上面的"小学部""综合楼"字样，校舍周围还有盛开的油菜花、桃花、紫罗兰等。

2009 年 9 月，被媒体誉为"形似别墅的中国最美希望小学"——重庆云阳县盘龙镇中国海外三峡希望小学②，也一度引起社会各界的热议，该校则是由中海集团投资 350 万元兴建的一所占地近 5 亩的小学，校舍面积约 2000 平方米，按抗八级地震标准采用全框架结构设计，教育设施设备齐全，校园环境优美。

这三个个案除了事件本身的新闻效应外，还以一种标志性的姿态鲜明地体现了我国中小学建设现代化的发展趋势和时代特征，也反映出地方政府投资基础教育以及社会参与义务教育办学的努力与热情。有人评价这种高规格建设是"再穷也不能穷教育的大手笔"，相比政府动辄修建豪华办公楼的行为，是一种理念的进步，对办学条件的改善会起到一种良好的示范作用。同时，按照教育现代化的标准修建学校，让孩子接受更好的教育，是家长的期盼也是政府的责任。也有人认为，在我国基础教育发展不均衡的当下，斥巨资修建豪华校园是一种过度投资的行为，不仅浪费了稀缺的教育资源，还带来教育差距扩大、攀比建设等负面影响。

纵然存在如此争议，但可以肯定的是，这只是当前学校建设在社会观察中被放大出来的局部。现实中，经济发展的成果已经在更多、更大范围内为民所享，在学校教育投入水平总体上有很大提高的当下，我们不难找到投入大量人力、物力和财力修建的豪华、环境美丽、设

---

① 张家界有座中国最牛的乡村小学. http：//bbs. rednet. cn/forum. php? mod＝viewthread＆tid＝22648211.

② 中国最美希望小学如别墅　耗资 350 万可修 17 所希望小学. http：//news. sohu. com/20090827/n266256920. shtml.

施齐备的现代化学校，尤其是在城市和经济发达的农村地区。

值得引起注意和深思的是，这一现象凸显了我国农村地区义务教育阶段中小学校办学条件的改善。但是，目前我国教育资源仍然处于不均衡的状态，稀缺教育资源如何合理有效配置，包括在地区之间、学校之间以及学校内部的分配和使用，都值得关注。也就是说，我们在进行教育投入的时候应该拿捏一种尺度，做到不偏不倚、恰到好处，让良好的办学条件服务于学校教育教学活动，而不是流于形式。这背后更为重要和根本的是，学校器物与环境层面的办学条件对教育教学活动，对学生的学业和身心的发展是否有显著的影响，有什么样的影响，如何影响。

遗憾的是，这一系列的问题因人们对办学条件的习以为常而很少得到足够的关注，其自然也没有能够完全进入学术界的研究视野，相关内容只是散见于国家的有关方针、政策、法律法规以及其他研究报告之中。此外，通过初步的资料查阅，笔者注意到这种状况在以美国为代表的西方国家也是如此，但他们的学术界已经有人进行了卓有成效的研究。相比之下，尽管自新中国成立以来，全国中小学校的办学条件在实践的层面得到持续改善，但是由于办学条件重要性的不言而喻，基于诸如办学条件的何种程度为好等实际问题的解决和国家相关政策与规划建议的系统性科学研究，基本上还没有开始。

缘于此，笔者结合自己农村生活经历的所见所闻、所感所想和当前城乡二元结构中我国农村社会的现实背景以及农村教育改革发展的总体状况，利用统计和实地调查数据，围绕农村地区义务教育阶段中小学办学条件进行了较为系统的探究。

本研究立足于教育现代化进程中城乡二元结构的社会现实，在宏观、中观、微观层面，利用教育统计数据和基线调查数据对我国农村地区义务教育阶段中小学校的办学条件及其对学生学业成就的影响进行系统的实证分析。首先，研究针对农村义务教育阶段普通中小学校办学条件的基本现状进行学校平均（简称校均）和学生平均（简称生均）层面的存量与变化趋势分析，并比照国家中小学建设条件标准，分指标描述其存在的差距。其次，研究分区域（东中西部）、省际、省内县际对学校器物层面主要办学条件指标的差异进行刻画。再次，研究从学校和学生个体层面探寻办学条件对学生的影响及其发生机制。最后，笔者基于相关分析结论提出相应的政策建议，并对研究的不足之处进行讨论，对进一步的研究予以展望。

研究表明，伴随着近十年的农村中小学布局调整和农村学龄人口的总体减少，农村中小学学校数大规模缩减，进而表现为学校占地面积和建筑面积总量的下降，全国农村义务教育阶段中小学校办学条件在总体上得到明显改善，学生学习和生活空间也逐步扩大。但是这种改善还是停留在"一无两有"（校校无危房，班班有教室，学生人人有课桌凳）基本实现的较低水平上，土木和砖木结构的校舍建筑还大量存在于农村中小学校，在教学及辅助用房方面还是局限于基本的普通教室建设。

全国农村义务教育阶段中小学校办学条件无论相对于国家标准还是在空间层面的区域、省际、省内县际方面都有较大差异。农村中小学办学条件在绝大部分建设指标上没有达到国家标准的基本要求。但是生均教学用房尤其是普通教室等基本办学条件达标情况较好，农村中小学办学条件在区域、省际、省内县际几方面及学段间明显不均衡。西部地区农村中小学办学条件整体较差，东、中部发达省份农村中小学办学条件总体上优于西部省份。省内县际的办学条件不均衡现象比较普遍，不同县域的农村中小学办学条件差异较大，并且东部部分省份县际层面的办学条件差异更为明显。另外，农村初中办学条件整体优于小学。

在以学校和学生为分析单元的微观层面，样本地区农村中小学在建筑用房、校园（生活）环境等方面的基本办学条件对学生学业成就没有统计意义上的显著影响。同时，在简单回归分析的基础上，通过结构方程模型对学业成就影响因素进行的结构路径分析，发现学校基本办学条件对学生学业成就影响的内在传导机制没有得到证实。

杨小敏
2015 年 5 月

目　录

第一章　导论

第一节　问题的提出

纵观新中国成立以来 60 多年的社会发展历程，尤其是进入 21 世纪后的第一个十年，在"两基"（基本普及九年义务教育和基本扫除青壮年文盲）攻坚的过程中，我国政府在中央财政的大力支持下，实施了"国家贫困地区义务教育工程"、国家西部地区"两基"攻坚计划、全国中小学危房改造工程、农村寄宿制学校建设工程、农村中小学现代远程教育工程、中西部农村初中校舍改造工程、农村义务教育学生营养改善计划等一系列重要工程和重大项目，旨在全面改善落后地区和广大农村地区义务教育阶段中小学校办学条件。这些项目的总体实施效果如何？因而，全国农村义务教育阶段中小学校（本研究中的义务教育阶段中小学校等同于义务教育阶段学校）办学条件改善的现状和根本原因是本研究要回答的"基本问题"①。这一围绕办学条件的问题集，根据研究的边界和可行性分解为如下几个具体问题。

一、办学条件以及农村义务教育阶段中小学校办学条件的现状

这个问题是要梳理清楚农村义务教育阶段中小学校办学条件改善的现状，尤其是和既有的国家标准相比，各种指标处于何种水平。

在实践中，往往因为概念上的广义表述，人力和财力的因素一直

---

① 安德鲁和希尔布兰德、威廉斯所说的"疑难问题"，参阅唐·埃思里奇. 应用经济学研究方法论. 北京：经济科学出版社，2007：116.

被归到办学条件的范畴，为社会各界所关注并成为学术界广泛而深入研究的主题，在任何时期的社会，教育教学活动的开展，教育者和经费（主要是作为教师工资的人员经费）总会得到优先考虑①。相比之下，器物层面的办学条件则不太受到重视，其质量和标准甚至因"教育教学活动可以发生在任何时间和地点"这样一种根深蒂固的传统认识而遭到忽略。毕竟，在人类社会发展的历程中，教育教学活动的开展是跨越了不同外在物质环境和条件的，而教育者和受教育者是一直存在的教育教学活动的基本要素。在普及义务教育的过程中，政府通过一系列的举措注重了基本办学条件的改善。那么，农村义务教育阶段中小学办学条件改善后的情况如何？因而，本研究首先要进行"办学条件"的界定和阐述，进而通过相关方法和手段，进行数据分析，然后对"办学条件"做一个阶段性的总体分析和判断。

二、不断改善农村义务教育阶段中小学校办学条件的意义

对这一问题的回答，本研究从微观的层面分析学校办学条件对学生学业成就和行为影响的发生机制和程度，为农村义务教育阶段中小学校办学条件的改善提供经验证据。即研究在教育教学的意义上，办学条件是否对学生产生影响，通过何种方式或途径产生影响。

随着学校教育的产生和班级授课制的出现，除了教师，校舍、课桌椅等就是办学的首要的必备条件之一。但是一直以来，"必要和重要"这一潜在假设只是一种应然判断。因而，无论在理论还是实践层面，为什么要改善办学条件，从来都缺少清晰的答案和强有力的证据支持。此外，由于在不同时期受社会经济文化和科技水平的客观限制，当政者在对有限的资源进行分配的过程中面临利益主体的博弈，加之教育体系本身在一个社会中处于从属地位，以及法制的不健全等因素的制约，学校的办学条件是非常容易被忽略的。

---

① 当然，受制于社会经济发展水平和国家财力，人员经费也有难以保障的时候，例如，在我国 20 世纪 90 年代，在全国范围内出现的"教师工资拖欠"及其引发的一系列教育教学问题。此外，也存在着政府公共财政预算的约束和特定阶段器物性办学条件投入的增加，挤出了对师资建设的投入问题。

如此，办学条件作为教育教学的必要组成部分，也只是单纯地被改善，要么是一种"迫不得已"，要么就是一种"锦上添花"，其本身在教育教学中的影响和更为宽泛的教育意义，很难得到关注和发挥，而这恰恰又是我们改善办学条件意义的根本所在，即促进受教育者——学生的发展。因而，本研究选择学生学业成就这一个可测量的维度，分析办学条件对学生发展的影响，在根本上探讨办学条件改善的必要性。

三、进一步改善农村义务教育阶段中小学校办学条件的路向选择和举措

对本问题的回答，要在梳理清楚我国农村义务教育阶段中小学校办学条件现状及其对学生学业成就与行为影响的前提下，结合实际，在政策的层面提供应对的方略。

如何进一步改善农村义务教育阶段中小学校办学条件是一个现实的教育实践问题，在逻辑上和前两个问题一脉相承，也是本研究的一个基本旨归。对办学条件改善的忽略与我们的偏见是有必然联系的，因为我们对办学条件是什么及其对教育教学和学生发展的影响缺乏真知灼见，于是我们很难做到条分缕析，有针对性地按照某一标准，采用合理的方式方法予以应对。

第二节 研究的目的和意义

一、研究的目的

艾尔·巴比在其《社会研究方法》一书中说，社会研究要满足许多目的，但探索、描述和解释是 3 个基本的、有用的目的。探索主要是对某个议题进行探讨，并提供初步的认识，其特点在于满足研究者的好奇心和更加了解某事物的欲望，探讨对某议题进行细致研究的可行性，发展后续研究中需要使用的方法。描述主要回答"是什么？在哪里？什么时间？如何进行？"等问题。解释则在于说明"为什么？"①
从这个意义上讲，本研究兼有这三者的目的，旨在通过初步的尝试和
探索，围绕农村义务教育阶段中小学校办学条件这一议题进行宏观、
中观层面的现状描述与分析，并从基于学生个体发展的微观层面回答
为什么（解释）要不断改善农村义务教育办学条件，进而为新时期改
善我国广大农村地区义务教育阶段中小学校办学条件政策的制定、专
项工程的计划施行、学校标准化建设等方面②提供一种科学的参照和
政策建议，从而在根本上促进人的培养与教育。

二、研究的意义

（一）知识的发现与增进

关于"研究"，有很多不同的陈述，唐·埃思里奇给予的定义为
"研究是获取新的可靠知识的系统方法"，是系统的、规则的，作为一
种途径，遵循一定的顺序或一系列步骤而不限于实验室方法或文献查
找等的某种活动类型，目的是获得新的（尚未被人所认识）而且是可
靠的（能够被证明）知识。

在全世界的范围内，学校建筑设施、物理环境等器物层面办学
条件的有关研究，与其在教育教学活动中的必要性和重要性是不相

---

① 艾尔·巴比. 社会研究方法（第 11 版）. 北京：华夏出版社，2009：90～
91.

② 根据党的十七大关于"优先发展教育，建立人力资源强国"的战略部署
所制定的《国家中长期教育改革和发展规划纲要（2010—2020 年）》（简称《纲
要》）提出把促进公平作为国家基本教育政策，教育改革发展的核心任务是提高质
量，并且强调在合理配置资源的前提下注重向农村地区、边远贫困地区和民族地
区倾斜，加快缩小教育差距。针对义务教育，《纲要》规划的未来 10 年发展任务
是建立国家义务教育质量基本标准和监测制度，严格执行义务教育国家课程标准，
配齐音乐、体育、美术等学科教师，开足、开好规定课程。并且要推进义务教育
学校标准化建设，完善城乡义务教育经费保障机制，科学规划、统筹安排、均衡
配置、合理布局，实施中小学校舍安全工程，集中开展危房改造、抗震加固，实
现校舍安全达标；改造小学和初中薄弱学校，尽快使义务教育学校师资、教学仪
器设备、图书、体育场地基本达标；改扩建劳务输出大省和特殊困难地区农村寄
宿设施，改善寄宿条件。

匹配的，相关的问题还没有成为研究者优先考虑的研究选题。相比较而言，美国的学术界在器物层面的学校建筑、设施等办学条件方面秉承微观的实证分析传统，在对学校办学条件和学生发展之间关系探析的基础上先行开展了研究，并且已经在实践的层面为政府的教育决策提供了参考。从既有的文献资料来看，我国在这方面的研究则比较少见，更缺少对学校办学条件专门而系统的研究。本研究基于全国范围的《中国教育统计年鉴》数据和世界银行贷款、英国政府赠款的"西部地区基础教育发展项目"评价研究对农村地区大规模抽样调查的数据，借鉴国外既有的理论模型，采用实证研究的统计和计量方法与技术，探究我国的现实问题，关注办学条件以及与之相关的教育投资、财政政策等领域的知识，以期对进一步的研究有所贡献。

（二）实践的指导与改造

实践需要理论的指导，培养人的教育实践活动更需要切实的理论指导，即便是"摸着石头过河"，也需要相关的知识准备。

我国教育改革与发展的实践正处于一个新的时代起点，面对"基本实现教育现代化，基本形成学习型社会，进入人力资源强国"的战略目标，我们要想真正做到继往开来，就需要扬长补短。本研究在公平、高效和优质的教育诉求中探究农村义务教育的实际问题，以器物层面的投入为切入点分析农村地区义务教育阶段中小学校办学条件的历史现状，探究办学条件对学生学业成就的影响机制，进而为办学条件改善以及学校标准化建设在重要性和可行性的层面提供经验证据，因而本研究具有重要的现实意义。比如，如果研究结果表明，学校办学条件总体情况及不同因素对学生学业成就和行为存在影响，那么说明我们对农村义务教育阶段中小学校办学条件的投入无论在公平还是在提高质量的角度，都是有意义的，从而能够继续加强农村义务教育阶段中小学校办学条件的改善，在标准化的建设中为政府的经费投入决策和学校管理提供依据；如果研究表明不存在影响，那么就需要进一步分析原因，确保资源的合理有效利用，为政策的实施提供有针对性的参考。

第三节　研究方法和数据来源

一、研究方法

研究方法有赖于研究的目的和问题，而研究的问题可以侧重于专业基础研究，也可以侧重于专题研究或对策研究，或者是 3 种研究的任何组合。① 根据研究的目的和拟回答的问题，本研究在方法上将质性和量化相结合，进行历史文献分析的同时基于统计数据和基线调查数据进行经验分析。针对农村义务教育阶段中小学校办学条件的研究，主要运用描述统计和归纳，对于办学条件对学生学业的成就和行为的影响则应用了线性回归和结构方程模型（SEM，Structural Equation Modeling）工具和相关具体方法。

（一）历史文献分析

文献分析是否是一种方法存在争议，尤其是在人文社会科学面对实证主义的"科学研究"范式时。但是在社会科学研究的方法谱系当中，历史文献分析被广泛地运用在人类学等各种领域，而且随着不同学科的不断融合和"实用主义"方法论的兴起，文献研究也更多地倾向于对实际问题的回答。

教育作为一种独特的社会实践活动，从一定意义上讲终究是一个领域，也就是说在一定的目的和原则的约束下，各种不同的方式方法都可以利用，不同的关注者可以从不同的切入点介入。同样，作为一个共同体的教育研究者，更应该吸收借鉴不同的理论方法。

此外，科学研究是一种不断积累和发展的发现真理和增长知识的过程，必须要立足于历史。因而，本研究围绕农村义务教育阶段中小学办学条件进行了文献的搜集、整理和分析，阐述了相关理论，将这些理论作为研究的基础并提出了核心概念。具体而言，笔者对农村义务教育阶段中小学办学条件的现状进行了分析，也对相关的国家标准

①　唐·埃思里奇将研究分为 3 类。

和政策文本进行了文献分析。

（二）描述统计分析

本研究主要基于《中国教育统计年鉴》的数据，对全国农村义务教育阶段中小学办学条件现状进行了分析①，本研究还利用了我国西部地区五省的抽样调查数据，在研究方法上采用了总量和均值分析法。

具体在办学条件基本现状上，笔者对办学条件的 4 类②指标及下级指标从存量和变化趋势两个维度上进行了总量和均值的描述分析和总结归纳，均值又包括了校均和生均两个层面。在对办学条件现状同国家标准进行比较时也是基于均值分析，基于对全国农村义务教育阶段中小学办学条件现状的分析，进而对 2008 年办学条件指标的生均值从两个方面进行差异评估：其一，以 2008 年《农村普通中小学校建设标准》（简称《2008 年农村标准》）为参照，对比分析 2008 年农村义务教育阶段中小学办学条件与国家标准的差距；其二，分指标进行区域（东中西部）、省际、省内县际 3 个层面办学条件的不平衡状况分析，从而发现我国农村义务教育阶段中小学阶段办学条件的差异问题。

同时，研究运用频次和百分比等统计量，在进行区域、省际和省内县际办学条件不均衡状况分析时，运用了均值的变异系数来表示相应的差异；在对基于抽样调查的学校层面的办学条件及其影响进行考察时，运用了因子分析、聚类分析、信度检验、均值分析法的独立样本 t 检验等统计分析方法。

（三）结构方程模型

在微观层面，以学校为分析单元探究办学条件对学生影响的内在机制时，本研究利用了结构方程模型，也就是基于变量的协方差矩阵来分析变量之间关系的一种统计方法，也被称为协方差结构（Covariance Structure Modeling）分析。它的一个重要的特点是能够

---

① 需要向读者说明的是，本研究在进行办学条件数据分析时，在总体上对数据进行了保留两位小数的处理，因此本书有关办学条件内容中的数字不是原始统计数据的精确值，而是约值。此外，在比例的使用上，没有采取保留小数点后若干位的处理方法，而是在总体上进行了取整。

② 在本研究的分析框架中整合为教学用房和教学仪器设备两大类。

同时进行潜在变量的估计与复杂自变量、因变量预测模型的参数估计。因而也被归为多变量统计的一环。

1. 模型的构成

这一模型包括测量方程（Measurement Equation）和结构方程（Structural Equation），前者描述潜变量与指标之间的关系，如家庭收入等指标与社会经济地位的关系，后者描述潜变量之间的关系，如社会经济地位与学业成就之间的关系。

（1）测量方程

$$x = \Lambda_x \xi + \delta$$
$$y = \Lambda_y \eta + \varepsilon$$

方程中，x 是外源指标或观察变量组成的向量。y 是内生指标或观察变量组成的向量，例如语文、数学、英语成绩就是观察变量。Λ_x 是回归类型，反映外源指标与外源潜变量之间的关系，如社会经济地位指标与潜社会经济地位的关系，是外源指标被外源潜变量解释的回归矩阵，即 ξ 到 x 的因素载荷。Λ_y 是回归类型，反映内生指标与内生潜变量之间的关系，如语文、数学、英语成绩与学业成就的关系，是内生指标被内生潜变量解释的回归矩阵，即 η 到 y 的因素载荷。δ 和 ε 系方差/协方差类型，分别表示外源指标 x 与内生指标 y 被各自的潜在变量解释不完全的测量残差，在模型中以误差项协方差矩阵 Φ_δ 存在。

（2）结构方程

对于潜变量之间的关系，如社会经济地位与学业成就之间的关系，通常用如下结构方程表示：

$$\eta = B\eta + \Gamma\xi + \zeta$$

其中，η 是向量类型，表示内生潜变量，如学业成就。ξ 是外源潜变量，如社会经济地位。B 是回归类型，反映内生潜变量之间的关系，如学业成就与其他内生变量之间的关系，是内生潜变量被内生潜变量解释的回归矩阵，即 η 到 η 的回归系数。Γ 是回归类型，反映外源潜变量对内生潜变量的影响，如社会经济地位对学业成就的影响，是内生潜变量被外源潜变量解释的回归矩阵，即 η 到 ξ 的回归系数。ζ 是结构方程的残差，反映了 η 在方程中未能被解释的部分，在模型中以误差项的协方差矩阵 Ψ_ζ 呈现。

潜变量间的关系，即结构模型，通常是研究的兴趣与重点，所以整个分析也称结构方程模型，完整的参数图参见附录1。

2. 模型的分析步骤和特征

分析的步骤一般分为模型建构、模型拟合、模型评价和模型修正4个步骤。① 因素分析和回归分析是 20 世纪影响社会科学研究较大的统计方法。1904 年，斯皮尔曼（Spearman）提出的心理特质的潜在结构因素分析模型，开启了潜在变量模型的大门。另一方面，赖特（Wright）自 1918 年开始，将回归分析扩大到多重联立方程式的估计，正式将回归分析提升到路径模型的层次。很长一段时间以来，潜在变量模型与路径分析这两个重量级的量化范式蓬勃发展，但始终没有交集。直到 20 世纪 70 年代，约斯克格（Jöreskog）利用数学矩阵的观念将两种范式巧妙整合，从而开创了一个崭新的量化研究范式，正式宣告结构方程模型的时代来临。

结构方程模型包含多种统计方法。如果各因子可以直接测量（因子本身就是指标），则结构方程分析就是回归分析。若只考虑因子之间的相关，不考虑因子之间的因果关系，即没有结构模型这部分，则结构方程分析就是因子分析。此时若要检验数据是否符合某个预先设定的先验模型，结构方程分析便成为验证性因子分析。我们也可以利用结构方程分析做一般探索性因子分析。

建构结构方程模型使用比较普遍的是 AMOS 或 LISREL 软件。AMOS 与 LISREL 各有千秋。AMOS 的最大特色是可视化图形界面操作，不必撰写程序，直接在工具箱中选择适当的图标（对象），然后在绘图区制作结构方程模型，交代数据文件的来源，点选指令产生结果，适用于模型修正与模型设定探索等。而 LISREL 的特色是程序导向，程序中要交代数据文件的来源、观察变量与潜在变量的关系、产生路

_____

① 侯杰泰，温忠麟，成子娟 . 结构方程模型及其应用 . 北京：教育科学出版社，2004：131.

径图等，以产生结果，可进行多层次模型分析、绘图和同质性检验。①

二、数据来源和分析单元

本研究所采用的数据包括两个部分。

第一部分是《中国教育统计年鉴》数据，用于对全国范围农村义务教育阶段学校的办学条件现状进行系统分析。本书的统计范围均不包括我国台湾、香港和澳门地区，因此统计范围仅为除我国台湾、香港和澳门地区之外的 31 个省份。

第二部分数据来源于北京师范大学教育经济研究所杜育红教授主持的"西部地区基础教育发展"项目（Basic Education in Western Areas Project）的项目监测与评价调查中的西部五省农村学校的基线调查数据。该调查采用概率比例系统抽样的方法，分为县、乡镇、学校、班级四级抽样。这种抽样方法考虑了项目县的人口数量和项目的受益面，对项目覆盖的 112 个县按比例进行随机抽取。2008 年没有进行重新抽样，主要是对 2006 年的样本学校进行追踪调查。调查对象包括校长、教师、学生、村民和村干部，还对中小学学生进行了标准化测试。该调查共进行了两轮：第一轮于 2006 年 11 月进行，第二轮于 2008 年 11 月进行，第二轮调查对第一轮调查的学校和部分学生进行了回访。调查样本既包括接受了项目投入的学校，即"实验组学校"，也包括没有被项目覆盖的学校，即"对照组学校"。该调查收集的信息包括各种项目投入情况、资源使用情况，学生的学业成就和学校适应性，学校办学条件的改善情况以及学校、教师和学生的基本情况。

因而，本研究的分析单元因各部分内容和研究目的的不同而不同。

第四节　本书的结构安排

本研究兼具专题研究和应用研究的特点，吸收不同学科的知识，

---

① 荣泰生. AMOS 与研究方法（第 2 版）. 重庆：重庆大学出版社，2010：17.

运用不同的方法，为决策者提供相关的概念和知识，有助于决策者在全国农村义务教育改革与发展的新实践和在办学条件的改善方面做出适当的决策。整个研究遵循由微观到宏观再到微观的逻辑，问题始于微观层面的案例学校，接着对农村义务教育阶段学校办学条件现状进行全国层面总体的、区域的①和省际的、省内县际的差异性分析，再到以学校为单元分析办学条件对学生个体的影响，从微观的层面探究影响因素之间的关系和影响的发生机制，进而得出结论并提出建议。因而，本书在内容上做了如下的结构安排。

第一章是导论。该部分对选题的缘起、研究的目的与问题、研究的意义依次进行陈述，并对本研究的属性进行了定位，对研究方法、数据来源以及分析单元予以说明，进而在章节上勾勒出本书的基本结构。

第二章是国内外研究与实践动态。第一节在文献分析的基础上，对以美国为代表的西方学术界所开展的研究进行了阐述，包括理论模型，研究类型、方法和基本结论。第二节为国内办学条件标准化实践与研究的现状。第三节是对已有研究的简要评述。

第三章是理论基础与概念框架，包括理论基础、核心概念和办学条件指标体系。第一节以教育现代化背景下的教育法治和教育教学管理理论为基本理念，基于城乡二元结构的现实，以物理环境对学生身心发展影响的相关理论作为理论基础，对农村义务教育办学条件本身及其对学生的影响进行了理论分析；第二节的核心概念包括农村义务教育、办学条件及标准、学生学业成就与行为。第三节结合相关标准从学校用地面积、教学仪器设备和建筑空间结构等方面勾勒本研究的基本办学条件指标体系框架。

---

① 本研究中使用的3类区域：东部地区包括北京、天津、河北、辽宁、上海、江苏、浙江、福建、山东、广东、广西壮族自治区（以下简称广西）、海南12个省份；中部地区包括山西、内蒙古自治区（以下简称内蒙古）、吉林、黑龙江、安徽、江西、河南、湖北、湖南9个省份；西部地区包括重庆、四川、贵州、云南、西藏自治区（以下简称西藏）、陕西、甘肃、宁夏回族自治区（以下简称宁夏）、青海、新疆维吾尔自治区（以下简称新疆）10个省份。

第四章是学校用地面积分析。本章基于 2002—2008 年的数据对学校用地和建设面积指标进行了逐层的系统分析，分别以占地面积分析、体育运动场地面积分析为小节内容。第一节对全国农村义务教育阶段中小学占地面积的存量和变化趋势进行了描述，并对照国家标准进行了均值比较；第二节分析了全国农村义务教育阶段中小学运动场地面积的存量、变化趋势和以国家标准为参照的均值差别。

第五章从校园建筑面积方面进行了存量和变化趋势的分析，并参照国家标准进行了分析。第一节对建筑面积、危房面积和新增建筑面积进行了总量、校均和生均层面的分析，并描述了变化趋势；第二节按照校园建筑的功能分类，对校舍面积指标的子一级办学条件指标进行了存量、变化趋势和基于国家标准的描述，并从建筑结构类型上做了进一步的分析。

第六章从学校教学仪器设备层面进行了农村义务教育阶段中小学校办学条件的分析。第一节为学校教学仪器设备达标情况，包括校园网、音体美课的设备和实验仪器设备的配备达标率的存量和变化趋势；第二节为学校教学仪器设备的货币化分析，包括总量、校均和生均层面的存量与变化趋势分析；第三节为计算机和图书的存量、变化趋势和基于国家标准的比较分析。

第七章从区域、省际和省内县际 3 个层面采用差值和变异系数，在办学条件指标体系分析框架下对各条指标进行了差异及变化趋势的分析。第一节为区域差异分析；第二节为省际差异分析；第三节为省内县际差异分析。

第八章运用统计分析和回归计量以及路径分析等方法，基于西部五省的抽样调查数据，在微观层面就办学条件对学生学业成就的影响进行了实证分析。第一节为样本学校及其办学条件特征的描述；第二节为不同办学条件学校学生学业成就差异的独立样本 t 检验；第三节为办学条件对学生影响机制的探究。

第九章为研究结论与政策建议。该部分对整个研究进行了归纳和总结，提出相应政策建议，并在指出研究创新与不足的基础上进行理论反思，进而对后续的研究予以展望。

本书的研究思路如图 1-1 所示。

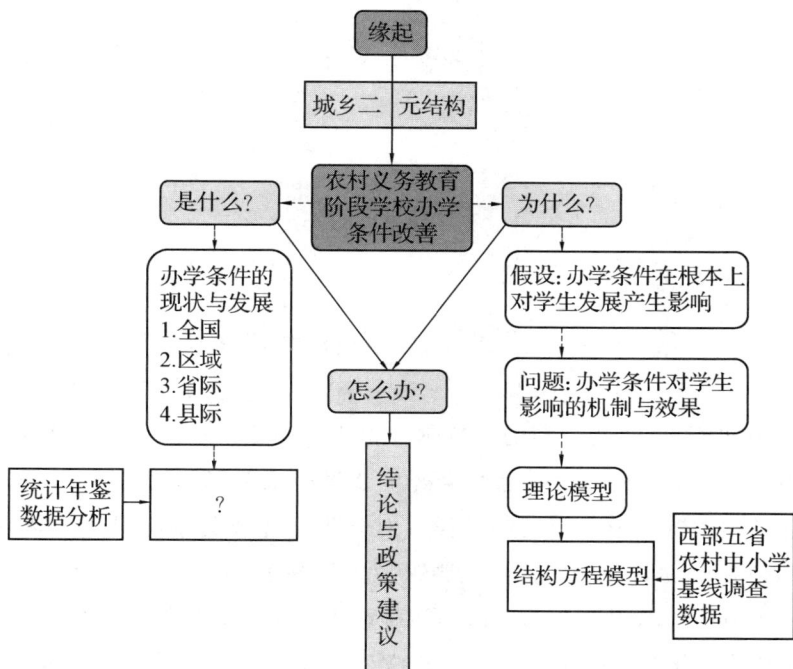

图 1-1 研究思路图

第二章 国内外研究与实践动态

第一节 国外办学条件的研究动态

20世纪60年代中期的《科尔曼报告》提出学生学业成就的差异几乎不能由学校而是由家庭社会经济背景因素解释的结论后①，美国掀起了学术界关于学校及相关投入对学生学业成就影响研究的热潮，尤其是在经济学和教育经济学领域。以蒙克（Monk）、哈努谢克（Hanushek）、默南（Murnane）和赫奇斯（Hedges）等人为代表的学者采用生产函数进行了学校投入对学生学业成就影响的持续研究，但其关注的重点主要集中在教师、生均经费、学生的家庭社会经济背景等方面的影响。②③ 而几乎与此同时，教育管理相关领域的部分学者结合学校管理实际问题，从学校建筑设施和仪器设备等器物层面，对办学条件和学生学业成就与行为之间的关系进行了广泛而深入的研究。

在20世纪90年代的美国，教育专家、社区成员、工程师、建筑师、学生和其他利益相关者都加入学校建设中。在这种实践需要的进一步推动下，基于学术层面丰富的知识积累，"凯西模型"产生并逐步

---

① J. S. Coleman et al. Equality of Educational Opportunity. Washington，D. C.：U. S. Government Printing Office，1966.

② E. A. Hanushek. Conclusions and Controversies about the Effectiveness of School Resources. Economic Policy Review，1998：11-27.

③ L. V. Hedges，R. D. Laine，R. Greenuald. Does Money Matter? A Meta-analysis of Studies of the Effects of Differential School Inputs on Student Outcomes. Educational Researcher，1994，23（3）：5-14.

得到应用和发展，促进了研究在内容方面的体系化和在方法与技术上的进步。同时，这些研究在学校建设和办学条件改善的实践层面也提供了科学的经验证据和切实有效的政策建议。

一、理论模型

（一）"凯西模型"（Cash Model）①

学生的成长和发展具有内发与外铄的特性，作为社会个体，他们在生长过程中受到众多因素及其相互关联的复杂影响。其中，物理环境因素对人的健康、士气和工作效率的影响在工业生产作业中已经得到了证实，相关研究都建议在通风条件、光照、空间布局等其他环境因素上进行改善，以提高生产水平。

凯西认为，成人世界的这种逻辑适用于学生和学校之间的关系。学校办学条件强烈地释放着有关教学质量和学生受重视程度等方面的信号。良好的学校环境会让学生形成高水平的成就期望，进而使学生在行为和学业成就上有更好的表现。同样，如果学校办学条件糟糕，学生则会觉得学校对他们没有太高的期望，在行为和学业成就上会放任自流。如果学校办学条件和学生产出之间的关系能够被清晰地证明，那么将有助于政府和相关教育部门的"知情决策"，从而进行办学条件的改善，以促进学生发展良好的行为与取得高标准的学业成就。因此，凯西构建了一个理论模型以表述这种复杂的关系。如图 2-1 所示的"凯西模型"呈现出了由两个主要部分构成的结构关系。

1. 办学条件对学生的直接和间接影响

这种影响主要集中在学生学业成就和行为两个方面，这两个方面各自受到办学条件直接和间接的影响。其中，直接的影响来自教室的班额、照明、取暖、空调系统、噪声、色彩，可以利用的各种学习资源等内容；间接的影响则来自学生对学校办学条件的态度，而这种态

---

① C. Cash. A Study of the Relationship between School Building Condition and Student Achievement and Behavior. Blacksburg, VA：Virginia Polytechnic and State University，1993.

度的形成又源于他们自己对学校环境的感知和父母、教师对于学校办学条件的态度。

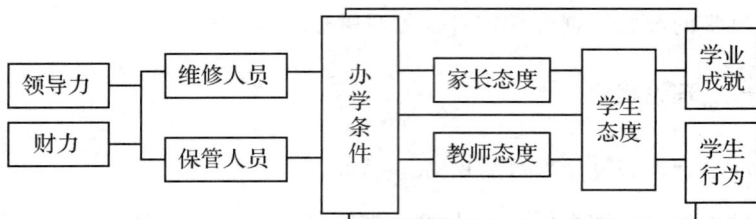

领导力 / 财力 → 维修人员 / 保管人员 → 办学条件 → 家长态度 / 教师态度 → 学生态度 → 学业成就 / 学生行为

图 2-1　办学条件对学生学业成就和行为影响的凯西理论模型

　　关于父母在学校办学条件中的影响，爱德华兹（Edwards）早在凯西之前就进行了研究。他通过对华盛顿地区学校系统的研究，发现有些学校的家长教师协会联盟（PTA，The Union Parent Teacher Association）非常活跃，家长参与到学校建设的过程中帮助改善办学条件，包括监督甚至参与清扫校园等活动。他进一步发现学校建筑等办学条件影响学生对自我价值的感知以及对社会赋予学校教育价值观的态度。[1] 伯纳（Berner）利用华盛顿特区城市公立学校委员会对学校调查的数据，通过回归分析进一步证实了家长的参与对学校办学条件的影响，办学条件进而又对学生的学业成就产生影响。因而，他认为，尽管办学条件在观念上被认为是重要的，但现实中用以确保日常维护、修缮和更新的预算往往沦为了首先被牺牲的对象。于是，他提醒，这种问题会对后期的预算和当下的学生产生影响。[2]

　　教师对学生的影响的许多研究，主要是从质量的角度来考察教师对学生学业成就的影响。劳拉·戈伊和莱斯利·斯蒂克勒（Laura Goe & Leslie M. Stickler）的一项综述性研究将教师质量的指标分为

---

　　① M. M. Edwards. Building Conditions, Parental Involvement and Student Achievement in the D. C. Public School System. Washington, D. C.： Georgetown University, 1991.

　　② M. M. Berner. Building Conditions, Parental Involvement, and Student Achievement in the District of Columbia School System. Urban Education, 1993. 28 (1)：6-29.

了教师从业资格、教师特征、教师行为和教师效能 4 个方面。① 教师的态度包含在各种教师行为和活动中，通过办学条件影响学生的学业成就和行为。

2. 制约办学条件的主要因素及影响方式

从办学条件的界定范围看，作为器物层面的学校教育资源，在一定社会环境下受制于人力和财力两大类因素，其中又存在着众多不同层次和种类的具体因素，因而存在着不同因素与学校办学条件的关系，有些是重要的，有些则是可以忽略不计的。在凯西的理论模型中，办学条件的好坏直接地受制于维修和保管人员，如果有足够的工作人员对学校建筑设施和仪器设备以及场地予以细心地看护和及时修缮，那么学校就会有较好的办学条件。

而教育领导力和财力又是两个互为影响的前提性因素。很显然，当一个学校有充足的教育经费，学校管理者有很好的教育理念，并得到了社区和当地政府和相关部门的支持时，这所学校就会有安静、美丽、舒适的校园环境，展现给家长和学生的就是一种蓬勃向上的风貌，学生就会从学校和父母那里感知被尊重和被关注，从而形成一种积极上进的生活和学习态度，进而对其学业成就和行为产生积极的影响；反之则不然。

关于行为和学业成就之间的关系，凯西强调二者存在着相互影响的关系，然而要分清是谁的影响在先，则似乎是一个"鸡与蛋"的问题。但通过经验观察可以发现，当学业成就不太理想时，学生难免会表现出不合适的行为，如逃学、旷课和其他破坏行为。反之，当学生品行不端时，也会影响其学业成就。当然，这其中除了办学条件的因素之外，还包括学科的难易度、课程设置以及家庭的影响等。

（二）"凯西模型"的早期应用与发展

1. "凯西模型"在早期的应用

在建构这一理论模型的同时，凯西以美国弗吉尼亚州乡村地区的小型高中（注册学生人数少于 100）为对象，对学校办学条件和学生

---

① http：//files. eric. ed. gov/fulltext/ED520769. pdf.

的行为与学业成就之间的关系进行了探究。为了比较不同办学条件学校对学生学业成就和行为影响的差异，研究根据办学条件的特征变量，将所有的样本学校分为低于标准的、标准的和高于标准的 3 类，分类则取决于样本学校的受访者对联邦物理环境评估表（CAPE, Commonwealth Assessment of Physical Environment）项目的应答。学生行为则由每所学校中被开除、辍学、使用暴力和滥用药物的学生比例度量。学生的学业成就则是用当年十一年级学生学业能力考试（TAP, Test of Academic Proficiency）分数度量，得分通过是否享受午餐费免费和减免这一社会经济地位变量的代理指标进行调整。研究结果显示：办学条件较好学校中学生的学术成就测试得分普遍较高，科学实验室条件较好的学校的学生在科学科目测试上的得分较高；学校建筑的装饰性成分对学生学业成就和行为的影响要大于相应的结构性成分；学校的温控系统、储物柜、涂鸦条件和学生测试分数呈正相关。①

海因斯（Hines）较早地在这一框架下对弗吉尼亚州城市中 88 所样本高中进行了研究，分析学校建筑条件对学生学业成就和行为的影响。学校建筑条件变量以联邦物理环境评估指标为依据，学生学业成就来自 1992 学年至 1993 学年的学业能力测试，学生的行为以每个学校中被开除、辍学、使用暴力和滥用药物学生比例来衡量。研究发现办学条件较好学校的学生的学业能力测试分数普遍高于条件较差学校学生的分数，而且条件较好学校学生的违纪情况也相对要少。实验室条件较好学校的学生的科学成绩的得分明显较高。另外，学校的空调系统、储物柜、涂鸦等因素对学生的学业测试得分有正面的影响。②海因斯的研究在某种意义上是对"凯西模型"的验证，同时具体分析了办学条件的各种构成要素与学生学业成就和行为的关系，所得到的

---

① C. Cash. A Study of the Relationship between School Building Condition and Student Achievement and Behavior. Blacksburg, VA: Virginia Polytechnic Institute and State University, 1993.

② E. Hines. Building Condition and Student Achievement and Behavior. Blacksburg, VA: Virginia Polytechnic Institute and State University, 1996.

结论与凯西的研究是一致的。

2. "凯西模型" 在后期的发展

由于研究对象、目的和方法的差异以及数据特征的不同等缘故，后继研究在"凯西模型"的基础上进行了修订和发展。

（1）莱玛斯特斯模型（Lemasters Model）①

在卡罗尔·温斯坦和麦古菲（Carol S. Weinstein ＆ McGuffey）综述后的十多年间，涌现了有关办学条件对学生影响的大量研究。为了形成一种一般性的结论，并为学校规划者和设计者提供有效的参考，莱玛斯特斯对 20 世纪 80 年代以来相关的研究进行了系统的综述，根据凯西和海因斯研究中关于办学条件结构性和装饰性的内容，对模型中的办学条件进行了分类上的明确（图 2-2 虚线框中的内容）。尽管莱玛斯特斯没有利用相关数据对模型进行检验，但强化了办学条件是由诸多因素构成并"以类而聚"这一认识。

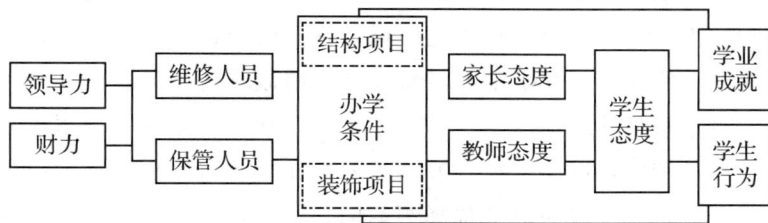

图 2-2 办学条件对学生学业成就和行为影响的莱玛斯特斯理论模型

（2）兰海姆模型（Lanham Model）②

通过文献分析，兰海姆结合凯西和莱玛斯特斯的研究对理论模型进行了修改，如图 2-3 所示。这一模型也描述了办学条件对学生学业成就的直接和间接影响，但在两个环节有明显变化：一是办学条件的影响略去了维修和保管人员的因素，而将延期维修、财政优先和管理

① L. K. Lemasters. A Synthesis of Studies Pertaining to Facilities，Student Achievement，and Student Behavior. Blacksburg，VA：Virginia Polytechnic Institute and State University，1997.

② Lanham Ⅲ，James Warren. Relating Building and Classroom Conditions to Student Achievement in Virginia's Elementary Schools. Blacksburg，VA：Virginia Polytechnic Institute and State University，1999.

决策作为影响学生学业成就的外生变量；二是学生的态度和行为作为并列的中间因素影响学生的学业成就。办学条件包括建筑和教室条件，与结构项目和装饰项目是一致的分类，但在具体指标上有差异。

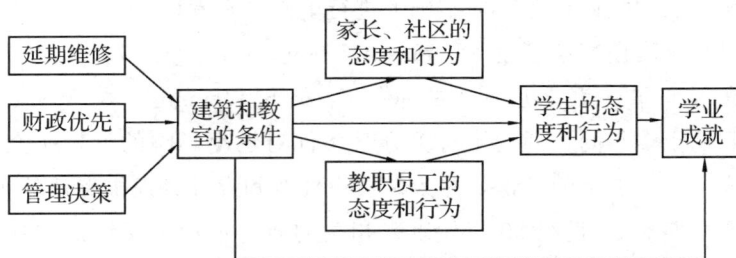

图 2-3　办学条件对学生学业成就和行为影响的兰海姆理论模型

在对 3 个外生变量进行说明时，兰海姆指出延期维修往往是由于专用经费被挪为他用；财政的支持是否优先考虑办学条件的改善则取决于政府，因为对于教育行政部门来说，存在着各种它认为是最重要的事情，而哪些目标会得到优先考虑通常受到政治因素的左右，而不是完全基于实践的。在既定的经费预算和财政支持下以及考虑到通货膨胀，地方教育管理部门要进行管理决策，确保有限的资源得到合理分配和有效利用，以满足教育教学需要，在这一过程中，办学条件的改善项目就是由政府的决策选择制约的。当然，这 3 个因素又是相互影响的。

在办学条件的内容构成上，兰海姆在莱玛斯特斯模型的基础上做了更为细致的分类，包括了学校总体建筑状况和教室的条件，而不是单纯从结构和外观上进行区分。建筑状况包括功能、使用年限、维护修缮、清洁等，而教室方面包括了天花板的材料、是否有窗户、室内空气质量、制冷和供暖、供电、光照、墙壁的颜色、使用功能、空间布局、教辅仪器、网络设备、日常维护等。

基于修订的理论模型，兰海姆以弗吉尼亚的 300 个随机样本小学为分析单位，搜集了三年级和五年级学生英语、数学和技术学科的标准化考试分数，对学校的办学条件和学生学业成就之间的关系进行了研究。结果表明，学校的空调系统对三年级学生的英语、五年级学生的数学和技术成绩有显著影响，天花板的类型、地板类型及清扫频率、网络连接、教室结构以及总体维护对学生的学业成就均有不同的影响。

（3）阿尔-恩尼兹模型（Al-Enezi Model）①

如图 2-4 所示，阿尔-恩尼兹在理论模型的修订上很好地结合了既有的研究和本国的教育管理体制，描述了办学条件和学生学业成就与行为的研究谱系，而且这也是非常少有的一项非美国的研究。

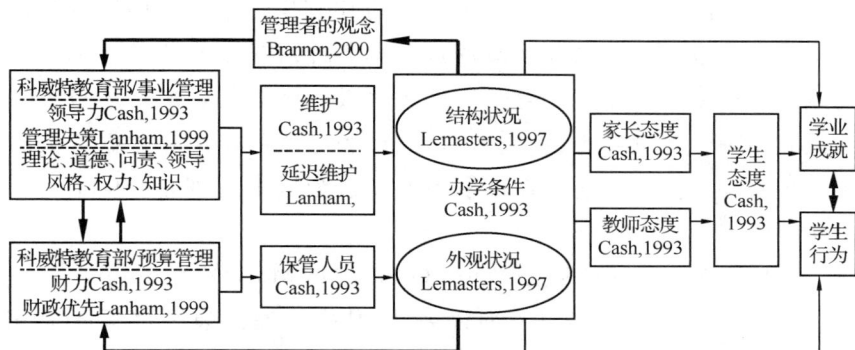

图 2-4　办学条件对学生学业成就和行为影响的阿尔-恩尼兹理论模型

在模型中，办学条件及其对学生学业成就和行为影响的结构关系沿用了凯西的思路，其中一个明显的特点就是该模型进一步糅合了布兰农（Brannon）研究中管理者的教育观念因素②，对兰海姆外生变量进行了理论上的扩展，添加了政府的领导风格、权力、问责和知识等要素。另外，结构关系在方向上呈现出了办学条件对领导力、管理决策、财力、财政优先等外生变量的影响和凯西所阐述但没有在其模型中勾勒的学业成就与行为之间的相互关系（如图 2-4 粗线条所示）。

阿尔-恩尼兹结合国情对模型进行修改后，对科威特全国十二年级学生的学业成就和办学条件之间的关系进行了分析。结果表明：①学校整体办学条件、结构性条件和装饰性条件与学生的科学成绩显著正

---

① M. M. Al-Enezi. A Study of the Relationship between School Building Conditions and Academic Achievement of Twelfth Grade Students in Kuwaiti Public High Schools. Blacksburg，VA：Virginia Polytechnic Institute and State University，2002.

② W. Brannon. A Study of the Relationship between School Leadership and the Condition of School Buildings. Blacksburg，VA：Virginia Polytechnic Institute and State University，2000.

相关；②整体办学条件、结构性条件和学生的艺术成绩显著正相关；③办学条件和男校①学生的科学成绩显著正相关；④办学条件对男校学生的艺术成绩的影响小于学术成绩；⑤女校办学条件对学生的学术成绩和艺术学科成绩没有显著影响；⑥学校涂鸦和屋顶漏水作为学校物理环境的重要办学条件指标对学生的学业成就有普遍影响。

从研究内容看，阿尔-恩尼兹并没有对其模型中添加的因素予以分析，例如政府的决策和财政通过办学条件对学生学业成就和行为产生了什么影响。而且，对于管理者的教育观念的影响阐述得不太深入和明确，也没有进行检验，这或许和方法的使用和数据的获得有直接关系。但是，这一理论模型的发展为后来的研究提供了新的思路。

（4）森奥·苏里安模型（Sean O'Sullivan Model）②

2006年，森奥·苏里安对阿尔-恩尼兹的理论模型进行了简化（如图2-5所示），在办学条件的影响部分去掉了和管理者观念相重复的道德理论，包括领导风格、问责、权力和知识等因素。

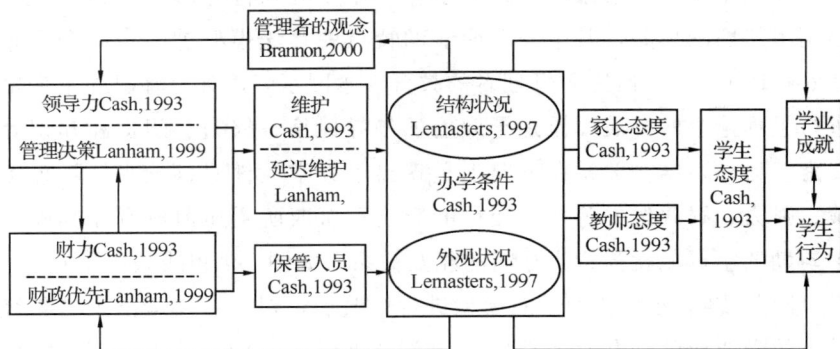

图2-5 办学条件对学生学业成就和行为影响的森奥·苏里安理论模型

和阿尔-恩尼兹的研究相似，森奥·苏里安依然没有对领导力、管

---

① 科威特中小学校实行男女分校。

② Sean O'Sullivan. A Study of the Relationship between Building Conditions and Student Academic Achievement in Pennsylvania's High School. Blacksburg, VA: Virginia Polytechnic Institute and State University, 2006.

理决策、财力和财政优先以及工作人员的修缮维护等因素进行实证分析，而主要对宾夕法尼亚州的 205 所样本高中展开了办学条件对学生学业成就和行为影响的研究。

研究结果显示，在宾夕法尼亚州的高中，学生学业成就受到学校办学条件的影响。在被调查的学校中，学生学业成就随着办学条件的改善有显著提高，无论这种改善是在办学条件的结构方面还是装饰性的外观方面。比如在学校的游泳设施方面，调查研究显示有游泳池的学校，其学生 PSSA （Pennsylvania System of School Assessment，宾夕法尼亚学校评价系统）的数学成绩平均高出没有游泳池学校学生4.3 个百分点。另外，没有涂鸦墙的学校的学生 PSSA 的阅读测试分数平均高出那些外墙上布满涂鸦的学校 55 个百分点。

（5）马丁·尤金·希茨模型（Martin Eugene Sheets Model）①

从因变量上看，马丁·尤金·希茨的模型是对凯西等人理论模型的扩展。尽管结构格外简单（如图 2-6 所示），但办学条件所产生的影响包括了传统的学生学业成就与行为，还包括了教师的离职行为。

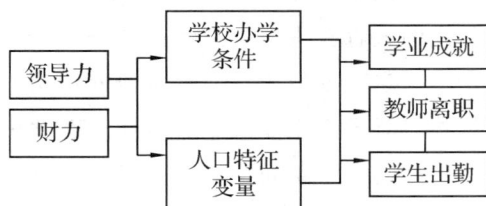

图 2-6 办学条件和学生学业成就关系的马丁·尤金·希茨理论模型

在这一理论模型中，马丁·尤金·希茨使用投入—产出的"黑箱"思路，没有关注过于复杂结构关系的生产过程。研究以得克萨斯州2006 年 1037 个公立学区中的 72 所农村公立高中作为对象，考察了办学条件和人口特征，主要是学生家庭社会经济地位对学生学业成就、教师离职和学生出勤的影响。结果显示，人口特征变量中反映学生家

---

① Martin Eugene Sheets. The Relationship between the Condition of School Facilities and Certain Educational Outcomes，Particularly in Rural Public High Schools in Texas. Lubbock，TX. Texas：Texas Tech University，2009.

庭社会经济地位的财富水平解释了学生学业成就差异的 29%，但是对教师的离职和学生的出勤没有显著影响。而教师的离职率、学生的出勤率和学生的学业成就有关。

总之，关于办学条件和学生学业成就、行为的关系的理论模型描述了各种变量之间的相互关系，并通过问题研究的实际应用得到了发展，但基本上都是以凯西在 20 世纪 90 年代初所提出的模型为基础。

二、研究类型和方法

已有的相关研究，由于范式的不同，表现为理论性的文献综述和基于数据分析的实证研究两大类，相应地存在着方法上的差异。

（一）文献分析

关于办学条件和学生学业成就、行为关系的文献综述性研究，在不同时期对当时众多的研究进行了分类和总结，在进一步明确研究结论的同时，也为后续的研究提供了基础。

对于这种综述性研究的回顾，必然要再次提到美国 1966 年的《科尔曼报告》及其引发的教育投入—产出和办学条件改善、学校建设的相关研究和论争。卡罗尔·温斯坦在《教育研究评论》中首次对学校办学条件以及父母参与对学生学业成就、行为和态度影响的研究进行了回顾和总结。[1] 在对过去十年间（1969—1979）公开出版的 141 项有关研究（不包括 21 篇参考文献）进行回顾的时候，卡罗尔·温斯坦认为，尽管教育研究没有为学校物理环境是影响学生发展的重要因素找到强有力的证据，但图景变得逐渐清晰，越来越多的教育工作者也意识到物理环境方面的办学条件会对学生的行为与态度产生影响，而不是以前所认为的，只要在教室的空间、音效、采光和供暖等方面达到基本的标准后，学生的学习效果就完全取决于教育学、心理学和其他社会因素了。

麦古菲在沃尔伯格（Walberg）所编辑的《教育生产率》一书中

---

[1]　Carol S. Weinstein. The Physical Environment of the School：A Review of the Research. Review of Educational Research，1979，49（4）：577-610.

就办学条件对学生学业成就、行为和态度的影响，对 88 项公开出版的独立研究进行了评述。① 艾斯曼（Earthman）认为，考虑到奥·佛伦（O'Fallon）和扬（Yong）另外增加的 9 项研究以及不到 3% 的重叠率，20 世纪 70 年代末和 80 年代初的综述涵盖了总计约 232 项独立研究。② 但是，由于所有的研究零乱分散以及在类型、方法上的差异，尤其是在样本选择上的非随机性，很难在实践层面提供有效的办学条件改进方案，以促进学生更加富有成效地学习。

在综述中，麦古菲将所有研究按照 15 个变量进行了归类，包括建筑年限、供暖、照明、色彩和内部油漆、噪声、生均校舍面积、开放空间、窗户、地下设施、占地面积、建筑使用、建筑维护、辅助设施（体育馆、礼堂、餐厅等）、专用教学设施、学校规模。基于分析，他得出了两个结论：其一，废旧（不是古老的）的建筑对学生的学习有负面影响，安全而现代的校舍环境和办学条件在学生的学习过程中能够发挥积极作用；其二，学校办学设施或许对不同年级学生的不同科目有着不同的影响。建筑物的年限和学生的年龄在一定程度上制约着办学条件所产生的影响。

同时，麦古菲强调说，由于研究在类型和方法上的差异，尤其是在样本选择上的非随机性，通过文献得出结论都是需要非常谨慎的，而且难免会存在评述者的主观偏见。有些研究采用了大样本量的数据搜集，相对要严谨和客观许多，有些则不然，所以不是每一项综述研究都需要同等对待。

自卡罗尔·温斯坦和麦古菲的综述研究后，涌现出了更多关于办学条件对学生学业成就、行为和态度影响的研究。莱玛斯特斯对这些研究做了综述，并且在此基础上对凯西理论模型的办学条件进行了结构项目和装饰项目的分类（如前文所述）。莱玛斯特斯首先用办学条件及其特征变量和学生学业成就和行为的相关关键词在 ERIC 数据库进行了教育和建筑等方面的文献检索，还搜寻了相关的书籍、会议论文、

① C. McGuffey. Improving Educational Standards and Productivity：The Research Basis for Policy，Berkeley，VA：McCutchan Publishing Corporation，1982.

② http：//files. eric. ed. gov/fulltext/ED416666. pdf.

学位论文及其他参考文献，然后按照办学条件的结构性项目和装饰性项目共 27 个指标对 53 项研究予以分类，其中结构型项目包括建筑年限、窗户、地板、供热、空调、屋顶、附属设施、管道状况、天花板、科学实验室设备及年限、灯光、墙壁色彩、噪声、学生密度、占地面积等，装饰性项目包括内墙粉刷及周期、外墙粉刷及周期、地板打扫和清洁、涂鸦及清除、教室用具和操场等。

在文献整理分析的基础上，莱玛斯特斯综合了办学条件对学生影响的结论，并采用矩阵进行了排列。继而提出在面向 21 世纪的学校规划、设计、建设和改造中，教育者和设计者应该充分考虑学校选址、建筑、灯光、噪声等对学生的影响，创造有利于学生学习和发展的办学条件。尽管建筑等办学条件所引起的学生标准化成绩的差异不大，但这些是政府部门、教育管理者和设计者可以控制的因素，而且这种可见的和可以感触的因素反映了社会或者一个社区、教育行政管理部门以及学校的教育观念和对学生的重视与期待，从而间接地对学生的态度、行为和学业成就产生积极的影响。

在后续研究中，还没有出现类似上述全面的阶段性文献综述，但是在相关的研究中，研究者都结合研究的内容和以凯西模型为基本框架，围绕办学条件和对学生影响的变量展开文献述评。

（二）实证研究

基于调查数据的实证研究一直是相关研究的主体，这类研究旨在州和学区层面探究学校办学条件和学生学业成就与行为相关因素关系的方向和程度，利用统计分析方法进行实证分析。

1. 研究假设和变量

几乎在所有的调查研究中，办学条件对学生的学业成就或行为存在影响是一个共同的无方向假设，然后将办学条件按照特征变量进行分解。同时，有的研究在确保问卷或者量表有良好信度和效度的前提下，假定参与调查的受访者（主要是校长或者负责学校建设的专人）的回答是客观和准确的。

对假设操作化的基础就是变量的选择。变量包括自变量（控制变量、解释变量、预测变量、回归元）和因变量（响应变量、被解释变

量、被预测变量、回归因子）。在关于办学条件和学生学业成就、行为
关系的理论模型中，因变量为学生学业成就和学生行为，自变量则包
括办学条件各个特征变量，如建筑年限、教学设施、窗户、光照、温
度、墙壁的色彩等。另外，家庭社会经济地位对学生有重要影响，其
替代指标常常在分析中作为控制变量，类似的人口统计变量通常有学
区的富裕程度、少数民族学生数和学生的富裕程度等。[①]

　　2. 样本选择和数据搜集

　　综观既有实证研究，主要是对各州城市或农村高中进行取样，也
有对初中进行调查的。陈（Chan）[②] 以乔治亚州 1975 年至 1976 年度
八年级的学生所在的学校为全样本，因变量及数据为学生的爱荷华州
基本技能测试中词汇、阅读、语言和半工半读的分数，自变量则包括
学校建筑年限（研究者主要目的是分析建筑对学生学业成就的影响）
和以学校享受免费午餐人数的比例度量的社会经济地位。办学条件的
数据通过让学校校长填写调查问卷获得。

　　后续的实证研究，无论是基于全国、州还是学区，都根据研究目
的和对象的不同，进行取样调查、搜集变量的相关数据。

　　凯西在分析农村学校的办学条件对学生学业成就和行为的影响时，
选择了 1991 学年至 1992 学年弗吉尼亚州 36 个学区的 47 所小型高中，
为了比较不同办学条件学校对学生学业成就和行为影响的差异，根据
办学条件的特征变量，所有的样本学校被分为低于标准的、标准的和
高于标准的 3 类，而分类则取决于样本学校的受访者对联邦物理环境
评估表的项目的应答。学生行为则由每所学校中被开除、辍学、使用
暴力和滥用药物的学生比例度量。学生的学业成就则是用当年十一年
级学生学业能力考试分数度量，得分通过是否享受午餐费免费和减免
作为代理指标的社会经济地位变量进行调整。

　　艾斯曼、凯西和丹尼（Denny）对北达科他州 120 所高中进行了

---

　　① 　Martin Eugene Sheets. The Relationship between the Condition of School
Facilities and Certain Educational Outcomes，Particularly in Rural Public High
Schools in Texas. Texas：Texas Tech University，2009.

　　② 　http：//files. eric. ed. gov/fulltext/ED191138. pdf.

办学条件和学生学业成就与行为关系的研究。通过对校长的问卷调查获取办学条件的数据，学生成就采用统一的基本技能综合测试分数作为变量，学生行为用学校的违纪比例做指标。① 海因斯在弗吉尼亚州城市高中办学条件对学生学业成就和行为的影响方面，学生学业成就采用 1992 学年至 1993 学年十一年级学生的学业能力水平考试分数衡量，学生行为用每个学校被开除、存在暴力行为和药物滥用的人数比例做指标。办学条件数据仍然来自被调查的 88 所学校校长对联邦物理环境评估表的应答。②

兰海姆则是对弗吉尼亚州的初中办学条件和学生学业成就之间的关系进行的研究，他随机抽取了全州 300 所初中。建筑和教室等办学条件数据和人口统计资料通过让学校校长填写问卷调查获得。学生学业成就以 1998 年春季学生的英语和数学考试成绩作为替代变量，由于技术的考试分数无法得到，遂用通过率衡量学生的技术成绩。③ 后来的阿尔-恩尼兹、斯蒂芬妮·玛丽·休斯（Stephanie Marie Hughes）、本杰明·托马斯·多恩（Benjamin Thomas Doane）、罗伯特·斯科特·麦高恩（Robert Scott McGowen）、马丁·尤金·希茨等都采用了类似的样本选择和数据搜集方式。

3. 数据分析的方法和技术

在办学条件和学生学业成就与行为的实证研究中，数据分析的方法和技术主要有统计分析和回归计量，不同时期的研究者在方法的选择技术的使用上有倾向性。

陈在分析建筑年限对学生学业成就的影响时就采用了多元回归计量方法。④ 后来有一部分研究采用了统计分析的方法，主要用到了组间均值的比较、t 检验、方差分析和卡方检验等。

---

① http：//files. eric. ed. gov/fulltext/ED387878. pdf.

② E. Hines. Building Condition and Student Achievement and Behavior. Blacksburg，VA：Virginia Polytechnic Institute and State University，1996.

③ Lanham Ⅲ，James Warren. Relating Building and Classroom Conditions to Student Achievement in Virginia's Elementary Schools. Blacksburg，VA：Virginia Polytechnic Institute and State University，1999.

④ http：//files. eric. ed. gov/fulltext/ED191138. pdf.

鲍尔斯和伯克特（Bowers & Burkett）在研究田纳西州农村两所学校办学条件设施和学生学业成就的关系时，就采用了 t 检验、方差分析和卡方检验。① 斯蒂芬妮·玛丽·休斯在分析学校办学条件指标和学生成就之间的关系时就使用了 t 检验考察不同类别（典范型、认可型、合格型）学校的办学条件特征变量和学生学科成绩之间的关系，使用配对样本 t 检验分析总体办学条件和学生学科成绩的关系，使用方差分析检验不同学校类别和办学条件特征变量之间的关系。② 同时，由于学校办学条件总体评分和特征变量的评分是由样本学校校长填写初中学校设计评估量表（DASES，Design Assessment Scale for Elementary School）所得，数据分析还利用克隆巴赫系数（Cronbach's Alpha Coefficient）进行了内部一致性检验。

有的研究结合使用统计分析和回归计量方法探究学校办学条件特征变量和学生学业成就与行为变量之间的关系。兰海姆对弗吉尼亚州初中办学条件和学生学业成就关系的研究充分运用了统计分析方法，并采用逐步多元回归分析方法对办学条件特征变量和各学科成绩之间的关系进行了分析。③

三、研究的主要结论

很多研究表明，学校办学条件对学生的学业成就和行为存在影响。但是，在不同地区、不同学校，办学条件的具体构成指标对学生的数学、语言、科学等各科考试成绩有不同范围和程度的影响，和学生的

---

① J. H. Bowers，G. W. Burkett. Relationship of Student Achievement and Characteristics in Two Selected School Facility Environmental Settings. Edmonton，Alberta，Canada：64th Annual International Conference of the Council of Educational Facility Planners，1987.

② Stephanie Marie Hughes. The Relationship between School Design Variables and Student Achievement in a Large Urban Texas School District. Texas：Baylor University，2005.

③ Lanham Ⅲ，James Warren. Relating Building and Classroom Conditions to Student Achievement in Virginia's Elementary Schools. Blacksbury，VA：Virginia Polytechnic Institute and State University，1999.

辍学和滥用药物等行为也存在相关关系。例如，大多数研究结果显示，小规模学校和小班额对学生的学业成就和行为有积极的影响，室内温度和噪声对学生的行为有显著影响，进而影响学生的学业成就等。

第二节 国内办学条件的标准化实践与研究现状

一、义务教育阶段中小学校办学条件的标准化实践

在我国，学校标准化是发生在中小学校园建设和办学条件改善实践当中的，也就是先有办学条件的改善实践，然后出现的相关标准及标准化。改革开放以来，伴随着教育体制的改革和中小学办学条件的改善，我国开始了普通中小学校办学条件标准的制定工作，办学条件的改善处于标准化的进程中。

1982年4月16日，教育部颁发实施了《中等师范学校及城市一般中小学校规划面积定额（试行）》（简称《1982年城市定额》），该文件主要是对中等师范学校和城市（国家建制的大、中、小城市）的一般中小学按照中学和小学组别的办学条件进行了规定。内容包括校舍建筑面积定额和用地面积定额，校舍建筑面积定额分为教学用房（教室、实验室、图书阅览室、科技活动室）、行政用房（党政办公室、教学办公室、社团办公室）和生活用房（教职工生活用房、其他辅助用房）；用地面积定额包括建筑用地、运动场地、绿化用地。该文件同时指出：县、镇和农村中小学的校舍规划面积定额，由各省、市、自治区教育厅（局）会同有关部门结合本地区的实际情况制定。这是有关我国基础教育办学条件的首个办学标准，从学校规划与建设的层面进行了标准化定额，在中小学标准化建设的历程中具有重要意义。

1986年国家计划委员会（简称计委）发布了《中小学建筑设计规范》（简称《规范》），《规范》对学校选址、总平面规划和各类用房设计的面积指标及技术标准等13个方面做了定性或定量的规范。[1] 主要

---

[1] 陶西平. 教育评价辞典. 北京：北京师范大学出版社，1998：514.

内容包括：①如何选择校址；②学校用地，包括建筑用地、运动场地和绿化用地 3 部分；③总平面设计；④教学用房；⑤普通教室平面设计；⑥中学化学、物理、生物实验室的平面设计；⑦专用教室（自然教室、美术教室、语言教室、微型计算机教室）；⑧教学楼内厕所；⑨教学楼层数；⑩外墙窗的开放；⑪教学用房的走廊与楼梯；⑫教室采光照明；⑬教室通风换气。基本立场和出发点在于确保中小学、中等师范、幼儿师范的学校建筑设计质量，创造适合青少年德育、智育、体育、美育全面发展的学校环境。《规范》适用于城镇、工矿区的普通中小学校、中等师范学校和幼儿师范学校的建筑设计。《规范》要求学校建筑设计应合理安排学校用地并满足教学功能需要以利于学生安全及身心健康；要求学校建筑设计应根据各地区气候和地理差异、经济技术的发展水平、各民族人民生活习惯及传统等因素，因地制宜地进行设计。同时《规范》也强调，学校建筑设计除执行本规范的规定外，尚应符合国家现行的有关标准、规范的要求。

1996 年，建设部、国家计委和国家教育委员会（简称教委）发布了《农村普通中小学校建设标准（试行）》（简称《1996 年农村标准》）。该建设标准从 1997 年 6 月 1 日起施行，对学校建设中涉及的基本内容做出了规定，主要内容包括：①总则；②建设规模与项目构成；③学校布局、选址与校园规划；④校舍建筑面积指标；⑤校园规划建设用地指标；⑥学校建筑标准。在第二项中规定了农村中小学校分为 3 种类型：初小、完全小学和初中，并规定了学校规模和班级定员。在第二项和第四项中，规定了各类学校的教学及教学辅助用房、行政用房、生活服务用房标准。小学教学及教学辅助用房除了包含《1982 年城市定额》中的所有教学用房类型外，还增加了电教器材室、体育器材室、语言教室，初中在小学基础上又增加了微型计算机教室、风雨活动室等教学用房。这部标准的出台，是全国教育事业"九五"计划和《国家中长期教育改革和发展规划纲要（2010—2020 年）》中办学条件改善的重要指针和依据，有力地促进了全国农村义务教育的基本普及。

2002 年建设部、发展计划委员会、教育部发布了《城市普通中小学校校舍建设标准》(简称《2002 年城市标准》),该标准参考了《1982 年城市定额》和《1996 年农村标准》,在总体框架上有明显变化,将城市普通中小学校校舍建筑面积指标分为规划指标和基本指标两部分。规划指标是根据学校规模和办学需要应配置的校舍面积指标;基本指标是学校分期建设时,首期应达到的校舍面积指标。《2002 年城市标准》还规定了"学校网点布局、选址与规划设计的要求"和"校舍主要建筑标准"。具体内容包括:①学校建设规模与校舍用房的组成;②学校网点布局、选址与规划设计;③校舍建筑面积指标;④校舍主要建筑标准。其中,学校建设规模与校舍用房的组成、校舍建筑面积指标两方面内容是在《1982 年城市定额》基础上的修正和细化。例如,学校重新被分类为完全小学、九年制学校、初级中学、完全中学和高级中学 5 类;教室类型首先被分为普通教室、专用教室和公共教学用房 3 类,然后在教室具体构成方面增加了实验室、美术教室、书法教室、地理教室、语言教室、计算机教室、劳动技术教室、合班教室、心理咨询室、体育活动室等新的教室类别。这是对城市普通中小学办学条件建设国家标准的一次重大修订,突破了之前单纯的学校建设占地面积的内容框架,从整体环境和功能的层面进行了进一步完善。

2008 年教育部公布了《农村普通中小学校建设标准》(简称《2008 年农村标准》),新的标准与《1996 年农村标准》在主要内容组成方面是一致的,也包括了上述 5 个方面。《2008 年农村标准》在建设规模与项目构成内容中,把学校分类为非完全小学、完全小学、初级中学、全寄宿制完全小学、全寄宿制初级中学,然后分类制定学校规模、校舍建筑面积、学校建设面积等指标,这些指标中包含生均指标。这一标准反映了近年来农村教育发展和改革中,寄宿制学校逐渐增多的现实状况。在建设用地指标方面,《2008 年农村标准》在各类学校的生均用地面积上都有所扩大,寄宿制学校的生均用地面积比非寄宿制学校生均用地面积要大得多;在校舍建筑面积指标方面,《2008 年农村标准》也采用了规划指标和基本指标这样的两组指标体系。在校舍建筑面积指标具体规定中,非完全小学的教学及辅助用房只设置普通教室、多功能教室、图书室等；完全小学和初中的教学及辅助用房增加了音乐、美术、科学、计算机教室的准备室以及远程教育室和心理咨询室。随着教育的发展、社会需求的变化、国家规范的修改而进行的农村普通中小学校建设标准的修订，在内容和框架上进行了全面而细致的完善，以适应和指导农村中小学教育的发展。

综上所述，自 1993 年党中央、国务院出台的《教育改革和发展纲要》提出基础教育继续改善办学条件和"逐步实现标准化"后，服务于农村和城市普通中小学建设的国家规定的办学条件标准相继出台，而且在指导实践的过程中得到了修订。同时，根据教育教学改革的实际，尤其是新一轮基础教育课程改革的需要，还有一些有针对性的单行国家标准，例如，《中小学校建筑设计规范》《初、中等学校校园网建设规范》《学校课桌椅功能尺寸标准》《小学、中学体育器材设施配备目录》《九年义务教育阶段学校音乐、美术教学器材配备目录》《中小学图书馆（室）规程（修订）》《中小学体育器材和场地国家标准》《中小学理科实验室装备规范》《初中理科教学仪器配备标准》《小学数学科学教学仪器配备标准》《国家学校体育卫生条件基本标准（征求意见稿）》等。

因为地区发展不平衡等因素，国家标准基本上扮演了一个参照角色，在我国"中央领导、地方负责、以县为主"的教育管理体制下，各省份大都结合本区域实际情况制定了相关的普通中小学校办学条件标准。但是，标准的制定只是提供了一种前提，标准的实施则受到经济发展水平，尤其是地方政府财力和教育领导力的严重制约，而且还面临建立一个合理有效的资源分配机制的问题。于是，标准化的进程也就有了不同的境遇并呈现出不同的局面，同时伴生出新的问题，比如单纯追求办学条件改善的形式主义，把学校硬件建设的正规化当成教育的目的，而忽略了教育原来的实质。[①]

2010 年 7 月颁布的《国家中长期教育改革和发展规划纲要

---

① 程介明．形式与实质．上海教育，2005（03A）：31.

(2010—2020年)》提出，均衡发展是义务教育的战略任务，要建立健全义务教育均衡发展的保障机制，推进义务教育学校标准化建设，均衡配置教师、设备、图书、校舍等资源。在国家方针政策的层面，这是在改革开放30多年历程中第三次出现的"学校标准化"，也是政府在21世纪首次从实践推进的层面强调学校办学条件改善和学校建设的标准化，其直接的立意就是要以此促进有限的教育资源合理有效配置，办好每一所学校，确保义务教育均衡发展。相比20世纪两次"学校标准化"建设的提议，这次的改革和发展纲要更具实践基础，因为义务教育已经基本普及，新的任务是要全面高水平、高质量普及九年义务教育，促进义务教育均衡发展。

二、义务教育阶段中小学校办学条件的研究现状

我国有关中小学办学条件为数不多的研究主要和办学条件标准化以及相应的标准相关，而且研究起步很晚。20世纪80年代至今，新闻媒体中不断出现"改善办学条件"等有关提法，只是把办学条件作为办教育的"工作内容"和"工作成绩"提出，还不具有把"办学条件"作为研究对象的真正学术研究的性质。同样，自1982年以来，国家相关部门发布了多个中小学办学条件标准，但对于办学条件标准的相关研究也是近些年才出现的。准确地说，直到21世纪初期，我国才开始出现了真正的关于办学条件和办学条件标准的相关研究和思考。根据对文献资料的分析，目前的研究有两类，一是基于学校标准化实践的研究，带有较强的政策导向；二是教育经济学科领域中的学术性探究，主要体现在对国外相关研究的译介和阐述。

（一）基于学校标准化实践的研究

对我国中小学办学条件及标准的研究起始于地方性办学条件标准的实际，如《北京市中小学办学条件标准》的相关研究。高洪源等在《修订北京市中小学办学条件标准的理性思考》一文中，提出了制定新的办学条件标准应坚持均衡化、适度超前、整体优化、以人为本和因

地制宜 5 项基本原则。① 文喆认为《北京市中小学办学条件标准》应从社会发展的整体需要与资源利用合理化要求的角度，考虑中小学校的建设与利用问题，打破自我封闭、自成系统的思维模式与工作习惯，以全面服务社会的态度来取得社会、社区对学校建设的全面理解与支持。但在教育理念与政府标准之间、在标准和实施措施之间，必然存在着理想图景与现实政策、统一标准与多样发展的明显落差。因此标准的贯彻落实可能是一个相当艰巨的努力过程。② 《〈北京市中小学办学条件标准〉编制和实施的原则》一文介绍了该标准的编制原则，即均衡发展、适度超前、以人为本、环境文明。同时，提出了实施的原则，即整体优化、资源统筹、因地制宜、对相对落后地区学校优先投入。③ 高洪源等对《北京市中小学办学条件标准》的特色进行了进一步说明，主要表述了新标准与以前标准相比的特色之处：①引入了"适宜学校规模"的概念和班额的规定；②适当扩大了学校用地标准，规定了最低标准；③扩大了普通教室的面积，增加了专用教室的数量；④提出设立学校教育辅助中心。④

　　而针对我国中小学校办学条件存在很大差异的现实，一些研究提出建立"统一办学标准"或"标准化学校"的主张。杨兆山、金金认为在义务教育阶段，要缩小区域间、城乡间和校际的办学差异，推进义务教育均衡发展，建设"标准化学校"是最有效途径。标准化学校的办学规模、基础设施、师资队伍、课程应具有相应标准。⑤ 郑子莹提出用统一办学标准取代过去的分级分类标准，保障义务教育的底线

　　①　高洪源，耿申，李政，赵苩．关于修订北京市中小学办学条件标准的理性思考．教育科学研究，2002（9）：5～9.

　　②　文喆．为基础教育现代发展服务——关于中小学校办学条件标准的若干问题．教育科学研究，2004（2）：7～12.

　　③　《北京市中小学办学条件标准》编制小组．《北京市中小学办学条件标准》编制和实施的原则．教育科学研究，2004（2）：13～15、20.

　　④　高洪源，耿申，李壑．加速推进首都教育现代化的坚强支柱．北京教育（普教版），2006（6）：4～7.

　　⑤　杨兆山，金金．建设"标准化学校"　搭建义务教育均衡发展的操作平台．东北师大学报（哲学社会科学版），2005（5）：36～41.

公平，促进义务教育的均衡发展。① 郭志成认为，办学条件包括校舍的面积及其质量、教学仪器设备、计算机、图书等。其中，校舍建筑面积及其质量是办学的最基本保证，直接反映一个地区办学条件的状况，也是在当今普及义务教育工作中比较突出的一个问题。而生均图书、计算机、实验仪器拥有量的差异，则反映出当前全国各地在现代社会条件下保障教学质量方面的物质条件的差距。②

近年来，义务教育学校标准化体系的构建成为研究的热点。吴昊、王伟同提出构建统一完善的中小学建设标准体系，标准体系的内容包括中小学建设标准、建设投入标准、建设标准经费缺口测算等。为了保证建设标准体系既能保障各地区和城乡中小学办学条件的基本要求，同时又照顾到各地区和城乡间的差异，而不失灵活性和弹性，构建标准体系应当包含基本建设标准和适中建设标准两套标准。③ 龙承建、周鸿提出教育标准化是学校硬件、师资、课程建设等方面的全面标准化，教育标准化是实现义务教育均衡发展的重要政策和措施。当前的教育标准化建设要从改进标准化评价指标、改善投资政策、改造薄弱学校、提高师资待遇等方面切实推进，并在教育标准化建设中引入了"适宜学校规模"的概念和班额的规定。④

(二)教育经济学科领域的学术性探究

物力投入为提升教育的内部效率做出了贡献。这些投入可以分为硬件和软件两个方面：硬件，如办公用品和设施；软件，如教学材料⑤。

---

① 郑子莹.统一办学条件标准 保障义务教育底线公平.重庆工学院学报，2005 (9)：146～149.

② 郭志成.不同发展水平地区义务教育办学条件的比较.中国教师，2006 (2)：19～21.

③ 吴昊，王伟同.我国中小学建设标准体系构建研究.教育财会研究，2007 (5)：3～8.

④ 龙承建，周鸿.论教育标准化与义务教育均衡发展.河北师范大学学报(教育科学版)，2009 (1)：117～121.

⑤ Ralph W. Harbison, E. A. Hanushek. Educational Performance of the Poor：Lessons from Rural Northeast Brazil. New York：Oxford University Press，1992.

教育活动是一种劳动密集型的生产活动，物力投入相对不太受到优先考虑。

具体讲，教育生产的物力投入要素主要包括学校建筑（结构设计要有利于教育教学活动的有效开展）、教学仪器设备（满足教师教学和学生学习活动需要，如多媒体、电脑）、图书等器物层面的要素。相对而言，物质性要素的投入除了在配置的方式和效率上得到了较多的关注，而对产出结果的贡献、主要是对学生学业成就的影响，鲜有人开展深入而持续的研究。

物力资源加入生产过程有两种方式：一种是补充人力资源，例如，当人力资源不变的时候，更新环境和新增计算机等设备就补充了人力资源；另一种则是替代人力资源，例如，采用远程教育，减少教师和相关人员的数量。但是哪种方式更好，则取决于财政的因素。如果预算是不受约束的，可能政策会更多地指向提高产出。如果预算是受约束的，增加投入的方法就会成为问题。对于各项物力资源的作用，主要考虑的因素是存量和流量的问题，即这些资源必须能够适用学生。①

在教育经济学的研究领域，有关学校办学条件的研究可以归属于教育投入—产出的研究范式。引入产业经济学的分析框架，教育被视为一个"产业"，教育活动就是一个生产过程，即教育生产，通过对生产"黑箱"投入各种资源而生产出教育服务和产品，以数学方式表达为：

$$Y = f(X_1, X_2, X_3, \cdots, X_n)$$

这是一个教育生产函数的简约式，其中，Y 表示教育产出的向量，X 表示 n 种投入的向量，f 表示生产过程的数学函数。广义上的办学条件如人、财、物的基本投入，在政策等因素既定的情况下，有赖于一个社会的经济发展水平，产出则主要体现为学生的知识、技能、品德、身心状况等方面。

一般来说，教育生产函数中的投入部分主要包括学生特点、学校

① 杜育红，刘亚荣，宁本涛. 学校管理的经济分析. 北京：北京师范大学出版社，2003.

相关因素、社区的影响等因素，其中学校相关因素由于其可以被教育管理者控制而影响教育资源的分配，成为经济学家研究的主要兴趣点①。对于学生的家庭背景、父母的教育程度和教育子女的方式，以及邻里和社区的影响因素，学校和教育管理者是难以控制的。很显然，学校办学条件属于学校相关的教育投入要素。由于教育生产这一"黑箱"的复杂性，要对学校相关要素进行界定和度量也不是一件容易的事情。但通常有一个分类，就是人力和物力层面的教育投入。平常我们所说的还有一个财力的因素，但更多地属于一种引致性投入，表现为人力和物力要素的经费投入及其货币度量。

经济的理性正是体现在投入与产出的关系之中。教育作为一种类似于企业行为的生产活动，效率就是其重要的追求，尽管学校这种具有保守特征的组织总体上缺乏追求效率的自我激励，但投资者包括政府会考虑其单位产出。同时，因为教育生产活动的特殊性，对于教育生效率的衡量是一件不太容易的事情，但经济学发展出的两类方法还是得到了应用：其一是成本收益分析法，较早地开始于20世纪五六十年代；其二是生产函数法，该方法比较常用，从生产单位的角度研究在一定投入水平下如何获得最优产出。

掀起对教育产出关注浪潮的还是《科尔曼报告》，这份报告的一个结论引发了当时美国学术界尤其是经济学界对教育产出的兴趣，以哈努谢克等人为代表的一批学者展开了大量的研究来探讨学校教育投入和产出之间的关系。这些研究在改革开放之后，作为国内学术研究的内容得到了研究和分析，而其中关于办学条件的内容体现在对少数的经典实证研究的介绍中。

早在1979年和1986年，哈努谢克就对教育生产的方法和抽样技术进行了回顾，1989年，他再次回顾了生产函数方法中关于教育支出对学校影响的结论和没有回答的问题。他通过对65项研究的分析发现，其中有49项研究表明生均教育经费和学生的学习成就不相关，呈正相关的研究有13项，而3项研究呈负相关。因而，早期的研究显

① 埃尔查南·科恩，特雷·G.盖斯克.教育经济学.上海：格致出版社，上海人民出版社，2009.

示，学校资源与学生的学习成就没有显著的相关性。但他发现在不同的研究中，不同教育投入效果的形式是不一致的，学校提高学生学业成就的典型投入政策，例如，缩小班级规模、聘用更多富有教学经验的优秀教师、提高教师工资以及提高生均教育经费，对学生学业成就都没有一致的显著影响。产出的度量指标主要采用了标准测试分数，还有学生的态度、出勤率、升学率和辍学率。而选用这些指标的一个假设就是，这些产出对学生将来在学校和劳动力市场中的表现都是有影响的。

　　而赫奇斯采用元分析的方法对哈努谢克的研究进行了重新分析，得到了相反的研究发现，认为学生的学业成就与生均教育经费极为密切。面对这种迥然不同的研究结论，蒙克进行了分类总结，认为：①教育生产函数研究表明，学校投入要素即使在控制了学生家庭背景之后，对教育产出仍有很大的影响，例如，默南的研究表明，学生所在学校的特性对学生的学业成就产出具有很强的解释力，学生的认知标准测试分数因学校特点的不同而呈现明显的差别，而且，学生所在班级的特点也对学生的学业成就有影响；②人力资源对学生的学习有重大影响，相关的研究则主要集中在教师的特征变量上，如语言能力、工作经验和在职培训与学生学业成就的关系；③物力资源发挥了一定的作用。① 格林沃尔德、赫奇斯、莱恩（Greenwald，Hedges，Laine）再次对哈努谢克的研究数据进行了分析，发现生均经费存在特殊的分配时对学生的学业成就是有积极影响的。②

　　正是在这种质疑和争论中，教育生产函数的研究方法在技术上有了改进，回归技术和边界估计法得到了应用。同时，由于数据在一定程度和范围内的可得性，我国涌现出了一批新的研究。③

----

① David H. Monk. Educational Finance：An Economic Approach. New York：McGraw－Hill Publishing Company，1990.

② L. V. Hedges，R. D. Laine，R. Greenuald. Does Money Matter? A Meta-analysis of Studies of the Effects of Differential School Inputs on Student Outcomes. Educational Researcher，1994，23（3）：5-14.

③ 进一步的文献评述详见本书第八章。

第三节 对已有研究的简要评述

综上所述，关于办学条件及其对学生影响的研究存在明显的国内外差异。总体而言，以美国为代表的国外研究更为成熟。

国内研究围绕地方中小学办学条件标准的构建、建立中小学校的统一办学标准和标准化学校、进一步构建义务教育学校标准化体系等问题进行了有益的探讨和研究，提出了若干我国中小学办学条件及标准的重要问题。但是，总体来看，已有研究存在研究不够深入、研究所涉及的范围比较窄的问题。主要表现为以下几点。①缺乏对中小学办学条件指标体系的构建和研究。已有研究或者笼统地列举几个项目名称，或者以几个指标作为代表，而中小学办学条件是一个系统的有机整体，系统的各个部分之间存在着相互联动、相互依存的密切关系。如果没有建立起中小学办学条件指标体系，只是孤立看待几个办学条件指标，就不能清楚认识中小学办学条件现状和问题，甚至出现错误判断。②对我国中小学办学条件现状和问题缺乏实际数据的描述与计量，更没有对不同区域或地区（城市和农村）、不同层次（小学和初中）、不同类别（公办和民办）、不同办学方式（走读学校和寄宿学校）的学校办学条件的分类统计和研究。③对于地方中小学办学条件标准的研究相对较多，但基本没有对全国中小学办学条件标准的研究。④由于第 3 条原因的影响，我们现在对国家中小学办学条件标准制定的原则、依据、适应范围、合理性以及发展变化的趋势和方向的认知十分有限，不利于对已有国家中小学办学条件标准的评价和判断，而且将严重影响今后对国家中小学办学条件标准的改进、修订和完善工作。

发达国家和地区的办学条件因教育管理体制不同，国家对办学条件做出权威规定的并不多，一些国家和地区以区域性、行业性法规或建议书形式发布相关规范，指导学校办学条件标准建设。例如，韩国首尔 2002 年颁布的《学校设施现代化计划》，以学校建筑现代化为中心，以"适应现代化课程建设""建设自然生态学校""能动适应教育情报化"和"强化学校和地域之间联系"等理念为指导，提出了学校建筑的校园布局、教室结构等方面的原则要求和计划的推进步骤。日本东京政府对办学条件标准的设定更具有现代化的特征，主要表现在以下方面：①以法规形式确定政府对学校的办学条件供给，如《学校图书馆法》《理科教育设备基准细目》《东京都学校设置基准表》等，以法律为准绳，所有同级学校享受同等待遇；②每项新设标准都伴随经费预算；③对于项目和经费预算提出明确的计算办法和系数，比如关于学校设置"多目的空间"的说法就提出小学的必要面积为10.8％，中学为8.5％；④学校和班级规模严格按照标准设置，政府按照标准履行职责。①

本 章 小 结

一直以来，人们在改善学校办学条件方面所做的努力和体现的智慧，在事实上已经反映出物力层面的学校教育投入是重要的，除了基本的安全保障，学校还应该有更舒适、清静的良好环境，从而确保每一个学生能够富有成效地学习。但是从对文献的回顾和分析看，我们仍然难以对这一重要性提供充分的证据。

从文献检索情况来看，直接关于办学条件和学生学业成就与行为的系列研究基本上都是在美国开展的。② 相对而言，在我国，无论是经济学还是教育学领域都少有相关的研究。尽管教育经济学在投入与产出的研究范式中涉及办学条件对学生的影响，但不是主要的关注点，也没有引起应有的重视，而且主要是对经典研究的"附带"性介绍。

改革开放以来，尤其是在新的时期，随着我国基础教育的改革与发展，提升质量和促进均衡发展已成为基础教育领域的重要战略任务。学校标准化建设的推进已经步入实践阶段，继续改善办学条件和进行学校建设

---

① 教育科学研究编辑部. 办学条件标准的若干基础性问题访谈. 教育科学研究，2004（2）：16～20.

② 从文献来源看，美国弗吉尼亚理工大学围绕教育教学建筑进行了比较系统的研究，并且成立了学校建筑设计实验室，运用理论改造教育实践中的物理空间和办学条件。

的实践要求对办学条件和学生发展之间的关系进行深入研究,为科学决策提供依据。同时,在政府已经投入大量资金改善中西部地区中小学办学条件的前提下,如何进行有效的政策评估,也需要就办学条件对学生的影响进行科学和系统的研究。也就是说,我国基础教育发展的现实对办学条件与学生发展之间的关系提出了理论和经验分析的时代性要求。

而由凯西提出和在研究实践中被应用与发展的办学条件对学生学业成就与行为影响模型,能够为后续的以及基于中国本土化的研究提供一种分析框架,并在方法和结论上提供参考。虽然从对研究文献的回顾和分析看,既有的研究仍然难以为办学条件及其改善的重要性提供充分的证据,但是我们并不能因为不知道便轻率地予以否定,或许正是因为这种关系本身的复杂和微妙,数据的质量和研究方法才需要改进。因而,也正如艾斯曼所说:"我们还需要更多、更好的研究。"①

经济学以及教育经济学的计量方法已经取得了长足的发展,但是对物力投入层面的办学条件和学生学业成就等方面产出的关系似乎没有什么兴趣。教育生产函数关于投入和产出效果的研究仍然在试图改变《科尔曼报告》带给世人对于学校教育作用的看法,但效果似乎不那么尽如人意。这也许和那种不问过程的"黑箱"式研究思路有直接关系。因而,如果结合生产函数新的计量分析技术和心理学、教育学关于结构关系的过程,或许会有某些新的发现。

另外,所有直接关于办学条件和学生学业成就与行为的系列研究基本上都在美国开展。在我国有一些相关的实证研究,也可见到不太深入的教育生产函数研究中不太引起注意的物力投入部分直接关于办学条件的学术性探究比较少见。

因而,国外关于办学条件对学生影响的理论框架和比较成熟的统计分析方法和计量经济技术是可资利用的。在得到高质量的基线调查数据后,我们就可以对我国中小学,尤其是农村中小学办学条件的改善对学生的影响进行科学的实证分析。

---

① http://files.eric.ed.gov/fulltext/ED441329.pdf.

第三章　理论基础与概念框架

第一节　理论基础

一、教育现代化进程中的法制化治理

我国的教育现代化进程是伴随着现代教育的兴起而发展的过程。在上千年的历史回眸中，我们能够看到教育从传统走来、向世界学习、为未来探索的身影。1993 年《中国教育改革和发展纲要》提出："根据我国社会主义现代化建设'三步走'的战略部署，到本世纪末，我国教育发展的总目标是：全民受教育水平有明显提高；城乡劳动者职前、职后教育有较大发展；各类专门人才的拥有量基本满足现代化建设的需要；形成具有中国特色的、面向 21 世纪的社会主义教育体系和基本框架。再经过几十年的努力，建立起比较成熟和完善的社会主义教育体系，实现教育现代化。"这一现代化方向在内容上的界定有"六因素说""三层次说"和"四层次说"①，其中无一例外都将办学条件因素纳入到各自的界定中，即办学条件改善是教育现代化理论与实践

---

① 参阅胡卫、唐晓杰的《中国教育现代化进程研究》一书。"六因素说"认为教育现代化是指教育思想现代化、教育发展水平现代化、教育体系现代化、办学条件现代化、师资队伍现代化、教育管理现代化。"三层次说"认为教育现代化至少具有三个不同的层面：其一，教育在数量、规模上的发展，以及在办学条件（校舍、设备、技术手段）和教育经费等层面的先进程度；其二，教育在制度层面的现代化；其三，教育价值、教育思想、教育观念层面的现代化。"四层次说"认为除了物质、制度、观念三个层次外，还应包括知识层面的现代化。

中必须要回应的时代主题。

同时，从教育现代化推进的角度看，教育方针政策、教育教学管理都是以"依法治教"为基本原则的，即一种法制化的治理。中国共产党第十八届中央委员会第四次全体会议审议通过的《中共中央关于全面推进依法治国若干重大问题的决定》，明确了全面推进依法治国的重大任务，作为社会建设的重要内容之一的教育事业发展，法治框架下的现代教育治理体系和能力建设将是教育领域综合改革的关键。而所谓治理，是指各种公共的或私人的机构管理其公共事物的各种方式的总和。它是使相互冲突的或不同的利益得以调和并且采取联合行动的持续的过程，它既包括有权迫使人们服从的正式制度和规则，也包括各种人们同意或以为符合其利益的非正式的制度安排。它有 4 个特征：①治理不是一整套规则，也不是一种活动，而是一个过程；②治理过程的基础不是控制，而是协调；③治理既涉及公共部门，还包括私人部门；④治理不是一种正式的制度，而是持续的互动。① 对于学校办学条件，在学校占地和使用上，《中华人民共和国土地管理法》规定，学校建设用地属于公共设施、公益事业建设用地，受国家法律保护。而在学校建设、教材仪器设备和教学手段等方面，《中华人民共和国教育法》规定：①地方各级人民政府及其有关行政部门必须把学校的基本建设纳入城乡建设规划，统筹安排学校的基本建设用地及所需物资，按照国家有关规定实行优先、优惠政策；②各级人民政府对教科书及教学用图书资料的出版发行，对教学仪器、设备的生产和供应，对用于学校教育教学和科学研究的图书资料、教学仪器、设备的进口，按照国家有关规定实行优先、优惠的政策；③县级以上人民政府应当发展卫星电视教育和其他现代化教学手段，有关行政部门应当优先安排，给予扶持。国家鼓励学校及其他教育机构推广运用现代化教学手段。②

对校舍管理的评价包括以下几点：①学校是否能够做到定期对校

---

① 许杰．教育分权：公共教育体制范式的转变．教育研究，2004（2）：10～15.

② 崔相录，劳凯声．教育法实务全书．北京：宇航出版社，1995：72～75.

舍进行普查，及时修缮危房以确保校舍安全使用和师生的人身安全；②学校能否结合教育事业的发展合力进行学校规模和布局调整，实行功能分区并将长远规划和分期实施相结合；③学校能否在维修、改造和新建校舍的时候严控质量，在使用过程中提高效益。

校舍场地管理评价可以有效地促进学校不断改善办学条件，使学生在安全、整洁、优美、舒适的环境里，陶冶情操、得到锻炼和受到教育。对校舍场地的管理评价包括以下几点：①校址选择要适当，布局要合理，要确保足够的用地面积，避免噪音干扰和防止环境污染；②要有教学用房（教室和实验室）和教学辅助用房（办公用房、图书室、科技活动室、体育器材室等），要有生活服务用房（师生宿舍、食堂、饮水间、浴室、厕所、保健室等）；③房屋之间要有一定距离，做到防火、隔音和采光；④房屋要做到功能分区明确，联系方便且有利于疏散。场地方面：①重视创设优美的校园环境，庭院空间富于变化，整个校园富有趣味性、知识性、艺术性；②合理安排活动场地，采用多种方法，开拓运动场地，如田径场、球场等。

二、城乡二元结构中的农村义务教育

无论从我国中小学办学条件改善的历史进程，还是从普通中小学建设标准的规定内容看，除了各个时期经济和政治因素的影响，我们还能够发现一个更宏大的社会背景，就是城乡二元社会结构。

在 1985 年中央"一号文件"出台前，学术界和政策界已经对城乡二元结构达成了定性的共识，认为城乡二元结构是一种城乡对立关系，是城市对农村的剥夺，或者说是所有城市市民对农民的一种剥夺，并明确提出"开通城乡，打破城乡二元结构"。但是，这种深入的讨论没有全面反映在"一号文件"中。而且，从历史视角看，这种城乡二元的社会结构还将长期存在，国内学者温铁军从根源上进行了分析。[①]

城乡二元结构一直以来根本性地影响着社会改革发展的各个领域，

---

① 温铁军. 城乡二元结构的长期性. 书摘，2008（1）：38.

教育事业当然也不例外。对于我国当前的基础教育改革与发展来讲，尤其是如何全面实行"双高普九"（高水平、高质量地普及九年义务教育），促进义务教育均衡发展和城乡一体化，城乡二元结构是一条难以跨越的鸿沟。

也正是受制于长期以来的城乡二元社会经济结构的影响和我国农村义务教育"面广量大"的特点，农村地区的义务教育发展一直落后于城市的同时，还存在着严重的地区不均衡，成为新时期制约全国义务教育发展的一块"短板"。统计数据显示，截至 2008 年全国共有中小学校 36.04 万所，其中农村地区有 28.47 万所，占到了总数的 79%。相应地，全国农村中小学学生数为 1.60 亿，其中农村中小学学生数为 8012 万，占到了总数的 50%。① 此外，这些农村中小学大都分布在我国城乡差异较大和区域发展不均衡的地区。因而，中国义务教育高质量、高水平普及的重点在农村，困难也在农村。

农稳则天下安，只有农村教育发展了，全国教育事业才能发展。没有农村教育的现代化，就没有全国教育的现代化。进入 21 世纪以来，党中央、国务院高度重视农业、农村和农民问题，连续多年出台中央该文件指导"三农"工作。在全面建设小康社会的新时期，农村教育对进一步推进农村改革和发展具有基础性、先导性和全局性作用。而农村义务教育又是重中之重，作为我国农村地区的一项基本公共服务，如何办好每一所学校，让农村孩子"有学上""上好学"，成人、成才，已经成为对占总人口绝大多数的农民群众最关心、最直接、最现实的利益问题之一。

加强农村义务教育阶段中小学基础设施建设、大力改善办学条件意义重大，是促进教育公平和社会公平，提高全民族素质和农村持续发展能力，进而全面建设小康社会和构建和谐社会的有力保证；是进一步减轻农民负担，推进农村综合改革的重要内容；是完善以人为本的公共财政支出体系，扩大政府公共财政覆盖农村的范围，推进基本公共服务均等化的必然要求；是科学、合理配置义务教育

---

① 数据来自《中国教育统计年鉴》。

资源，完善"以县为主"的管理体制，加快农村义务教育事业发展的有效手段。

经过不懈努力，"两基"目标在 20 世纪末基本实现，全国九年义务教育基本普及。期间，"国家贫困地区义务教育工程"一期（从 1995 年到 2000 年）① 的实施，以校舍改造和建设作为重点，同时配备课桌椅、图书、教学仪器设备，极大地改善了贫困地区② 义务教育办学条件。进入 21 世纪后，中国共产党第十六次全国代表大会召开，会议从全面建设小康社会的全局出发，将解决"三农"问题作为全党工作的重中之重，做出新增教育经费主要用于农村的重大决策。2003 年 9 月国务院召开了新中国成立以来的第一次全国农村教育工作会议，颁布《国务院关于进一步加强农村教育工作的决定》，明确把农村教育作为教育工作的重中之重，着力解决农村教育发展薄弱的问题。温家宝总理在会上提出，到 2007 年在西部地区实现"两基"，并指出在这些地区完成"两基"攻坚任务，有利于在全国范围内实现全面普及九年义务教育的目标，并将对推进西部扶贫开发、促进民族团结、维护边疆稳定起到非常重要的作用。随后，国务院精心部署，打响了西部地区"两基"攻坚战，投资 100 亿元人民币实施"农村寄宿制学校建设工程"，以改善农村义务教育办学条件为直接目的。

实施"中西部农村初中校舍改造工程"是进一步加强农村义务教育，改善义务教育办学条件的重要举措，目的是推动未纳入"两基"攻坚计划实施范围的中西部地区农村初中进行校舍改造，重点加强农村薄弱初中生生活设施建设，改善食宿条件，提高农村初中巩固率和寄宿率。工程重点支持大约 7000 所独立设置的农村初中学校，新建或改造学生宿舍、食堂和厕所等生活设施，达到 1996 年《农村普通中小学建设标准》，基本消除"大通铺"和校外租房现象。

改善农村基础教育设施，对于缩小城乡、区域教育发展差距，推动公共教育协调发展，促进构建和谐社会有着重要意义。中国共产党第十七次全国代表大会提出建立社会主义新农村，针对农村义务教育

---

① 工程二期与"十五"计划同步，从 2001 年到 2005 年。
② 基本上都是中西部农村地区。

又实施了"新农村卫生新校园建设工程",支持农村中小学建设,进一步努力消除农村中小学危房,改善义务教育办学条件。

由此可见,我国农村义务教育未来一个时期内的发展重点就是继续实施历史性补偿,加大对农村义务教育的投入,提高学校办学水平和教育教学质量,确保义务教育的城乡间、区域间、校际均衡发展,也就是《国家中长期教育改革和发展规划纲要(2010—2020年)》所提出的义务教育均衡发展这一基础教育战略目标。

三、物理场域中学生个体的身心发展

教育的本质是要培养人,如何培养人?教育理论的历史表明了教育内发论和教育外铄论两种不同的观点,前者认为教育以自然禀赋为基础,后者认为教育是克服自然的倾向,通过外力强制而获得习惯的过程。杜威认为这种对立的倾向表现为传统教育和进步教育之间的对立。[①] 尽管在杜威的经验哲学中[②],二者中经验的教育作用是截然不同的,但都表明了经验对学生成长和发展的重要影响。学校是不同于家庭和企业的组织,其环境必然成为学生经验的重要构成部分。义务教育作为基础教育的基础,是要为提高全体国民素质和造就数以亿计劳动者奠基的。因而,任何教育资源的投入都要从根本上立足建构一种良好的环境,从而促进每一个学生全面而又富有个性地发展。

在复杂的社会环境当中,一个人的成长和发展过程是受到众多因素影响的,大体上可以分为人和物两大类的影响。在个体的成长历程中,个体首先是受到了父母的影响,因为当婴儿睁开眼睛的时候往往看到的就是母亲和父亲,同时也就置身在一个外在的环境当中了。随着年龄的增长,直至入学的年龄,在这个阶段,个体基本上都是生活在家庭中,自然在很大程度地受到了家庭环境的影响。个体在4~5岁

---

① 约翰·杜威. 我们怎样思维·经验与教育. 北京: 人民教育出版社, 1991: 243~253.

② 杜威所说的经验是一种教育哲学,贯穿于进步教育的实践,有别于本研究所提到的经验研究和经验证据,这是实证研究方法的表述。

的时候进入学校，从此，个体就以学生的身份受到学校教育的影响，同时仍然受到家庭和社会及其交错的影响。

而学校和家庭二者对学生影响的程度是难以判定孰轻孰重的，这也就是为什么 20 世纪 60 年代中期美国《科尔曼报告》提出，学生学业成就的差异几乎不能由学校因素解释，而是由家庭社会经济背景因素解释的结论后，引发社会对学校教育质疑和争论的原因。尽管还没有一个定论，但是关于学生发展的影响受到了新的关注，人们几乎也认同了学生的发展在很大程度上受到环境的影响。

围绕学生发展及其受到环境影响的研究很多来自心理学，关于生态环境中人类发展的研究已经将关注点转移到了青少年社会心理特点方面，而对少年儿童具有类似影响的物理环境因素却没有得到关注。康奈尔大学的加里·埃文斯（Gary W. Evans）从物理环境中的有毒有害物质（铅、汞等）、噪声（甚至包括学校的读书声等）、拥挤（学校和家庭空间狭小等）、房屋质量（房屋的类型、结构、空间、光照灯等）和自然条件（阳光、空气、温度等）、邻居的素质、学校和日托中心等方面结合少年儿童的认知过程、情绪、社会心理特征等心理机能进行了研究综述。[1]

比如，铅和汞会造成儿童的智力损伤。尼德曼（Needleman）较早进行的研究认为，学龄儿童体内的铅含量和智力低下有关[2]，其进一步的研究发现儿童早期的铅接触对后来阅读能力不足、靠后的班级排名和辍学等学习问题的影响。后续的研究提供了更有力的证据，儿童体内含铅量高于安全水平会推迟智力发育 3～5 年[3]。其他有害物质如汞等对学生的智商有类似影响；噪声对学生的记忆和认知学习有明

---

① Gary W. Evans. Child Development and the Physical Environment. Annual Review of Psychology，2006，57：423-451.

② H. L. Needleman. Deficits in Psychologic and Classroom Performance of Children with Elevated Dentine Lead Levels. The New England Journal of Medicine，1979，300（13）：689-695.

③ R. L. Canfield et al. Intellectual Impairment in Children with Blood Lead Concentrations below 10 μg per Deciliter. The New England Journal of Medicine，2003，348（16）：1517-1526.

显的负面影响①，而且噪声还通过对成人间接影响，从而对学生产生影响；还有拥挤的环境、狭小的空间、自然条件、邻居等，种种的物理环境都对学生的发展在智力、情绪、动机、认知、心理健康等方面存在不同程度的影响。

关于学校，心理学的研究指出了学校规模、建筑质量和风格、活动空间、室内光照和空气质量等物理环境和相关条件等对学生的影响。比如，规模较小的学校对学生的发展更为有利，表现在学生的考试成绩和其他一些行为要好于规模较大的学校。学校规模小，有利于教师之间、师生之间和学生之间的有效沟通，进而影响学生的态度和行为。

因此，加里·埃文斯再次强调了物理环境的重要性，并认为物理环境对少年儿童的发展产生直接和间接（通过父母和其他监护人）影响。这种影响发生的潜在机制有多种可能，例如父母和子女间以及其他的人际互动、自我调节、生理性适应、信念控制等，但需要通过更多设计精妙的科学研究予以验证。影响还和少年儿童的年龄阶段、性别、气质、营养状况、智力和是否早熟等因素相关。虽然我们对多种环境的影响的累积性知之甚少，但可以肯定的是环境对少年儿童的影响不是随机的。低收入家庭的孩子处在一种较差的成长环境（物理环境和社会环境）当中②，这样对他们的发展是不利的③④。

关于物理环境对学生发展影响的研究结论是否可靠，先前的有些

① Gary W. Evans，S. Hygge，M. Bullinger. Chronic Noise and Psychological Stress. Psychological Science，1995，6（6）：333-338.

② Gary W. Evans. The Environment of Childhood Poverty. American Psychologist，2004，59（2）：77-92.

③ R. L. Repetti et al. Risky Families：Family Social Environments and the Mental and Physical Health of Offspring. Psychological Bulletin，2002，128（2）：330-366.

④ S. E. Taylor et al. Health Psychology：What is an Unhealthy Environment and How Does It Get Under the Skin? Annual Review of Psychology，1997，48：411-417.

研究因为是基于横截面的数据，可能存在选择性偏差，而不能很好地将物理环境之外的其他影响因素以及儿童先前的心理状况因素剥离开。加里·埃文斯从研究方法的可信度和有效性角度进行了分析，他认为，既有的调查研究大都对个体的人口特征变量进行了控制，有的研究对田野调查进行了实验室模拟，有的则是纵向和干预研究，还有的研究得出了环境和儿童发展的"剂量-反应"曲线。因而，从方法论意义上讲，关于物理环境的影响存在着低估而不是高估的情况，而且有些方面的影响因为方法的限制根本没有被估计。

如前文所述，学校对学生的影响是从学龄期开始的，只有当儿童进入学校，才能直接和间接地受到学校的影响，而学校物理环境对学生的发展虽然被证明存在影响，但只是学校影响的一部分，还存在其他学校相关因素的影响。但在关于如何影响上，心理学的研究则提供了一种有意义的启示，即在不同的表面相互关系中寻找潜在的作用机制。

第二节 核心概念

一、办学条件

办学条件是什么？从词语构成的角度分析，其完整的表述应该是"办学（的）条件"，是由"办学"和"条件"组成的名词性偏正短语。

"办学"则是一个动宾结构的词组，在《辞海》中"办"有四层意思：①治理、处理，如办事、办公；②置备、具备，如办货、采办；③创设、兴办，如办学校、办工厂；④处罚，如惩办、法办。① 相应地，"条件"在《辞海》中有两层意思：①制约事物存在和发展变化的诸因素，通常可区分为主要条件、次要条件、内部条件、外部条件等，其中对事物的存在和发展起决定性作用的内部条件，也称根据，狭义地讲，条件相对于根据而言，指制约事物存在和发展、变化的外部因

---

① 辞海.上海：上海辞书出版社，1999.

素；②在逻辑推理中，指前提和结论、理由和推断的依赖关系，例如，假言推理推断的正确即以理由的正确为条件，参见"必要条件""充分条件""必要又充分条件"。①

至于"办学"一词最早出现于何时何处已很难知道，但一般意义上讲就是创设、兴办、举办学校，融合"教育"的狭义定义，"办学"则是在特定的场所组织的教育教学活动，即学校教育的开展。因而，这就不仅仅是指学校的创办，而是具有"办"的四层含义的学校经营，即包括学校的创建、使用和管理等在内的教育教学实践活动，涉及谁办和如何办等问题，例如，在我国现代教育制度规定中的"国家办学""群众办学"②"办学特色"③"办学效率"等。

那么，依据"条件"的广义与狭义之分，"办学条件"在广义上讲就是制约学校举办活动的各种因素。具体讲，办学条件就是指在一个社会中，学校的举办与经营所需要的"人、财、物"各个方面的资源。《中华人民共和国教育法》规定"设立学校必须有组织机构和章程、稳定的教育经费来源、合格的教师、符合规定的教学场所及设施与设备等条件"。《中华人民共和国义务教育法》规定"学校建设，应当符合国家规定的办学标准，适应教育教学需要；应当符合国家规定的选址要求和建设标准，确保学生和教职工安全"。另外，还有其他相关政策文本的办学规定。

狭义的"办学条件"则是指办学的外部因素，对应教育者与受教

---

① 辞海．上海：上海辞书出版社，1979.

② 顾明远．教育大辞典．上海：上海教育出版社，1998. 国家办的学校，经费由国家支出，教师属国家编制，教育目标、内容、形式等由国家规定。"群众办学"与"国家办学"相对，指在国家教育方针的指导下，由群众（集体或个人）集资办学，包括集体办学和个人办学。集体办学又包括企事业单位办学和社团办学等。

③ 王焕勋．实用教育大词典．北京：北京师范大学出版社，1995. 办学特色指学校在学校管理、教育各项工作中，有某项突出成绩，并形成有规律的特点。办学特色是由学校的传统、教师、学生、设备等条件决定的，是经过教职工、学生的努力取得的。办学特色是主观客观条件决定的，其中主观条件是主要的，任何学校如果认真贯彻教育方针，团结奋斗，努力工作，扬长避短，就能办出自己的特色来。

育者之间的内在性"教学"活动，也就是教育学所定义的"教育手段"① 中非方式方法范畴的物质条件，如学校建筑设施、仪器设备、运动场地等器物和物理空间意义上的资源等，也就是我们通常所说的学校"人、财、物"投入中的"物力资源"或"硬件"，以固定资产等形式独立存在并区别于学校教育经费、师资力量。这也是本研究中所指的办学条件，在英文语境中，相应的词汇则包括 educational facilities（教育设备）、school construction（学校建设）、school facilities（学校设施）、school building condition（学校建筑条件）、school size（学校规模）、school building infrastructure（学校建筑结构）等，还包括科学实验室仪器设备、教室的布局、储物柜、温控设备、墙壁、光照、通风等具体内容。

关于办学条件的要素，《中国教育事业统计年鉴》从 1995 年开始在全国教育统计摘要部分对 1990—1995 年的理科教学仪器设备达标学校比重、图书设备达标学校比重、教学分组实验达标学校比重、学校校舍情况各项指标进行了统计。到了 1999 年，"办学条件"一词正式出现于《中国教育统计年鉴》②，但包含了教育经费、教育基本建设投资、仪器设备价值 3 个方面的内容。③ 从 2004 年开始，义务教育阶段中小学④的"办学条件"被纳入到"各级各类学校分布情况"的统计当中，涉及的经费内容也只是固定资产的价值，并且按照城市、县镇、农村的纵向分类和指标的横向分类，体现在具有里程碑意义的各项标准的颁布和修订上。

_____

① 王道俊，王汉澜. 教育学. 北京：人民教育出版社，1989. 教育是培养人的活动，教育者、受教育者、教育措施是教育的 3 个相互联系的基本要素。教育措施包括教育内容和手段。教育手段则是指教育活动中所采用的方式和方法，既包括教育者和受教育者在教育活动中所采用的教和学的方式和方法，也包括进行活动时所运用的一切物质条件，如教具、实验器材、电化教育器材等。

② 名称进行了更改，在原来《中国教育事业统计年鉴》的基础上去掉了"事业"二字。

③ 钟秉林. 中国高等教育发展地图集. 北京：高等教育出版社，2009. 基于教育统计年鉴指标和数据分析了高等教育的办学条件。

④ 统计中还有普通高中和职业初中的办学条件。

二、农村义务教育

(一) 农村

农村是相对于城市的称谓，属于特定的地域概念。在学术界，关于农村概念的界定因不同的研究问题和范畴而存在争议。[①] 但是，依据国务院关于市镇建制的规定和我国的行政区划，农村是指城市、县镇以外的区域。

国家统计局根据《中华人民共和国统计法》的规定，在《乡村社会经济调查方案》这一调查制度中指出，农村社会经济统计范围包括除县城关镇以外所有乡镇的社会经济活动。显然，在统计与调查的意义上，农村是指包括县镇（乡）两级的农村地区，基层组织有乡政府、镇政府、村民委员会等，县政府所在的城关镇不包括在内。在有关全国"从业人员和职工工资""固定资产投资""人民生活"的统计中，《中国统计年鉴》只是按照"城镇"和"农村"进行分类。由于"教育、科技和文化"部分的教育统计资料主要由国家教育部发展规划司提供，其资料来源是通过教育部制定的教育统计报表制度搜集加工整理而成，在分类上也就出现了"城市""县镇""农村"的分类。

中华人民共和国教育部教育管理信息中心的《中国基础教育统计指标解释》[②] 规定，按学校所在地分类，各类学校可分为城市、县镇、

[①] 一是集镇是否属于农村。李梦白认为集镇应该归属于农村，郑宇则认为集镇属于城市范畴，何肇发认为集镇是介于城市和农村之间的独立社区。但学界倾向于认同集镇属于农村，理由在于农村逐渐形成了以集镇为中心连接着周围乡村的社会模式，集镇在农村地区的政治、经济和文化等方面有着巨大的辐射功能，等等。二是县（市）是否属于农村。高耀明、徐中伟认为关于农村研究探讨的重点应放在县城之外的乡镇，因为一般县城在行政体制上虽然属于建制镇，然而与农村乡镇相比，其人口素质、社会环境和经济结构，以及物质文化生活平都有较高水平，已经相当城市化了，而于鸣超在《现代国家制度下的中国县制改革》一文中认为县（市）属于农村的范畴，因为从历史上看，县的行政区的出现就是以处理农村事务为职责的，在两千多年的朝代更迭与治乱中，县制基本稳定，担负着农村基层政权的职能，也是国家政权与农村社会的枢纽。

[②] http://www.stats.edu.cn/tjzs/jc.htm.

农村学校。城市、县镇、农村的划分以国务院关于市镇建制的规定和我国的行政区划为基础，以民政部门确认的居民委员会和村民委员会为最小划分单元。城市是指在市辖区和不设区的市中，包括在不设区的地级市和县级市中，街道办事处所辖的居民委员会地域；城市公共设施、居住设施等连接到的其他居民委员会地域和村民委员会地域。县镇是指在城市以外的镇和其他区域中，镇所辖的居民委员会地域；镇的公共设施、居住设施等连接到的村民委员会地域；常住人口在3000人以上独立的工矿区、开发区、科研单位、大专院校、农场、林场等特殊区域。农村则是指城市、县镇以外的其他区域。

因为县镇归属为"城镇"，所以国家统计局《中国统计年鉴》中的"农村"则对应于教育部发展规划司主编的《中国教育统计年鉴》中不包括县镇的"农村"，也就是通常所说的"小农村"①，或者说纯粹意义的狭义"农村"。这也就是本研究的"农村"概念，包括县镇（乡）两级的农村地区，县政府所在的中心镇（城关镇）不包括在内。

（二）义务教育

在我国的国民教育体系中，义务教育是国家统一实施的所有适龄儿童、少年必须接受的教育，是国家必须予以保障的公益性事业。根据《中华人民共和国教育法》的规定，国家实行九年制义务教育制度。凡具有中华人民共和国国籍的适龄儿童、少年，不分性别、民族、种族、家庭财产状况、宗教信仰等，依法享有平等接受义务教育的权利，并履行接受义务教育的义务。国家实施九年义务教育，不收学费、杂费。中国的中小学分小学、初级中学、高级中学3个阶段，共12年。小学有五年制和六年制两种；初中多数为三年制，极少数为四年制。小学和初中一共9年，由此义务教育指小学和初中的正规教育阶段，义务教育学校也就是小学和初中学校。

---

① 笔者就《中国教育统计年鉴》中城市、县镇和农村的分类和范围电话咨询了教育部教育管理信息中心数据处，县镇就是指县政府所在地的中心城关镇，农村则是除去城关镇的其他乡镇区域，即通常所说的"小农村"，而中央和地方政府针对农村地区的教育项目往往因为具体的情况也覆盖到了县镇，所以有时候将县镇纳入到农村的范围，即"大农村"。本研究只以"小农村"为研究范畴。

义务教育阶段的中小学又包括了普通中学、职业学校和特殊教育学校。普通（初级）中学是指独立设置的招收小学毕业的适龄人群进行初级中等基础教育的机构。小学是指由县或县以上教育行政部门批准，招收学龄儿童实施初等教育的教学机构。小学教学点是指为方便学龄儿童就近入学，在小学校本部以外设置的教学单位，含巡回点和下伸点。职业初中是指经县或县以上教育行政部门批准设立，招收小学毕业生实施初级中等职业技术教育的教学机构，按学校性质类别可分为独立设置的职业初中、独立设置的少数民族职业初中，普通中学、其他单位附设的职业初中部。

本研究中的农村义务教育阶段普通中小学，就是《中国教育统计年鉴》统计指标中农村地区的普通初级中学和小学，不包括特殊教育学校和职业初中。以 2008 年为例，全国义务教育阶段中小学校有 36.04 万所，其中 28.47 万所位于农村地区。而所有农村中小学校中，小学占到了 89％的比例，其余 11％为初中。按照东中西部进行分类，所有的农村中小学校，东部为 5.07 万所，中部为 13.11 万所，西部为 10.33 万所，也即 78％的农村学校分布在我国的中西部地区。

三、办学条件标准

在办学条件基础上，对办学条件的原则性规定和政策规范就是"办学条件标准"或称为"办学标准"。相关研究对"办学条件标准"进行过界定，办学条件标准是政府相关管理部门（主要是教育行政部门，但是建筑、卫生等主管部门也提出相关项目的标准）根据教育的规律和社会发展水平，对不同学校分级分类提出的办学条件规定和要求。① 对办学条件标准的原则性规定和政策规范就是"办学标准"或称为"办学条件标准"。"办学条件标准"是中央或地方政府部门对学校的各项基本办学条件所做的规定，是就全国或地方在一段时间内办学条件所提出的最

---

① 高洪源，耿申，李政，赵蒂. 关于修订北京市中小学办学条件标准的理性思考. 教育科学研究，2002（9）：5～9.

低要求。①　其中的"各项基本办学条件"具有特定含义，是指开办一所学校所必须具备的各种物质资源、师资配备和经费投入。②

本研究的农村义务教育阶段学校办学条件是指农村地区（县镇以下区域，不包括县政府所在中心镇）初中和小学器物层面的条件，包括学校建筑设施和教学仪器设备两大类及各种具体指标，如占地面积、建筑面积、生活用房面积、危房面积、普通教室、专用教室、实验室、运动场馆和设施、计算机、图书、网络等。

四、学生学业成就与行为

学术界关于学生学业成就的测量通常采用标准化的学科测评成绩。研究者哈努谢克等指出，标准化测试成绩作为较低年级学生学业成就的量化指标是较为合理的。第一，在初级教育阶段，教授学生基本认知技能（阅读、算术等）是学校教育最重要的目标，这些技能的变化状况可以通过测试成绩较好量化；第二，中小学阶段学生测试成绩较好地反映人力资本的组成状况。拉齐尔（Lazear）基于 1988 年国家教育纵向数据进行研究发现，对于 1988 年的标准化测试中获得较高得分的个体，他们在 2002 年的工作收入也更高③；同时，国际比较研究也发现，在中小学生标准化测试（PISA、TIMSS 等）中表现越好的国家，其经济发展状况也较好。因此，将标准化测试成绩作为中小学阶段学生学业成就的量化指标比较合理。麦卡弗里（McCaffrey）④ 等人指出，标准化测试成绩是现有中小学教师教学质量评价中普遍使用的指标之一，它已成为美国对学校、教师和学生的表现进行评价，实施各种教育改革以及配置资源项目的重要基础。

---

①　教育科学研究编辑部．办学条件标准的若干基础性问题访谈．教育科学研究，2004（2）：16～20.

②　认真落实《标准》 促进基础教育更好更快发展——山东省教育厅副厅长张志勇就《山东省普通中小学基本办学条件标准（试行）》有关问题答记者问。

③　转引自梁文艳．教师对学生学业成绩影响的增值性评价——基于西部五省农村中小学的实证研究．北京：北京师范大学，2010：5～6.

④　http：//www. rand. org/content/dam/rand/pubs/monographs/2004/RAND ＿ MG158. pdf.

第三节　办学条件指标体系

一、学校用地面积

如表 3-1 所示，在 2008 年《农村普通中小学校建设标准》中，学校占地面积以学校建设用地面积表示，包括建筑用地面积、体育活动场地和绿化用地 3 个部分。但生均用地面积指标的标准因学校类别和规模的不同而不同。例如，普通农村完全小学有 6 班、12 班、18 班、24 班 4 种规模，其生均用地面积标准分别是 34m²、29 m²、23 m²、20 m²；普通农村初中有 12 班、18 班、24 班 3 种规模，其生均用地面积标准分别为 30 m²、29 m²、25 m²。

表 3-1　农村普通中小学校建设用地面积标准

学校类别及规模		建筑用地（m²）	体育活动场地（m²）							绿化用地（m²）	合计（m²）	生均用地面积（m²）
			总计	其中								
				60 m直跑道	游戏场地	环形跑道（含 100 m直跑道）	篮球场地	排球场地	器械场地			
非完全小学	4 班	2233	740	640	100	—	—	—	—	—	2973	25
完全小学	6 班	3183	4328	—	150	3570	608	—	—	1620	9131	34
	12 班	6021	6438	—	150	5394	608	286	—	3240	15699	29
	18 班	7814	6824	—	150	5394	608	572	100	4050	18688	23
	24 班	10093	7482	—	150	5394	1216	572	150	4320	21895	20
初级中学	12 班	7500	6724			5394	608	572	150	3600	17824	30
	18 班	10038	11138			9150	1216	572	200	4500	25676	29
	24 班	12844	11138			9150	1216	572	200	6000	29982	25
全寄宿制完全小学	12 班	11074	6438	—	150	5394	608	286	—	3780	21292	39
	18 班	15407	6824	—	150	5394	608	572	100	5670	27901	34
	24 班	20264	7482	—	150	5394	1216	572	150	6480	34226	32

续表

学校类别及规模		建筑用地（m²）	体育活动场地（m²）							绿化用地（m²）	合计（m²）	生均用地面积（m²）
			总计	其中								
				60 m直跑道	游戏场地	环形跑道（含100 m直跑道）	篮球场地	排球场地	器械场地			
全寄宿制初级中学	12班	12563	6724	—	—	5394	608	572	150	4200	23487	39
	18班	17621	11138	—	—	9150	1216	572	200	6300	35059	39
	24班	22969	11138	—	—	9150	1216	572	200	7200	41307	34

注：①此表根据 2008 年《农村普通中小学校建设标准》整理。

②非全寄宿制完全小学、初级中学的建筑用地未包括学生宿舍的建设用地。

③开展劳动技术教育所需的实习实验场、自行车存放用地，可根据实际情况另行增加。

如果说上述学校用地面积是规划批准的用地红线内总面积，即学校占地面积，那么建筑面积就是学校校舍建筑物各栋各层面积之和。另一个相关的概念——建筑占地面积，则是指建筑首层投影面积，不同于建筑面积和用地面积。

在 2008 年《农村普通中小学校建设标准》中，农村普通中小学校校舍建筑面积指标分为规划指标和基本指标。新建学校应按规划指标进行校园总体规划，首期建设的校舍建筑面积不应低于基本指标的规定，相应的学校建设规模和生均建筑面积指标应符合表 3-2 的规定。

表 3-2　农村普通中小学校建设规模和生均建筑面积指标

学校类别	面积（m²）		建设规模				
			4 班	6 班	12 班	18 班	24 班
非完全小学	建筑面积	规划指标	670	—	—	—	—
		基本指标	543	—	—	—	—
	生均面积	规划指标	5.58	—	—	—	—
		基本指标	4.52	—	—	—	—

续表

学校类别	面积（m²）		建设规模				
			4 班	6 班	12 班	18 班	24 班
完全小学	建筑面积	规划指标	—	2228	4215	5470	7065
		基本指标	—	2120	3432	4655	6117
	生均面积	规划指标	—	8.25	7.81	6.75	6.54
		基本指标	—	7.85	6.35	5.75	5.66
初级中学	建筑面积	规划指标	—	—	6000	8030	10275
		基本指标	—	—	4678	6310	7988
	生均面积	规划指标	—	—	10.00	8.92	8.56
		基本指标	—	—	7.80	7.01	6.66
全寄宿制完全小学	建筑面积		—	—	7752	10785	14185
	生均面积		—	—	14.35	13.31	13.13
全寄宿制初级中学	建筑面积		—	—	10050	14097	18375
	生均面积		—	—	16.75	15.66	15.31

注：根据 2008 年《农村普通中小学校建设标准》整理而成。其中，完全小学、初级中学未包括学生宿舍的建筑面积。寄宿制学校建筑面积没有规划指标和基本指标之分。

2008 年《农村普通中小学校建设标准》中各类校舍用房的设置，是根据教育发展和教育改革对办学条件的需求确定的，主要包括教学及辅助用房、办公用房、生活用房 3 个部分。其中如表 3-3 所示的各项具体指标都是必须设置的，但是由于课程设置等的差异，小学和初中阶段学校建筑用房也在某些指标及相应的标准上的不同，而且还存在着规划指标和基本指标的不同，表 3-3 只是小学阶段各类实用面积规划指标的一个例子。

表 3-3 农村普通完全小学各类用房使用面积规划指标

用房名称		6班270人			12班540人			18班810人			24班1080人		
		间数	每间使用面积（m²）	使用面积小计（m²）	间数	每间使用面积（m²）	使用面积小计（m²）	间数	每间使用面积（m²）	使用面积小计（m²）	间数	每间使用面积（m²）	使用面积小计（m²）
教学及教学辅助用房	普通教室	7	54	378	13	54	702	20	54	1080	26	54	1404
	音乐教室	—	—	—	1	80	80	1	80	80	2	80	160
	音乐准备室	—	—	—	1	25	25	1	25	25	1	25	25
	美术教室（艺术教室）	—	—	—	1	80	80	1	80	80	1	80	80
	美术准备室	—	—	—	1	25	25	1	25	25	1	25	25
	科学教室	1	80	80	1	80	80	1	80	80	2	80	160
	科学准备室	1	39	39	1	39	39	1	39	39	1	39	39
	计算机教室	1	80	80	1	80	80	1	80	80	2	80	160
	计算机准备室	1	25	25	1	25	25	1	25	25	1	25	25
	多功能教室	1	107	107	1	107	107	1	134	134	1	189	189
	多功能准备室	1	25	25	1	25	25	1	25	25	1	25	25
	远程教育教室	1	39	39	1	39	39	1	39	39	1	39	39
	图书室	1	80	80	1	121	121	1	162	162	1	202	202
	科技活动室	—	—	25	—	—	25	—	—	39	—	—	39
	体育活动室	—	—	—	1	300	300	1	300	300	1	300	300
	体育器材室	1	25	25	1	39	39	1	39	39	1	39	39
	心理咨询室	—	—	25	—	—	25	—	—	25	—	—	25
	小计			928			1817			2277			2936
办公用房	行政办公室	—	—	30	—	—	30	—	—	40	—	—	50
	教师办公室	—	—	48	—	—	96	—	—	144	—	—	192
	卫生保健室	1	20	20	1	20	20	1	20	20	1	20	20
	总务仓库	1	15	15	1	22	22	1	25	25	1	30	30
	少先队部室	1	15	15	1	15	15	1	20	20	1	20	20
	传达值宿室	1	20	20	1	20	20	1	20	20	1	20	20
	小计			128			203			269			332

续表

用房名称		6班270人			12班540人			18班810人			24班1080人		
		间数	每间使用面积(m²)	使用面积小计(m²)	间数	每间使用面积(m²)	使用面积小计(m²)	间数	每间使用面积(m²)	使用面积小计(m²)	间数	每间使用面积(m²)	使用面积小计(m²)
生活用房	教工宿舍	—	—	40	—	—	80	—	—	110	—	—	150
	学生宿舍	—	—	—	—	—	—	—	—	—	—	—	—
	食堂	—	—	158	—	—	291	—	—	427	—	—	568
	开水房	—	—	8	—	—	8	—	—	10	—	—	10
	浴室	—	—	16	—	—	16	—	—	20	—	—	20
	教工厕所	—	—	8	—	—	12	—	—	16	—	—	20
	学生厕所	—	—	51	—	—	102	—	—	153	—	—	203
	小计			281			509			736			971

注：根据 2008 年《农村普通中小学校建设标准》整理而成。

如前所述，该标准只是一个国家层面的"最低保障"，因而各地区在中小学校的建设中除保证应配备的上述用房外，有条件的地区、少数民族聚居地区、有特殊需要的中小学校和民族学校，经主管部门批准可适当增加有关用房的建筑面积或增设其他用房，包括教学用房、采暖锅炉房等。

二、建筑空间结构

农村义务教育阶段中小学校建设的空间结构首先表现在学校布局上，就是指在一定行政区域内学校关于网点的选定。因地制宜、合理设置学校网点对保证农村基础教育事业持续、稳定、协调发展有重要现实意义。关于网点的选择，一个重要的内容就是校址的选择，即学校得以存在的空间及其界定的地域方位，包括对地形和周边环境的要求。其次就是校园内部建筑空间结构的布局，具体包括建筑物之间空间设计和校舍的建筑结构。本研究的建筑空间结构单指校舍的建筑结构。

　　从建筑学的意义上看并结合现实，我国的建筑结构可以分为砖木结构、砖混结构、钢筋混凝土结构、钢结构。砖木结构是用砖墙、砖柱、木屋架作为主要承重结构的建筑，像大多数农村的屋舍、庙宇等，这种结构建造简单，材料容易准备，费用较低。砖混结构即由砖墙或砖柱、钢筋混凝土楼板和屋顶承重构件作为主要承重结构的建筑，这是目前住宅建设中建造量最大、采用最普遍的结构类型。钢筋混凝土结构是梁、板、柱等主要承重构件全部采用钢筋混凝土结构的建筑，主要用于大型公共建筑、工业建筑和高层住宅。钢筋混凝土建筑里又有框架结构、框架—剪力墙结构、框—筒结构等。钢结构主要承重构件全部采用钢材制作，自重轻，能建造摩天大楼，也能制成跨度大、净高高的空间，特别适合大型公共建筑。①

　　关于校舍的建筑结构，1996 年《农村普通中小学校建设标准》没有明确的规定，2008 年《农村普通中小学校建设标准》只是指导性地提出建筑结构应按防御各类重大意外灾害的相关规范要求进行设计。但是，《中国教育统计年鉴》在统计上对全国农村义务教育阶段中小学建筑面积进行的统计分类指标包括了框架结构、砖混结构、砖木结构和土木结构 4 种。

三、教学仪器设备

　　教学仪器设备是教育现代化过程中确保教学活动有效进行而所需的教具、学具、器材设施场所及其配置的总称，是教育教学活动中软硬件的物品形态，也称为"教育装备"。② 胡又农在其《教育装备学导论》一书中列举了 3 种定义并综合得出了他自己的定义，即教育装备是由那些完成教育任务所需要的物品有效组成起来的系统。

　　笔者认为除了在语义上，装备有动词的形态，在名词意义上和仪器设备本质上是相同的，只是称谓不同，属于学校办学条件的基本构成部分，是实现教育目标和教学方法的条件保障，而且和学校建筑设计密切相关。有关仪器设备的研究已经更加深入，从关注学生动手能

---

① 　参阅建筑结构理论分类。

② 　胡又农.教育装备学导论.北京：北京大学出版社，2011：15.

力发展，到重点研究如何更有效地通过实验教学活动发展学生探究能力，提高学生科学素养，培养创新精神和实践能力；从重点关注学校理科教学仪器产品研究与开发，到关注各学科教学仪器发展、各学科专用教室建设、学校环境创设；从研究处理传统实验仪器与计算机等电教仪器的关系，到研究利用现代信息技术提升传统实验；从研究将信息技术与实验课程整合，到研究如何通过教育技术现代化促进教育现代化；从关注学校教学仪器配备的品种、数量、质量，到关注教学仪器装备工作中如何实现学校标准化假设，如何体现教育公平，如何促进义务教育均衡发展。①

表 3-4   教学仪器设备产品（物资）分类②

序号	代码	教学仪器设备产品（物资）	序号	代码	教学仪器设备产品（物资）
1	B	教学用标本、显微标本	11	M	教学用模型
2	C	实习试验用材料	12	Q	其他仪器设备
3	D	电教仪器设备及器材	13	R	教学用软件
4	E	（儿童）游艺器材	14	S	计算机及其示教仪器设备
5	F	一般（泛用）仪器设备及用品	15	T	体育器材用品，体能检测器械
6	G	教学用挂图、活动挂图	16	U	音乐舞蹈用乐器及设备
7	H	化学药品、试剂	17	W	文教美术用品、黑板、测绘仪器
8	J	教学专用仪器设备	18	Y	一般工具、用具
9	K	科学普及器具及学具	19	Z	学校专用家具
10	L	玻璃仪器			

注：整理自《教学仪器设备产品（物资）分类与代码》（JB/JXYQ—2002）。

中华人民共和国教育部 2002 年 8 月 6 日颁发的《教学仪器设备产

①　教育部教学仪器研究所．教学仪器研究．北京：中国人民大学出版社，2010.

②　转引自胡又农．教育装备学导论．北京：北京大学出版社，2011：8.

品（物资）分类与代码》将教学仪器设备产品分为了 19 类，约 5000 种。如表 3-4 所示，这 19 类，每一类又各有子类，比如学校专用家具下属教室用家具、电教室家具、美术室家具、音乐室家具、图书馆用房家具、计算机房用家具、宿舍用家具、食堂用家具和办公室用家具等 22 个二级分类，而每个二级分类项又各有三级子类。例如，教室用家具就包括了讲台、普通课桌、成人课桌、升降课桌、普通课椅、排椅、阶梯教室专用桌、挂图架、挂图夹等。

本 章 小 结

　　法制框架下的教育现代化是新时期教育改革与发展的现实背景，也是教育教学活动的理念导向。本章内容首先在教育现代化理念下，以教育教学活动和管理工作的"法治"为切入点，引出了基础教育阶段中小学运行管理评估过程中办学条件的重要性和必要性。另外，在教育公平的视域下，无论是出于起点公平、过程公平还是结果公平的角度，办学条件的改善对地区教育、学校教育教学、学生发展乃至家庭和社区的影响都是不可忽视的。而在教育管理评估的范畴中，评估理论对学校办学条件在内容和方法等层面都做出了明确的说明。这也就成为本研究的第一理论基础。

　　然后，从我国基础教育发展的过去、现在和未来看，农村义务教育的发展水平在很大程度上制约着全国基础教育的现代化。这块"短板"则是在城乡二元分割社会结构中的历史产物。在面向未来的教育现代化推进的过程中，如何在理念、方针、政策和措施层面践行和研究办学条件必然要以此做背景。因而，城乡二元社会结构中的农村教育发展成为本研究分析农村义务教育阶段中小学办学条件的第二理论基础。本研究对农村义务教育阶段中小学办学条件系统性的分析基于这两个理论。从根本上探究办学条件改善则是以心理学有关物理环境对学生个体身心发展为理论基础。本章综合分析了这一领域中经典和新近研究中的学校器物层面办学条件对学生行为、态度和学业成就的影响。

　　另外，在理论基础分析的前提下，结合本研究的问题和目标，本研究对核心概念进行了界定和阐释，并结合统计指标体系和基线调查指标初步构建了以学校用地面积、建筑空间结构、教学仪器设备为主体的指标体系。

第四章 学校用地面积

本章基于《中国教育统计年鉴》的统计数据，对农村义务教育阶段普通中小学校办学条件的占地面积、体育运动场地面积两个指标进行存量、变化趋势和基于国家标准均值比较的分析。参照前述办学条件一级指标以及部分二级指标，利用教育统计数据对占地面积和体育运动场地进行存量和变化趋势的分析。具体分析实行"纵横结合"方式，以2008年为横截面开展总量和均值的存量状况分析，并以2002—2008年的数据进行纵向的时间序列分析。

第一节 占地面积分析

一、存量分析

占地面积是学校存在的基本物理空间，在一定程度上制约着学校地理空间布局及其建设与发展。全国农村义务教育阶段中小学总的占地面积随着学校数量的减少而不断缩减，但小学和初中存在明显的差异，小学阶段学校占地面积在基本存量上大于初中。

从总量上看，2008年全国农村义务教育阶段中小学校总占地面积为25.80亿平方米，占当年全国，包括城市、县镇、农村义务教育阶段中小学校的校园总占地面积（39.55亿平方米）的65%。如表4-1所示，全国农村小学和初中阶段各自的总占地面积分别为18.56亿平方米、7.24亿平方米。

当年全国农村义务教育阶段中小学校占地面积在校均和生均水平上，初中都明显高于小学。小学阶段校均占地面积规模为7000多平方米，相应的生均占地面积为 31.33 平方米；初中阶段校均占地面积规模为 22000 多平方米，相应的生均占地面积为 34.69 平方米。也就是说，农村初中阶段学生的校园活动空间整体上略大于小学阶段学生的活动空间。

表 4-1　2008 年农村义务教育阶段中小学校占地面积

	总量（亿 m²）	校均（m²）	生均（m²）
小学	18.56	7335.92	31.33
初中	7.24	22859.43	34.69
合计	25.80	—	—

二、变化趋势

全国农村义务教育阶段中小学校占地面积总体规模较大，但呈现逐年缩减的趋势。从校均和生均占地面积看，小学和初中阶段则逐年增长。这在一定程度上反映出由于学龄人口减少和布局调整引起的农村学校总体规模逐渐缩小的趋势。从总量上看，全国农村义务教育阶段中小学校总的占地面积以年均 2.2% 的速度减少。如图 4-1 所示，小学阶段总的校园占地面积由 21.57 亿平方米缩减至 18.56 亿平方米，年均增长率为 -2.5%；初中阶段总的校园占地面积由 7.88 亿平方米缩减至 7.24 亿平方米，年均增长率为 -1.4%。

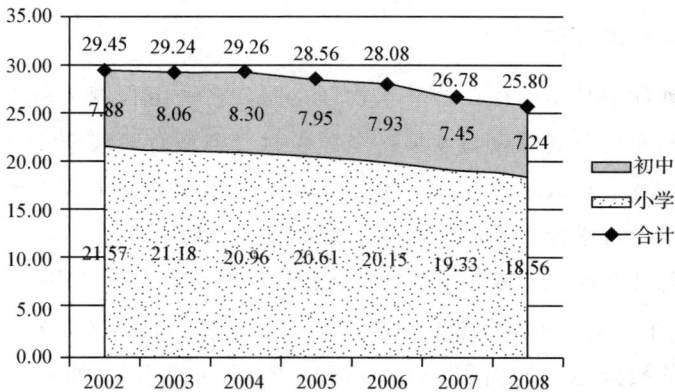

图 4-1　2002—2008 年农村义务教育阶段中小学校总占地面积
变化趋势（单位：亿 m²）

从均值上看，随着学校的撤并和总占地面积的缩减，初中和小学的校均、人均占地面积则逐年增长，体现了农村义务教育阶段中小学集中化办学的趋势。

如图 4-2 和图 4-3 所示，小学校均占地面积由 2002 年的 5617.92 平方米逐年增至 2008 年的 7335.92 平方米，年均增长率为 4.6％；相应的初中校均占地面积由 20592.89 平方米增至 22859.43 平方米，年均增长率为 1.8％。在生均层面，小学生人均占地面积由 2002 年的 26.50 平方米增至 2008 年的 31.33 平方米，年均增长率为 2.8％；相应的初中生均占地面积由 24.78 平方米增加到 2008 年的 34.69 平方米，年均增长率为 5.8％，明显高于小学 3 个百分点。

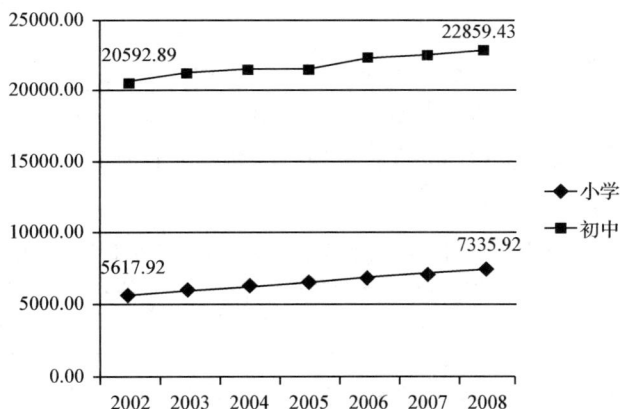

图 4-2　2002—2008 年农村义务教育阶段中小学校占地面积校均规模变化情况（单位：m²）

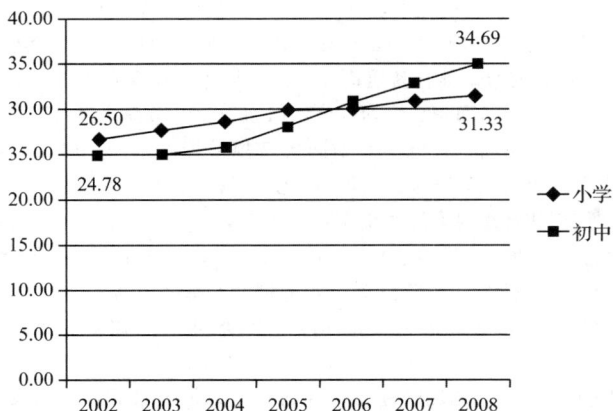

图 4-3　2002—2008 年农村义务教育阶段中小学校占地面积生均规模变化情况（单位：m²）

三、基于国家标准的均值比较①

在全国层面，农村小学实际生均占地面积比标准低 2.67 平方米，而农村初中实际生均占地面积比寄宿制标准低 4.31 平方米，比非寄宿制标准高 4.69 平方米。从东中西部 3 个区域来看，小学实际生均占地面积均没有达到国家标准。而从初中生均占地面积来看，以非寄宿制标准衡量，西部未达到标准，东部和中部均超过标准；以寄宿制标准衡量，东中西部 3 个区域均未达标，其中西部与标准差距最大，比标准低 5％。②

从各省份的情况来看，贵州、四川、江西、河南、上海、浙江、云南、重庆、广东、广西、湖南、安徽、福建、山西、甘肃共 15 个省份的小学生均占地面积未达到标准，也即近半数的省份在这一指标上没有达

---

① 由于 2008 年《农村普通中小学校建设标准》各办学条件指标存在着学校类别和班级规模的差别以及规划标准和基本标准的不同，那么在选取 2008 年的实际数据对全国农村义务教育阶段学校办学条件的现状进行分析时，就遇到如何选择标准的问题，而最关键的就是选取《2008 年农村标准》中哪一个学校规模作为标尺。本研究所采取的方法：首先，用每个地区总班级数除以总校数，得出平均每个学校的班级数，即该地区实际的平均班级规模；其次，将这个实际班级规模近似地划归到《2008 年农村标准》的某一班级规模；最后，用实际数据比照所选定班级规模下各指标的生均值进行评估。以全国层面农村小学为例：全国农村小学平均班级规模＝全国农村小学班级总数/全国农村小学校数＝ 1872370/253041≈7.4。这个班级规模接近于农村完全小学 6 班的规模，因此以 6 个班的农村完全小学的生均占地面积 34m² 作为比较的标准。其他指标，如生均体育运动场地面积、生均建筑面积、生均教学及辅助用房面积、生均办公用房面积、生均普通教室面积、生均图书室面积、生均计算机室面积，也存在不同班级规模标准不同的情况，在选取标准时，本研究也采取了类似的方法。而生均食堂面积、生均厕所面积、生均图书 3 个指标，其标准值不随班级规模的变化而变化（寄宿小学生均食堂面积是 1.5m²，初中为 1.2m²；小学生均厕所面积是 0.19m²，初中是 0.15m²；小学生均图书是 20册，初中是 30 册）。但是初中阶段存在着寄宿制和非寄宿制指标的差异，于是我们选取了初中寄宿制和非寄宿制学校标准与 2008 年农村初中的实际数据进行比较。

② 初中阶段这种均值比较存在一定的问题，仅供参阅，因为没有区分寄宿制和非寄宿制学校。也就是说，寄宿制和非寄宿制学校应按照各自的标准进行比较分析。

标；初中生均占地面积方面，以非寄宿制标准衡量，重庆、西藏、贵
州、四川、陕西、广东、甘肃、云南、河南、福建、湖北共 11 个省份未
达到标准，不达标省份占 35%。以寄宿制标准衡量，山西、上海等多个
省份不达标。其中，贵州、四川、河南、云南、重庆、广东、福建、甘
肃 8 个省份的小学和初中生均占地面积均不达标。详见图 4-4 和图 4-5。

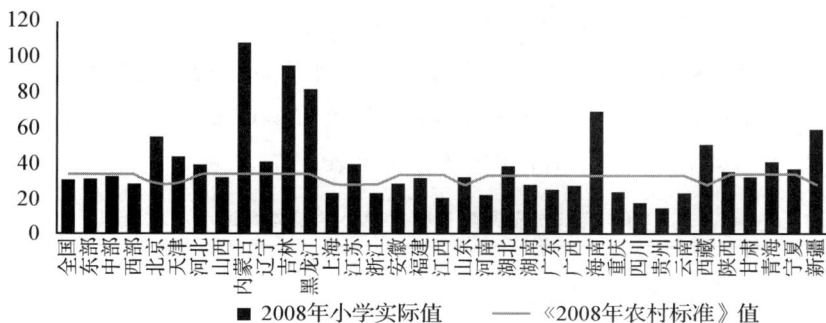

图 4-4　2008 年农村小学生均占地面积与
《2008 年农村标准》比较（单位：m²）

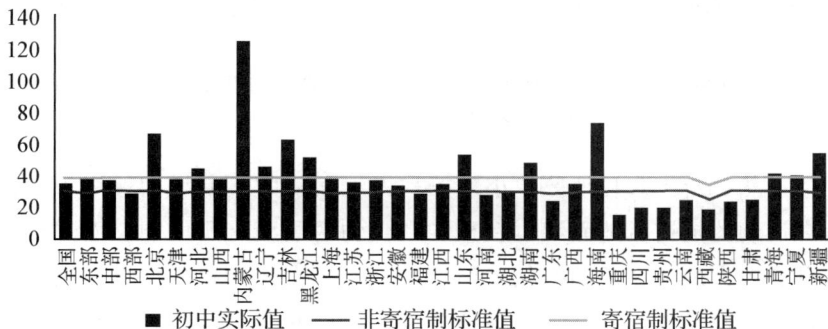

图 4-5　2008 年农村初中生均占地面积与
《2008 年农村标准》比较（单位：m²）

第二节　体育运动场地面积分析

一、存量分析

体育运动场地是学校上体育课及组织课外活动的主要场所，对学

生健康成长、增强体质至关重要，进而会影响学生的态度、行为和学业成就。

在总量层面，全国农村义务教育阶段中小学校 2008 年体育运动场地总面积为 7.41 亿平方米，占学校总占地面积 25.80 亿平方米的 29%。小学和初中阶段总占地面积分别为 5.49 亿平方米、1.91 亿平方米。在均值层面，农村小学校均体育运动场地面积为 2000 多平方米，初中校均体育运动场地面积为 6000 多平方米，初中达标率高于小学 13 个百分点。相应的农村生均体育运动场地面积层面，小学为 9.27 平方米，初中为 9.17 平方米。详见表 4-2。

表 4-2 2008 年农村义务教育阶段中小学校体育运动场地面积

	总面积（亿 m²）	校均（m²）	生均（m²）
小学	5.49	2171.01（54%）*	9.27
初中	1.91	6045.77（67%）**	9.17
合计	7.41	—	—

注：* 表示农村小学体育运动场地面积达标率，即农村小学体育运动场地面积达标学校数所占全部农村小学总校数的比例。

** 表示农村初中体育运动场地面积达标率，即农村初中体育运动场地面积达标学校数占全部农村初中总校数的比例。

显然，由于农村地区中小学校均占地面积的不断增加，用于学生体育活动的场馆占地面积也在校均和生均的层面有所增加，而且小学生具有较大的体育活动空间。但这只是一个占地面积的指标，因为体育运动场地设施没有被纳入评估分析，所以并不意味着农村小学体育活动的品质有相应的提高。

二、变化趋势

在总量层面，作为学生课外活动的重要场所的全国农村义务教育阶段中小学体育运动场地，总面积从 2002 年到 2008 年，由 9.10 亿平方米减少为 7.40 亿平方米，年均增长率为 -3.4%。如表 4-3 所示，小学阶段减少的速度明显快于初中，前者年均增长率为 -3.9%。

但是在均值层面，全国农村小学和初中校均和生均体育运动场地面积都呈增加趋势。校均增幅上，小学要大于初中；生均增幅上，初中大于小学。如表 4-3 所示，在校均层面，从 2002 年到 2008 年，小学阶段校均体育运动场地面积由 1811 平方米增至 2171 平方米，年均增长率为 3.1%；初中阶段校均体育运动场地面积由 2002 年的 5629 平方米增至 2008 年的 6046 平方米，年均增长率为 1.2%。在生均层面，小学生人均体育运动场地面积从 2002 年的 8.54 平方米增至 2008 年的 9.27 平方米，年均增长率为 1.4%；初中生人均体育运动场地面积从 2002 年的 6.77 平方米增至 2008 年的 9.17 平方米，年均增长率为 5.2%。

表 4-3 2002—2008 年农村义务教育阶段中小学校体育运动场地面积变化情况

		2002	2003	2004	2005	2006	2007	2008	年均增长率
小学	总量（亿 m²）	6.95	6.88	6.80	6.58	6.33	5.93	5.49	−3.9%
	校均（m²）	1811	1908	2016	2076	2146	2182	2171	3.1%
	生均（m²）	8.54	8.94	9.21	9.46	9.48	9.48	9.27	1.4%
初中	总量（亿 m²）	2.15	2.20	2.28	2.17	2.18	2.00	1.91	−1.9%
	校均（m²）	5629	5790	5897	5875	6130	6029	6046	1.2%
	生均（m²）	6.77	6.83	7.08	7.66	8.42	8.80	9.17	5.2%

可见，尽管在农村地区，中小学体育运动场地总面积随着学龄人口的减少、布局调整的撤点并校（按照小学就近入学、初中相对集中、优化教育资源配置的原则，合理规划和调整学校布局）而逐步减少，但是校均和生均面积不断增加，这反映出农村中小学校学生体育活动的空间得到逐步扩展。这一事实在体育运动场地面积达标率和相应的比例变化中得到了进一步的印证。

如表 4-4 所示，我国农村中小学体育运动场地面积达标校数在 2002—2008 年呈减少趋势，和学校数量及占地面积缩减是一致的。但是体育运动场地面积达标校数所占比例是稳步增长的。2002 年农村小学体育运动场地面积达标率为 47%，2008 年增至 54%，相应的农村初中体育运动场地面积达标率由 63% 增至 67%。显然，农村小学阶段学校体育场面积达标率相对初中阶段的达标率较低。

表 4-4　2002—2008 年农村义务教育阶段中小学校体育运动场地面积

达标校数及比例变化

		2002	2003	2004	2005	2006	2007	2008
体育运动场地	小学	181086	174654	168129	162467	152254	144445	136217
面积达标校数（所）	初中	23931	24141	24905	24092	23313	22122	21082
体育运动场地	小学	47%	48%	50%	51%	52%	53%	54%
面积达标率	初中	63%	63%	64%	65%	66%	67%	67%

三、基于国家标准的均值比较

学校体育运动场地包括体育课、课间操及课外活动所需要的场地。《2008 年农村标准》规定：非完全小学和完全小学 6 班应分别设置 60m 和 100m 直跑道，完全小学 12 班、18 班、24 班均应设置 200m 环形跑道田径场；初级中学 12 班应设置 200m 环形跑道田径场，18 班、24 班均应设置 300m 环形跑道田径场；中小学校应设置适量的球类、器械等运动场地，如游戏场地、篮球场地、排球场地和器械场地。

如图 4-6 和图 4-7 所示，从全国和东中西部情况来看，生均体育场地面积均未达标，而且差距较大。全国农村小学实际生均体育场地面积（9.27m²/生）仅达到标准（16.03m²/生）的 58%，初中情况（9.17m²/生）比小学要较为乐观，但也只达到标准生均体育场地面积（11.21m²/生）的 82%。西部小学、初中生均体育场地面积最小，分别为标准的 43% 和 60%，均低于全国平均水平。

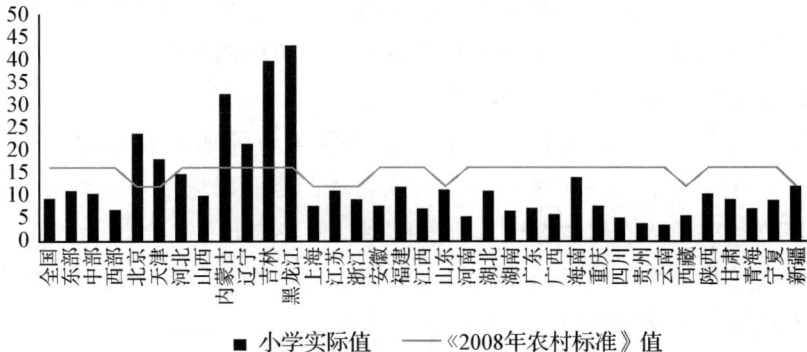

图 4-6　2008 年农村小学生均体育场地面积与

《2008 年农村标准》比较（单位：m²）

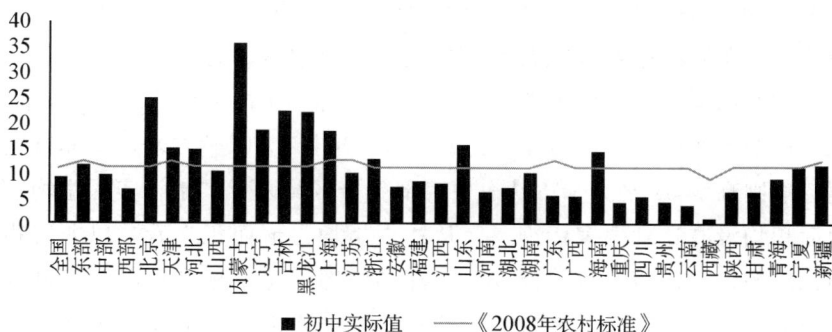

图 4-7 2008 年农村初中生均体育场地面积与
《2008 年农村标准》比较（单位：m²）

　　从各省份的情况来看，该指标中，小学低于标准的省份有云南、贵州、四川、河南、西藏等 24 个省份，占全国 31 个省份的 77%，不达标比例较高，其中和标准差距最大的是云南，仅为 3.36m²/生。初中低于标准的省份占 61%，包括西藏、云南、重庆、贵州等 19 个省份，其中和标准差距最大的是西藏，仅为 1.13m²/生。小学和初中的生均体育场地面积均未达标的省份有云南、贵州、四川、河南等 18 个，占全国 31 个省份的 58%。

本 章 小 结

　　全国农村义务教育阶段中小学总的占地面积随着学校数量的减少而不断缩减，但初中和小学存在明显的差异，小学占地面积在基本存量上大于初中。总量上，2008 年全国农村义务教育阶段中小学校总占地面积为 25.80 亿平方米，占当年全国，包括城市、县镇、农村义务教育阶段中小学校的校园总占地面积的 65%。均值上，2008 年全国农村义务教育阶段中小学校占地面积在校均和生均水平上，初中都明显高于小学。而且在时间序列上，小学和初中阶段的占地面积均不断增长。总量上，全国农村义务教育阶段中小学校总的占地面积以年均 2.2% 的速度减少，小学阶段总的校园占地面积由 21.57 亿平方米缩减至 18.56 亿平方米，年均增长率为－2.5%，初中阶段总的校园占地面积由 7.88 亿平方米缩减至 7.24 亿平方米。均值上，初中和小学的校均、人均占地面积则逐年增长，体现了农村义务教育阶段中小学集中化办学的趋势。

在全国层面，农村小学实际生均占地面积比标准低 2.67 平方米，而农村初中实际生均占地面积比寄宿制标准低 4.31 平方米，比非寄宿制标准则高 4.69 平方米。从东中西部 3 个区域来看，小学实际生均占地面积均没有达到国家标准。而从初中生均占地面积来看，以非寄宿制标准衡量，西部未达到标准，东部和中部均超过标准；以寄宿制标准衡量，东中西部 3 个区域均未达标，其中西部与标准差距最大，比标准低 5％。15 个省份的小学生均占地面积未达到标准，初中生均占地面积方面，以非寄宿制标准衡量，重庆、西藏、贵州、四川、陕西、广东等 11 个省份未达到标准，以寄宿制标准衡量，天津、山西、上海等多个省份不达标。其中，贵州、四川、河南、云南、重庆、广东、福建、甘肃 8 个省份的小学和初中生均占地面积均不达标。

尽管在农村地区，中小学体育运动场地总面积随着学龄人口的减少、布局调整的撤点并校而逐步减少，但是校均和生均面积不断增加，这反映出农村中小学校学生体育活动的空间得到逐步扩展。这一事实在体育运动场地面积达标率和相应的比例变化中得到了进一步的印证。农村小学阶段学校体育场地面积达标率相对初中阶段的达标率较低，但增幅比初中阶段大。

从全国和东中西部情况来看，生均体育场地面积均未达标，而且差距较大。全国农村小学实际生均体育场地面积（9.27m²/生）仅达到标准（16.03m²/生）的 58％，初中情况（9.17m²/生）比小学要较为乐观，但也只达到标准生均体育场地面积（11.21m²/生）的 82％。西部小学、初中生均体育场地面积最小，分别为标准的 43％和 60％，均低于全国平均水平。从各省份的情况来看，该指标中，小学低于标准的有云南、贵州、四川、河南、西藏等 24 个省份，占全国 31 个省份的 77％，不达标比例较高，最低的是云南，仅为 3.36m²/生。初中低于标准的省份占 61％，包括西藏、云南、重庆、贵州等 19 个省份，和标准差距最大的是西藏，仅为 1.13m²/生。小学和初中的生均体育场地面积均未达标的有云南、贵州、四川、河南等 18 个省份，占全国 31 个省份的 58％。

第五章　校园建筑面积和结构

校园校舍是举办学校和开展教育教学活动最起码的必备条件。本章对学校建筑面积、危房面积和新增建筑面积在存量、变化趋势和基于国家标准的均值比较层面进行了分析。总体上讲，全国农村义务教育阶段小学建筑面积、危房面积和新增建筑面积都要大于初中，小学校舍的危房问题也相对更为严重。

第一节　建筑、危房、新增建筑面积分析

一、存量分析

（一）总量

2008年全国农村义务教育阶段中小学校总建筑面积为5.20亿平方米，其中小学阶段总面积为3.55亿平方米，初中阶段总面积为1.65亿平方米。在全国农村中小学校的建筑中存在的危房总面积为0.28亿平方米，其中小学为0.20亿平方米，比例高达73%①。2008年新增建筑面积总量为0.13亿平方米，71%的新增面积比例产生在小学，小学新增建筑总面积为0.09亿平方米，其余的0.04亿平方米新增在初中阶段。

（二）均值

1. 校均层面

2008年农村小学阶段平均每所学校建筑面积为1400多平方米，

---

① 比例的计算采用原始数值而不是采用表格中以亿平方米为单位保留小数点后两位的处理值，即73%≈（20240850/27761863）100%，后同。

约占总占地面积的 19%。初中阶段平均每所学校建筑面积为 5200 多平方米，约占总占地面积的 32%。小学校均危房面积约 80 平方米，校均新增建筑面积约 37 平方米。初中校均危房面积为 230 多平方米，校均新增建筑面积约 120 平方米。详见表 5-1。

2. 生均层面

2008 年农村小学和初中阶段生均建筑面积分别为 6.00 平方米和 7.90 平方米。生均危房面积层面，小学为 0.34 平方米，初中为 0.36 平方米。生均新增建筑面积中，小学和初中分别为 0.16 平方米、0.18 平方米。虽然建筑面积以及相关的危房和新增建筑面积在总量和校均的层面呈现出小学和初中阶段的差距，但是在生均方面，二者的差异不大。① 详见表 5-1。

表 5-1   2008 年农村义务教育阶段中小学校建筑、危房和新增建筑面积均值情况（单位：m²）

	校　均			生　均		
	建筑面积	危房面积	新增建筑面积	建筑面积	危房面积	新增建筑面积
小学	1404.54	79.99	36.81	6.00	0.34	0.16
初中	5205.28	237.50	119.82	7.90	0.36	0.18

二、变化趋势

（一）总量

2008 年全国农村义务教育阶段中小学校舍建筑总面积为 5.20 亿平方米，相比 2002 年的 5.34 亿平方米，减少了 0.14 亿平方米，年均增长率为 −0.4%。小学阶段总建筑面积以年均 1.2% 的比例减少，由 3.82 亿平方米减少为 3.55 亿平方米。初中阶段的总建筑面积则以年均 1.3% 的比例不断增加，由 1.52 亿平方米增至 1.65 亿平方米。

中小学的危房总面积持续缩减，小学和初中阶段分别以年均 5.8% 和 2.0% 的速度减少，但不少年份有所反弹。小学危房面积由

① 关于生均面积是否适当，本研究在后面章节比照国家标准进行了分析。

2002 年的 0.29 亿平方米缩减到 2008 年的 0.20 亿平方米，初中 2008
年的学校危房面积比 2002 年减少了 967078 平方米①。详见表 5-2。

表 5-2　2002—2008 年农村义务教育阶段中小学校建筑、危房和
新增建筑面积的变化趋势（单位：亿 m²）

		2002	2003	2004	2005	2006	2007	2008	年均增长率
建筑面积	小学	994.99	1055.73	1146.44	1214.61	1299.85	1349.46	1404.54	5.9%
	初中	3975.63	4223.25	4471.60	4563.34	4879.81	4998.79	5205.28	4.6%
危房面积	小学	75.34	90.13	82.83	70.37	84.17	65.20	79.99	1.0%
	初中	221.75	270.16	229.77	183.09	210.15	182.37	237.50	1.1%
新增建筑面积	小学	20.21	24.52	24.44	28.30	34.08	33.66	36.81	10.5%
	初中	118.74	131.24	135.59	143.12	172.87	116.49	119.82	0.2%

（二）均值

1. 校均层面

如表 5-3 所示，农村初中阶段平均每所学校的建筑面积明显大于
小学。从 2002 年到 2008 年，小学和初中校均建筑面积分别以年均
5.9% 和 4.6% 的速度增长，小学从校均 990 多平方米增至 1400 多平
方米，初中从校均 3970 多平方米增至 5200 多平方米。

表 5-3　2002—2008 年农村义务教育阶段中小学校均建筑、危房和新增
建筑面积变化趋势（单位：m²）

		2002	2003	2004	2005	2006	2007	2008	年均增长率
建筑面积	小学	994.99	1055.73	1146.44	1214.61	1299.85	1349.46	1404.54	5.9%
	初中	3975.63	4223.25	4471.60	4563.34	4879.81	4998.79	5205.28	4.6%
危房面积	小学	75.34	90.13	82.83	70.37	84.17	65.20	79.99	1.0%
	初中	221.75	270.16	229.77	183.09	210.15	182.37	237.50	1.1%
新增建筑面积	小学	20.21	24.52	24.44	28.30	34.08	33.66	36.81	10.5%
	初中	118.74	131.24	135.59	143.12	172.87	116.49	119.82	0.2%

① 由于单位和计数保留两位小数，表格中初中阶段 2008 年和 2002 年危房
面积都为 0.08 亿平方米。以平方米为单位，2008 年和 2002 年存在约 97 万平方米
的差值。

　　对应全国农村中小学危房面积总量及变化的情况可知，在校均层面，小学和初中阶段的危房面积在从 2002 年到 2008 年的时间序列中呈现出波动性小幅增长的总体趋势，年均增长率为 1.0％。校均新增建筑面积上，小学阶段以年均 10.5％的速度较快增长，但基数较小，最多的 2008 年仅为 37 平方米，初中阶段校均每年新增建筑面积维持在 100 多平方米的水平，以年均 0.2％的速度缓慢增长。

　　2. 生均层面

　　农村义务教育阶段中小学生均建筑面积和新增建筑面积呈现较快增长趋势，但生均危房面积在小学和初中阶段在波动性变化中存在差别，小学整体上呈小幅缩减之势，初中则呈增长之势。

　　具体情况如表 5-4 所示，小学生均建筑面积由 2002 年的 4.69 平方米增至 2008 年的 6.00 平方米，初中生均建筑面积由 4.78 平方米增至 7.90 平方米，年均增长率分别为 4.2％和 8.7％。

表 5-4　2002—2008 年农村义务教育阶段中小学校生均建筑、危房和新增
建筑面积变化趋势（单位：m²）

		2002	2003	2004	2005	2006	2007	2008	年均增长率
建筑面积	小学	4.69	4.95	5.24	5.54	5.74	5.86	6.00	4.2％
	初中	4.78	4.98	5.37	5.95	6.70	7.29	7.90	8.7％
危房面积	小学	0.36	0.42	0.38	0.32	0.37	0.28	0.34	−0.7％
	初中	0.27	0.32	0.28	0.24	0.29	0.27	0.36	5.1％
新增建筑面积	小学	0.10	0.11	0.11	0.13	0.15	0.15	0.16	8.7％
	初中	0.14	0.15	0.16	0.19	0.24	0.17	0.18	4.1％

　　生均危房和新增建筑面积的基数较小，但变化趋势明显。小学阶段生均危房面积以年均 0.7％的速度呈波动性缩减趋势，由 2002 年的生均 0.36 平方米减至 2008 年的生均 0.34 平方米，其中 2003 年较高，为 0.42 平方米。初中阶段生均危房面积则以年均 5.1％的速度不断增长。小学生均新增建筑面积略低于初中，但都呈明显的增长趋势，年均增幅分别为 8.7％和 4.1％。

第二节　按功能划分的建筑面积分析

一、存量分析

按照建筑基本功能对学校建筑进行划分，学校建筑包括教学及辅助用房、行政办公用房、生活用房及其他用房。2008 年全国农村义务教育阶段中小学校建筑面积的分类指标与相应值如表 5-5 所示。

（一）总量

如表 5-5 所示，在总建筑面积中，教学及辅助用房和生活用房占到较大比例，分别为 2.87 亿平方米和 1.41 亿平方米，其次是行政办公用房和其他用房，四者比例依次为 55％、27％、10％、8％。教学及辅助用房和生活用房是学校校舍建筑面积的主要部分，两项合计占到了总建筑面积的 82％。

表 5-5　2008 年农村义务教育阶段中小学校建筑面积
按用途分类的总量情况（单位：亿 m²）

	教学及辅助用房面积	行政办公用房面积	生活用房面积	其他用房面积
小学	2.16	0.36	0.75	0.28
初中	0.71	0.16	0.66	0.12
合计	2.87	0.52	1.41	0.40

小学阶段各种用房面积在总量上要大于相应的初中阶段，这和庞大的小学数量是相关的。但是如图 5-1 所示，小学的生活用房面积总量所占的比例要明显低于初中约 20 个百分点，这主要体现在初中阶段的师生宿舍用房上。

（二）均值

1. 校均层面

农村学校建筑在小学阶段主要是教学及辅助用房，在初中阶段则是教学及辅助用房与生活用房。如表 5-6 所示，农村小学校均教学及辅助用房和生活用房面积分别为 850 多平方米、290 多平方米，二者之和占到校均建筑面积的 82％。初中阶段校均教学及辅助用房面积和生活用房面积分别为 2240 多平方米、2000 多平方米，二者之和占到校均建筑面积的 83%。行政办公用房和其他用房的校均面积上，小学和初中各自所占的比例相近且数值较小。

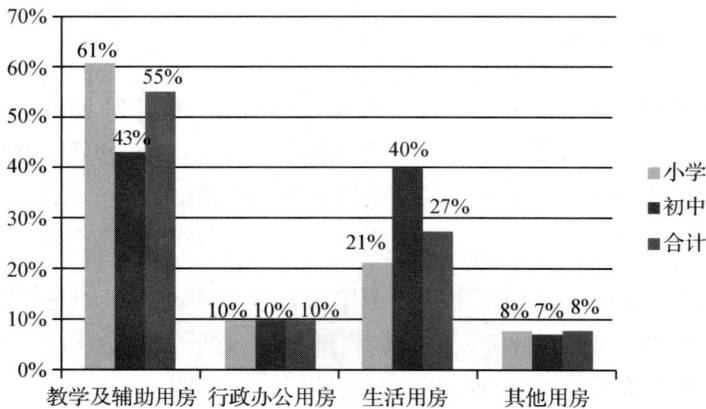

图 5-1　2008 年农村义务教育阶段中小学校建筑面积功能分类及相应比例

表 5-6　2008 年农村义务教育阶段中小学校建筑面积
按用途分类均值情况（单位：m²）

	小　学		初　中	
	校均	生均	校均	生均
教学及辅助用房	854.47（61%）	3.65	2247.27（43%）	3.41
行政办公用房	140.36（10%）	0.60	507.31（10%）	0.77
生活用房	298.27（21%）	1.27	2077.05（40%）	3.15
其他用房	111.44（8%）	0.48	373.65（7%）	0.57

2. 生均层面

农村小学生均教学及辅助用房面积为 3.65 平方米，比初中生均面积略高。而在行政办公用房、生活用房和其他用房各指标的生均值上，初中则高于小学。尤其是生活用房面积，初中阶段生均值是小学阶段生均值的两倍多。

二、变化趋势

（一）总量

如表 5-7 所示，从 2002 年到 2008 年，全国农村义务教育阶段中小学教学及辅助用房和行政办公用房面积呈平稳的变化趋势，教学及辅助用房面积在小幅波动中微弱增长，行政办公用房面积总体上小幅减少，说明农村义务教育阶段中小学教学及辅助用房和行政办公用房面积已经在总量上趋于稳定。生活用房面积则明显增加，年均增长率为 3.1％，而且在学校布局调整的过程中，寄宿制学校增加，生活用房面积持续增加。

表 5-7　按功能划分的农村义务教育阶段中小学校建筑面积
变化趋势（单位：亿 m²）

	2002	2003	2004	2005	2006	2007	2008	年均增长率
总建筑用房	5.34	5.41	5.60	5.53	5.57	5.32	5.20	−0.4％
教学及辅助用房	3.13	3.14	3.21	3.16	3.11	2.96	2.87	1.4％
行政办公用房	0.59	0.59	0.60	0.60	0.57	0.53	0.52	−2.1％
生活用房	1.17	1.21	1.28	1.26	1.44	1.41	1.41	3.1％
其他用房	0.45	0.47	0.50	0.51	0.45	0.42	0.40	−1.9％

如图 5-2 所示，在校园建筑面积的功能性分类中，小学阶段除了生活用房面积逐年增长，教学及辅助用房、行政办公用房和其他用房面积都是逐年缩减，总的建筑面积也以年均 1.2％的速度减少。这也印证了全国农村地区学校数量减少和撤并形成中心小学的事实，由于小学集中化，师生食宿的生活用房总面积不断增加。在相应的初中阶段，教学及辅助用房和生活用房呈增长趋势，年均增长率分别为 0.4％和 3.6％，行政办公用房和其他用房均逐年缩减。

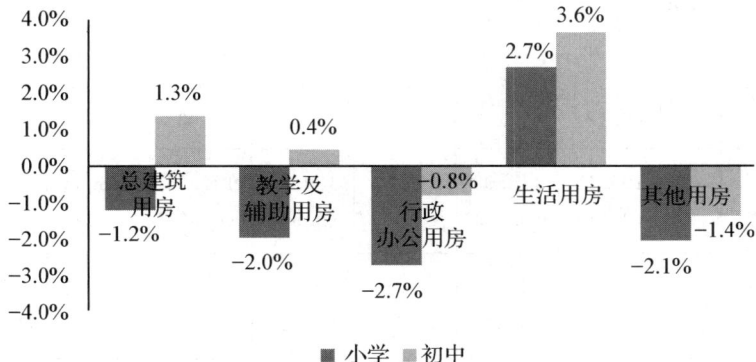

图 5-2　农村义务教育阶段中小学建筑面积分类及年均增长率

（二）均值

1. 校均层面

农村义务教育阶段中小学建筑面积的功能性主体用房在 2002 年到 2008 年的时间序列中都呈现增长趋势，进一步反映出农村中小学在城镇化进程中布局调整、撤点并校所呈现的集中化、中心化以及校均规模扩大的事实。当然，对应总量的差距，小学阶段在各指标上的校均值都明显低于相应初中阶段的校均值，也印证了小学校均规模小于初中的事实。

如表 5-8 所示，小学教学及辅助用房面积校均值由 2002 年的 600 多平方米增至 2008 年的 850 多平方米，初中校均值由 1800 多平方米增至 2200 多平方米，二者年均增长率分别为 5.1％和 3.6％；小学行政办公用房面积校均值从 2002 年的 100 多平方米增至 2008 年的 140 多平方米，初中校均值由 2002 年的 440 多平方米增至 2008 年的 500 多平方米，二者年均增长率分别为 4.3％和 2.4％；小学生活用房校均值由 2002 年的 160 多平方米增至 2008 年的近 300 平方米，年均增长率为 10.1％，初中校均值由 2002 年的 1380 多平方米增至 2008 年的 2000 多平方米，年均增长率为 7.0％。

表 5-8　按功能划分的农村义务教育阶段中小学校建筑面积
校均（生均）值及变化情况（单位：m²）

		2002	2003	2004	2005	2006	2007	2008
教学及辅助用房	小学	634.82 (2.99)	669.70 (3.14)	721.39 (3.30)	760.50 (3.47)	797.58 (3.52)	826.52 (3.59)	854.47 (3.65)
	初中	1812.67 (2.18)	1903.50 (2.24)	2003.79 (2.41)	2037.76 (2.66)	2134.57 (2.93)	2174.49 (3.17)	2247.27 (3.41)
行政办公用房	小学	109.15 (0.51)	115.03 (0.54)	123.34 (0.56)	130.50 (0.60)	132.56 (0.59)	136.35 (0.59)	140.36 (0.60)
	初中	440.20 (0.53)	461.70 (0.54)	479.85 (0.58)	492.08 (0.64)	489.26 (0.67)	491.31 (0.72)	507.31 (0.77)

		2002	2003	2004	2005	2006	2007	2008
生活用房	小学	167.71 (0.79)	179.41 (0.84)	198.93 (0.91)	211.18 (0.96)	260.75 (1.15)	277.95 (1.21)	298.27 (1.27)
	初中	1386.93 (1.67)	1486.05 (1.75)	1582.62 (1.90)	1610.49 (2.10)	1883.88 (2.59)	1966.13 (2.87)	2077.05 (3.15)
其他用房	小学	83.31 (0.39)	91.58 (0.43)	102.77 (0.47)	112.42 (0.51)	108.96 (0.48)	108.63 (0.47)	111.44 (0.48)
	初中	335.83 (0.40)	372.00 (0.44)	405.33 (0.49)	423.01 (0.55)	372.10 (0.51)	366.86 (0.54)	373.65 (0.57)

2. 生均层面

按功能划分的建筑面积在小学和初中阶段也都呈现各指标不断增长的趋势。如果说校均层面的建筑面积指标变化在一定程度上反映了学校规模的扩大,那么生均建筑面积各指标的不断增长则说明农村中小学办学条件在建筑用房上一定程度的改善。

如图 5-3 和图 5-4 所示,所有的建筑用房指标在校均和生均层面都

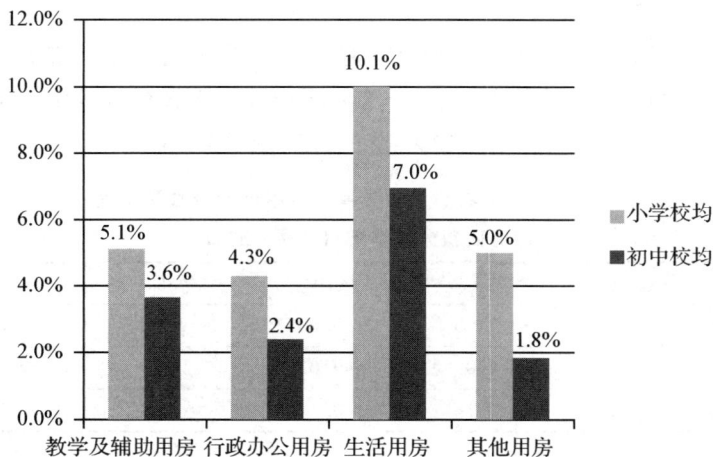

图 5-3　按功能划分的农村义务教育阶段中小学校
校均建筑面积年均增长率

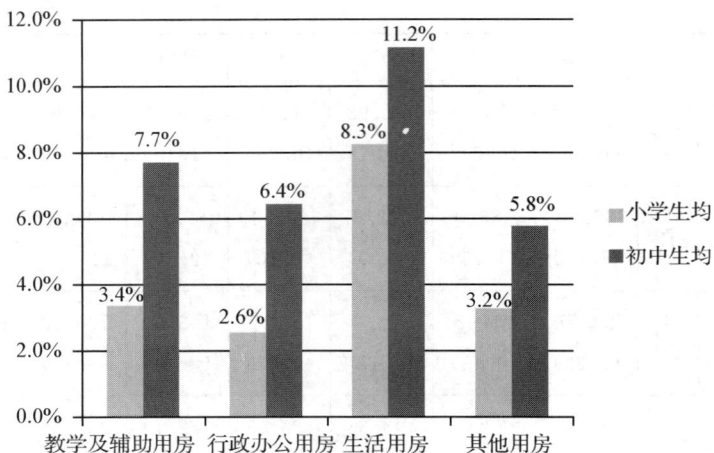

图 5-4 按功能划分的农村义务教育阶段中小学校
生均建筑面积年均增长率

明显增长。其中生活用房年均增长率最高。生均生活用房面积的快速增长反映出初中阶段学校规模扩大以及寄宿制的落实过程中师生食宿空间的增大。

三、教学及辅助用房的功能性分类

（一）存量分析

教学及辅助用房面积按照功能进一步分为普通教室、实验室、图书室、微机室、语音室等。2008 年全国农村义务教育阶段中小学教学及辅助用房面积呈现如表 5-9 和表 5-10 所示的分布。

表 5-9 2008 年农村义务教育阶段中小学校教学及辅助
用房面积分类情况（单位：亿 m^2）

	普通教室	实验室	图书室	微机室	语音室
小学	1.83	0.09	0.09	0.05	0.01
初中	0.52	0.09	0.03	0.03	0.01
合计	2.35	0.18	0.12	0.08	0.02

1. 总量

农村义务教育阶段中小学普通教室面积构成了学校教学及辅助用

房乃至学校建筑面积的主体，合计面积为 2.35 亿平方米，占农村学校建筑面积和教学及辅助用房面积的比例分别为 42% 和 82%，其次是实验室，为 0.18 亿平方米，比例很小，只占到中小学教学及辅助用房总面积的 6%，微机室和语音室的面积总量非常小。

按照小学和初中进行分类，小学普通教室面积为 1.83 亿平方米，占农村小学教学及辅助用房总面积的 85%，实验室、图书室和其他用房各占到 3% 左右，语音室总面积只有 90 多万平方米，占了极小的比例。初中普通教室面积所占农村初中教学及辅助用房总面积的比例为 73%，低于相应的农村小学，而实验室面积所占比例为 12%，高于小学近 10 个百分点。也就是说，学校办学条件在教学及辅助用房方面，还是局限于基本的普通教室建设，图书室和微机室等辅助性教学用房投入建设得还不够。

2. 均值

农村小学生均普通教室面积为 3.10 平方米，初中生均普通教室面积为 2.49 平方米。在实验室方面，小学生均值为 0.16 平方米，相应的初中生均面积为 0.42 平方米，这和中小学不同的课程内容和教学实验要求有关，初中阶段有相对较多的实验科目。图书室方面，农村小学和初中的生均面积较一致，都为人均 0.15 平方米左右。微机室和语音室方面，农村中小学生均值都较低，但小学明显更低，也就是说农村小学非常缺乏计算机室和语音室。

表 5-10   2008 年农村义务教育阶段中小学校教学及辅助
用房面积分类情况生均值（单位：m²）

	普通教室	实验室	图书室	微机室	语音室
小学	3.10	0.16	0.15	0.09	0.02
初中	2.49	0.42	0.14	0.15	0.05
合计	5.59	0.58	0.29	0.24	0.07

（二）变化趋势

1. 总量

受到农村小学数量总体减少的直接影响，教学及辅助用房中，小学阶段普通教室、实验室、图书室 3 类传统型基本用房在总量上呈现逐步缩减的趋势，但是微机室和语音室两项现代信息技术教学用房在总量上逐年增长。另外，农村初中除了普通教室总面积稳中小幅缩减之外，其余用房面积均有所增长，微机室和语音室的现代信息技术教学用房面积的增幅同样较大。

如表 5-11 所示，农村小学阶段普通教室总量以年均 2.5％的速度由 2002 年的 21327 万多平方米缩减至 2008 年的 18339 万多平方米，实验室总面积以年均 1.5％的速度由 1031 万多平方米缩减至 941 万多平方米，图书室总面积以年均 1.7％的速度由 956 万多平方米缩减至865 万多平方米。微机室和语音室总面积基数较小，2002 年分别为198 万多平方米和 52 万多平方米，但各自以年均 17.9％和 11.2％的速度逐年增加，到 2008 年，微机室面积增至 533 万多平方米，语音室增至 98 万多平方米。

表 5-11　农村义务教育阶段中小学校教学及辅助用房面积的功能性分类的总量及变化情况（单位：万 m^2）

		2002	2003	2004	2005	2006	2007	2008	年均增长率
普通教室	小学	21327.29	21011.60	21048.04	20705.38	20103.02	19120.65	18339.49	−2.5％
	初中	5232.34	5448.28	5803.02	5591.74	5599.13	5266.40	5186.89	−0.1％
实验室	小学	1031.32	1033.27	1043.79	1042.01	1015.16	972.70	941.52	−1.5％
	初中	857.79	887.38	945.34	912.15	931.47	891.43	876.28	0.4％
图书室	小学	956.38	948.04	946.22	938.77	930.58	887.27	865.02	−1.7％
	初中	292.94	302.10	320.95	310.68	311.43	296.97	295.70	0.2％
微机室	小学	198.79	256.82	315.82	389.43	478.29	509.92	533.58	17.9％
	初中	167.78	203.35	238.89	259.23	297.64	301.66	311.03	10.8％
语音室	小学	52.34	62.06	75.10	83.16	95.71	96.76	98.80	11.2％
	初中	63.15	72.82	85.18	88.06	98.93	96.12	95.69	7.2％

农村初中普通教室面积总量以年均 0.1％的速度微幅缩减，但在2002—2008 年的时间序列中呈现出，实验室以年均 0.4％的速度由 2002年的 857 万多平方米增至 2008 年的 876 万多平方米，图书室以年均0.2％的速度由 292 万多平方米增至 295 万多平方米，微机室和语音室总

面积增幅较大，微机室以年均 10.8% 的速度由 167 万多平方米增至 311 万多平方米，语音室虽然以年均 7.2% 的速度增加，但绝对值较小，由 2002 年的 63 万多平方米增至 2008 年的 95 万多平方米。

2. 均值

教学及辅助用房分类面积在校均和生均的层面都呈逐年增长的趋势，但普通教室、实验室和图书室等传统型教学用房的增幅较小，而微机室和语音室生均和校均基数虽然较小，但增幅较大。如表 5-12 所示的均值及年均增长率，各指标均明显增长，尤其是微机室面积和语音室面积。

表 5-12　按功能划分的农村义务教育阶段中小学校教学及辅助用房面积
校均（生均）值及变化情况（单位：m²）

		2002	2003	2004	2005	2006	2007	2008	年均增长率
普通教室面积	小学	555.39 (2.62)	583.06 (2.73)	623.98 (2.85)	653.60 (2.98)	681.34 (3.01)	704.04 (3.06)	724.76 (3.10)	4.5% (2.8%)
	初中	1366.93 (1.64)	1431.39 (1.69)	1500.46 (1.80)	1514.92 (1.98)	1573.63 (2.16)	1590.34 (2.32)	1637.89 (2.49)	3.1% (7.1%)
实验室面积	小学	26.86 (0.13)	28.67 (0.13)	30.94 (0.14)	32.89 (0.15)	34.41 (0.15)	35.82 (0.16)	37.21 (0.16)	5.6% (3.9%)
	初中	224.09 (0.27)	233.14 (0.27)	244.43 (0.29)	247.12 (0.32)	261.79 (0.36)	269.19 (0.39)	276.71 (0.42)	3.6% (7.7%)
图书室面积	小学	24.91 (0.12)	26.31 (0.12)	28.05 (0.13)	29.63 (0.14)	31.54 (0.14)	32.67 (0.14)	34.19 (0.15)	5.4% (3.7%)
	初中	76.53 (0.09)	79.37 (0.09)	82.99 (0.10)	84.17 (0.11)	87.53 (0.12)	89.68 (0.13)	93.38 (0.14)	3.4% (7.4%)
微机室面积	小学	5.18 (0.02)	7.13 (0.03)	9.36 (0.04)	12.29 (0.06)	16.21 (0.07)	18.78 (0.08)	21.09 (0.09)	26.4% (24.3%)
	初中	43.83 (0.05)	53.42 (0.06)	61.77 (0.07)	70.23 (0.09)	83.65 (0.11)	91.10 (0.13)	98.21 (0.15)	14.4% (18.9%)
语音室面积	小学	1.36 (0.01)	1.72 (0.01)	2.23 (0.01)	2.63 (0.01)	3.24 (0.01)	3.56 (0.02)	3.90 (0.02)	19.2% (17.2%)
	初中	16.50 (0.02)	19.13 (0.02)	22.02 (0.03)	23.86 (0.03)	27.80 (0.04)	29.02 (0.04)	30.22 (0.05)	10.6% (15.0%)

第三节　基于国家标准的均值比较

一、生均建筑面积

学校建筑用地包括建筑物、构筑物、建筑物周围道路、房前屋后零星绿地及建筑群组之间的小片活动场地。

（一）全国层面

全国农村小学实际生均建筑面积达到基本指标的76%、规划指标的73%，即两项指标均未达标。全国农村初中以非寄宿制标准衡量，实际数据超过基本指标1.4%，但仅为规划指标的79%，即基本指标达标而规划指标不达标。初中实际数据与寄宿制初中标准比较，差距更大，比标准低53%。

（二）区域层面

从东中西部区域来看，以非寄宿制标准衡量，两项指标均达标的只有东部初中。东部小学实际数据是基本指标的83%，规划指标的79%。中部初中只达到基本指标，比规划指标低22%。中部小学两项指标均不达标，是基本指标的95%、规划指标的77%。西部小学和初中的两项指标均不达标，西部小学达到基本指标的72%、规划指标的68%，初中达到基本指标的84%、规划指标的66%。以寄宿制标准衡量，东中西部初中均未达标，东中西部地区实际值分别为标准值的57%、49%、39%。

（三）省域层面

从各省份达标情况看，小学生均建筑面积既达到基本指标又达到规划指标的省份有4个，占全国31个省份的13%；两项指标均未达标的有河北、山西、辽宁等22个省份，占全国31个省份的87%；只达到基本指标未达到规划指标的有天津、内蒙古、江苏、浙江、湖南共5个省份。小学生均建筑面积最低的3个省份是贵州（3.80m²/生）、宁夏（4.39m²/生）、河南（4.65m²/生）。

　　初中按照非寄宿制标准，即按照基本指标和规划指标值进行衡量，北京、内蒙古、上海、江苏、浙江、山东、湖南、西藏、海南9个省份（占全国31个省份的29%）两个指标都达标；吉林、黑龙江、安徽、河南、广东、重庆、四川、贵州、云南、陕西、甘肃、青海、宁夏、新疆14个省份两项指标均未达标，占全国31个省份的45%；只达到基本指标但未达到规划指标的有天津、河北、山西、辽宁、福建、江西、湖北、广西8个省份，占全国31个省份的26%；其中初中生均建筑面积最小的3个省份分别是甘肃（4.79m²/生）、贵州（5.61m²/生）、新疆（5.69m²/生）。初中按照寄宿制标准衡量，全国31个省份均未达标，与标准差距最大的是甘肃（比标准低71%），差距最小的是北京（比标准低13%）。

　　详见图5-5和图5-6。

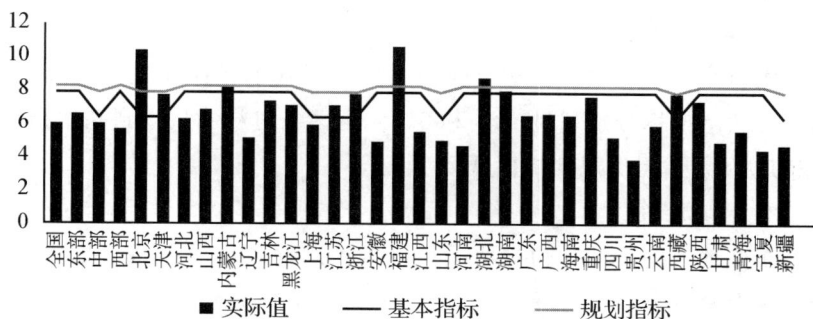

图5-5　2008年农村小学生均建筑面积与

《2008年农村标准》比较（单位：m²）

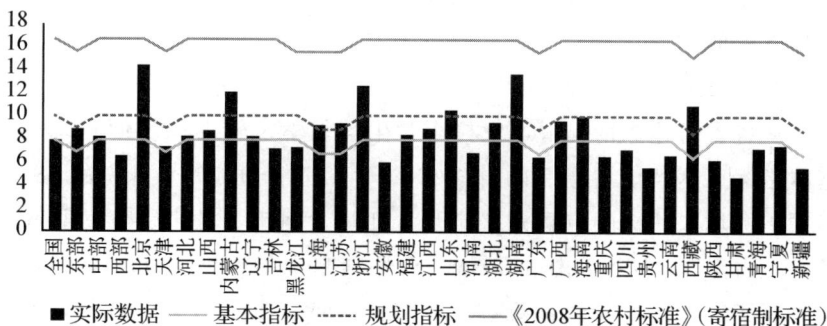

图5-6　2008年农村初中生均建筑面积与

《2008年农村标准》比较（单位：m²）

二、生均教学及辅助用房面积

（一）总体情况分析

农村普通完全小学的教学及辅助用房包括普通教室、音乐教室、音乐准备室、科学教室、科学准备室、计算机教室、计算机准备室、多功能教室（非多媒体教室）、多功能准备室、远程教育室、图书室、科技活动室、体育活动室、体育器材室和心理咨询室。农村普通初级中学的教学及辅助用房包括普通教室、音乐教室、音乐准备室、美术教室、美术准备室、实验室、仪器准备室、技术教室、计算机教室、计算机准备室、非多媒体教室、多功能教室、多功能准备室、远程教育教室、图书室、体育活动室、体育器材室、科技活动室和心理咨询室等。

1. 全国层面

农村小学阶段生均教学及辅助用房面积基本指标和规划指标均已达标，两个指标分别超过 12% 和 6%。全国农村初中只达到基本指标，且超过 12%，但比规划指标低 20%。

2. 区域层面

东部地区的小学和初中两项指标均已达标，小学在基本指标和规划指标上分别超过 21% 和 14%，初中两项指标分别超过 48% 和 6%。中部小学两项指标都达标，超过基本指标 14%、规划指标 8%。中部初中和西部小学只达到基本指标未达到规划指标，分别达到规划指标的 82% 和 99%。西部初中两项指标均未达标，比基本指标低 5%，比规划指标低 32%。

3. 省域层面

从各省份达标情况看，农村小学生均教学及辅助用房面积既达到基本指标又达到规划指标的省份有 18 个，占全国 31 个省份的 58%；两项指标均未达标的有贵州、宁夏、四川、河南、甘肃、青海共 6 个省份，占全国 31 个省份的 19%；只达到基本指标但未达到规划指标的有辽宁、上海、安徽、新疆、山东、云南、西藏共 7 个省份，占全国 31 个省份的 23%。小学生均教学及辅助用房面积最小的 3 个省份是西藏（2.7m²/生）、贵州（2.71m²/生）、宁夏（2.86m²/生）。农村初中的情况是，北京、天津、河北等 9 个省份（占全国 31 个省份的 29%）两个指标都达标了；安徽、河南、重庆等 7 个省份两项指标均未达标，占全国 31 个省份的 23%；只达到基本指标但未达到规划指标的有山西、辽宁、吉林等 15 个省份，占全国 31 个省份的 48%。其中初中生均教学及辅助用房面积最小的 3 个省份分别是甘肃（2.39m²/生）、重庆（2.45m²/生）、云南（2.50m²/生）。

详见图 5-7 和图 5-8。

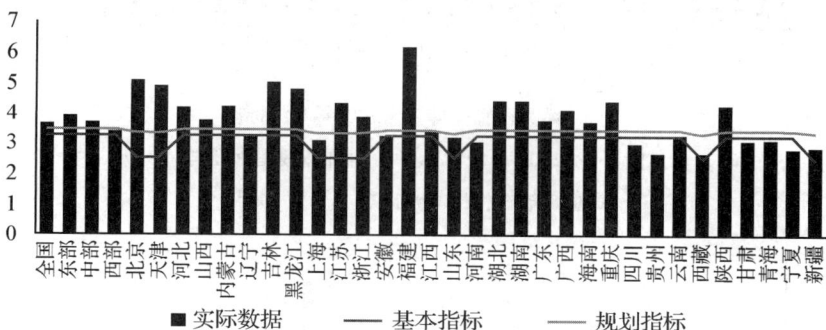

图 5-7　2008 年农村小学生均教学及辅助用房面积与《2008 年农村标准》比较（单位：m²）

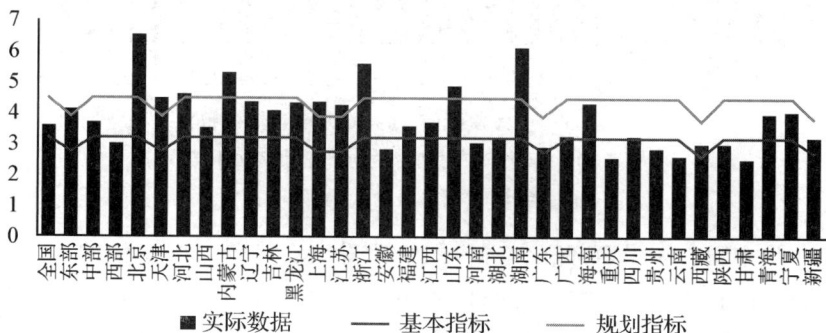

图 5-8　2008 年农村初中生均教学及辅助用房面积与《2008 年农村标准》比较（单位：m²）

（二）主要功能分类指标分析

1. 生均普通教室面积

普通教室是主要的教学及辅助用房，是学校开展教育教学活动和学生在校学习的主要活动空间。将全国农村义务教育阶段中小学生均普通教室面积 2008 年实际情况与标准进行对比，具体情况如图 5-9 和图 5-10 所示。

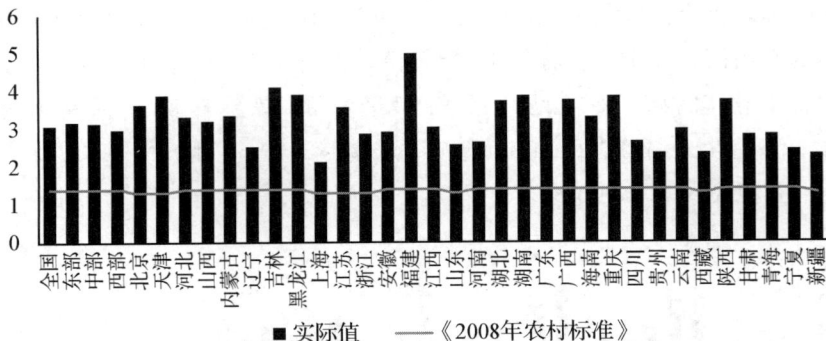

■ 实际值　——《2008年农村标准》

图 5-9　2008 年农村小学生均普通教室面积与

《2008 年农村标准》比较（单位：m²）

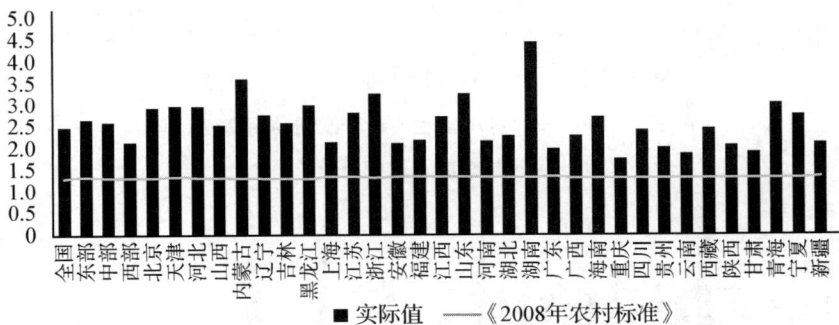

■ 实际值　——《2008年农村标准》

图 5-10　2008 年农村初中生均普通教室面积与

《2008 年农村标准》比较（单位：m²）

从全国、东中西部和各省份的情况看，农村普通中小学的生均普通教室面积均高于标准。在全国水平上，农村普通小学实际数据比标准高 121%，农村普通初中实际数据比标准高 89%。东部小学生均普通教室面积实际数据超过标准的幅度最大，比标准高 126%。东部初中实际数据超过标准的幅度最大，比标准高 98%。小学生均普通教室面积排名前三的地区是福建、吉林和黑龙江，排名最落后的是上海（2.12m²/生）。初中生均普通教室面积排名前三的地区是湖南、内蒙古和山东，排名最落后的是重庆（1.78m²/生）。

生均普通教室面积都已达标，一方面保证了正常的教育教学活动的开展，另一方面远远超过标准的生均普通教室面积，可能不利于资源的充分利用，甚至造成资源浪费。在计算机室、图书室等一些有利于学生全面发展的硬件不足而普通教室又过于充裕的地区，可以考虑将一部分普通教室改为计算机室、图书室等，从而促进学生的全面发展，更好地为开展素质教育服务。

2. 生均计算机室面积

在全国水平上，农村普通中小学生均计算机室面积均未达标，小学阶段的计算机室配备严重不足，其生均计算机室面积实际数据仅达到标准的30％，初中相对较好，但仍比标准低6％。从东中西部3个区域分析看，除东部农村初中生均计算机室面积比标准高之外，其余均不达标。中小学整体达标水平最低的是西部：小学实际数据比标准低77％，初中实际数据比标准低13％。详见图5-11和图5-12。

如图5-11和图5-12所示，从各省份的情况看，农村普通小学生均计算机室面积高于标准的省份有3个，仅占全国31个省份的10％，河北、山西、内蒙古等28个省份未达标，占全国31个省份的90％。农村普通小学生均计算机室面积最小的3个省份是云南（0.03m²/生）、广东（0.04m²/生）、广西（0.04m²/生）。农村普通初中生均计算机室面积的达标省份比小学多，共18个省份，占全国31个省份的58％，安徽、福建、江西等13个省份未达标，占全国31个省份的42％。农村普通初中生均计算机室面积最小的3个省份是广东（0.09m²/生）、云南（0.10m²/生）、重庆（0.10m²/生）。

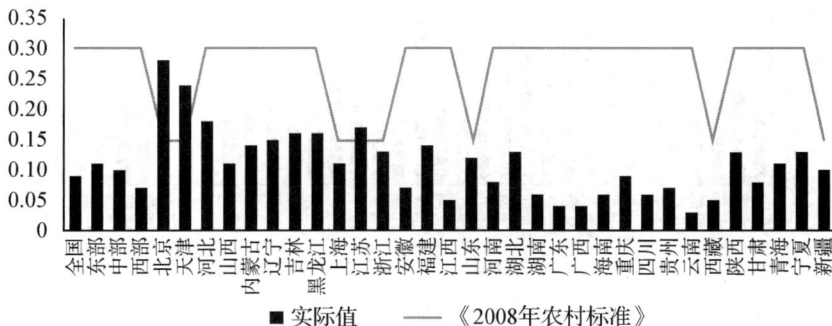

图 5-11　2008 年农村小学生均计算机室面积与
《2008 年农村标准》比较（单位：m²）

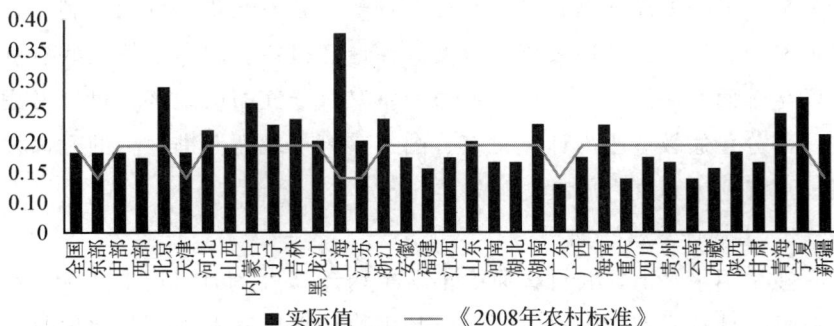

图 5-12　2008 年农村初中生均计算机室面积与
《2008 年农村标准》 比较（单位：m²）

3. 生均图书室面积

从全国和东中西部的情况来看，农村普通中小学的生均图书室面积都没有达标。从全国水平上看，农村小学生均图书室面积实际数据仅达到标准要求的 50％，农村初中生均图书室面积实际数据达到标准要求的 54％。对东中西部 3 个区域进行分析发现：西部地区的农村普通中小学生均图书室面积的实际数据低于标准的幅度最大，小学低于标准 63％，初中低于标准 58％，可见，西部图书室的配备情况相对最不理想。相对来说，东部的图书室配备比西部地区要理想，但是也不达标，小学实际只达到标准的 57％，初中实际达到标准的 71％。详见图 5-13和图 5-14。

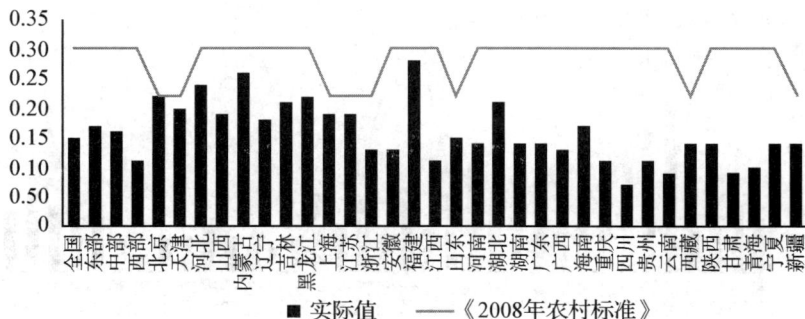

图 5-13　2008 年农村小学生均图书室面积与
《2008 年农村标准》 比较（单位：m²）

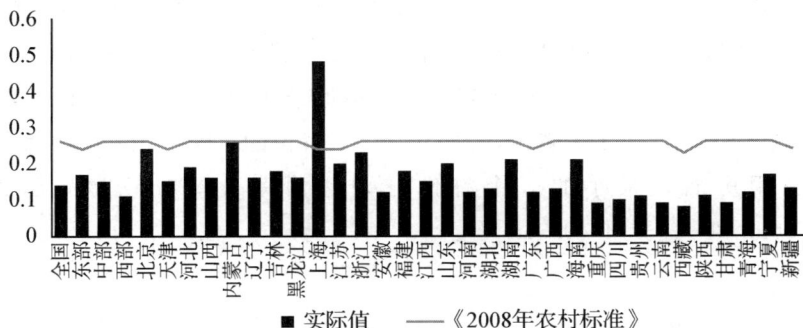

图 5-14 2008 年农村初中生均图书室面积与
《2008 年农村标准》比较（单位：m^2）

对各省份的生均图书室面积进行分析发现：在农村小学阶段，只
有北京（0.22m^2/生）的生均图书室面积达标，其他地区均未达标，
达标率仅为 3％。在农村初中阶段，只有上海（0.48m^2/生）和内蒙古
（0.26m^2/生）达标，其他地区均未达到标准，达标率仅为 6％。可见，
农村普通中小学图书室建设情况非常不乐观。

三、生均办公用房面积

从全国水平来看，农村普通中小学生均办公用房面积均已达到基本指
标和规划指标，其中小学超过规划指标的 28％，初中超过规划指标的
38％。从东中西部 3 个区域的水平看，东中西部 3 个区域的小学和初中的
两项指标也均达标。从东中西部 3 个区域实际数据高于标准数据的程度来
看，农村小学中部地区超过标准的程度最高，超过基本指标的 62％，超过
规划指标的 45％；农村初中则是东部地区超过标准的程度最高，超过基本
指标的 120％，超过规划指标的 76％。详见图 5-15 和图 5-16。

从各省份达标情况看，农村小学生均办公用房面积既达到基本指标
又达到规划指标的省份有 24 个，占全国 31 个省份的 77％；两项指标均
未达标的有广西、四川、贵州、云南、青海共 5 个省份，占全国 31 个省
份的 16％；只达到基本指标但未达到规划指标的有江西和海南 2 个省
份，占全国 31 个省份的 6％；小学生均办公用房面积最小的 3 个省份是
云南（0.23m^2/生）、贵州（0.27m^2/生）、四川（0.33m^2/生）。农村初中

的情况是，21个省份（占全国31个省份的68%）的两个指标都达标；广西、重庆、四川、贵州、云南、西藏6个省份两项指标均未达标，占全国31个省份的19%；只达到基本指标但未达到规划指标的有安徽、广东、海南、青海4个省份，占全国31个省份的13%；其中初中生均办公用房面积最小的3个省份分别是西藏（0.21m²/生）、云南（0.26m²/生）、贵州（0.31m²/生）。

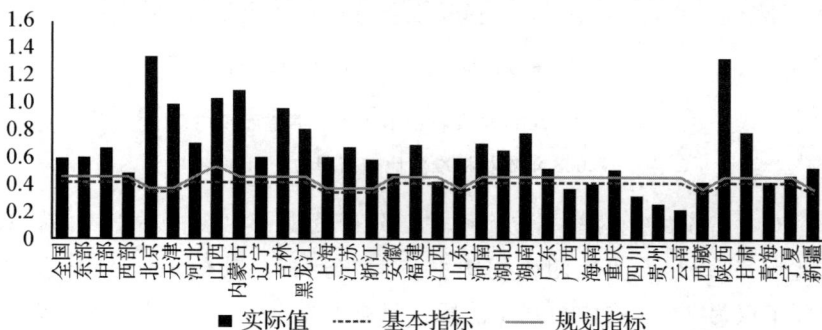

图5-15　2008年农村小学生均办公用房面积与
《2008年农村标准》比较（单位：m²）

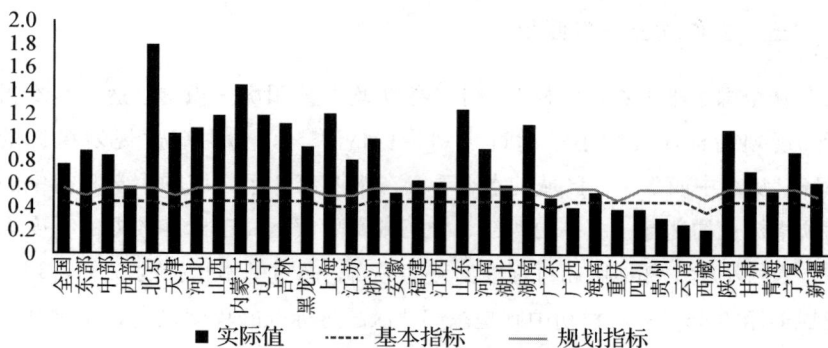

图5-16　2008年农村初中生均办公用房面积与
《2008年农村标准》比较（单位：m²）

四、生均生活用房面积

（一）总体情况分析

生活用房是农村普通中小学校舍的主要组成部分之一。农村非完

全小学生活用房设置食堂、教工厕所、学生厕所，农村完全小学设置
教工宿舍、食堂、开水房及浴室、教工厕所、学生厕所，学生宿舍根
据需要设置。农村初级中学生活用房设置教工宿舍、食堂、开水房及
浴室、教工厕所、学生厕所，学生宿舍根据需要设置。

　　相同班级规模的农村普通中小学生均生活用房面积的基本指标和
规划指标相同。这两种指标实际达标情况与标准对比如图 5-17 和
图 5-18所示。

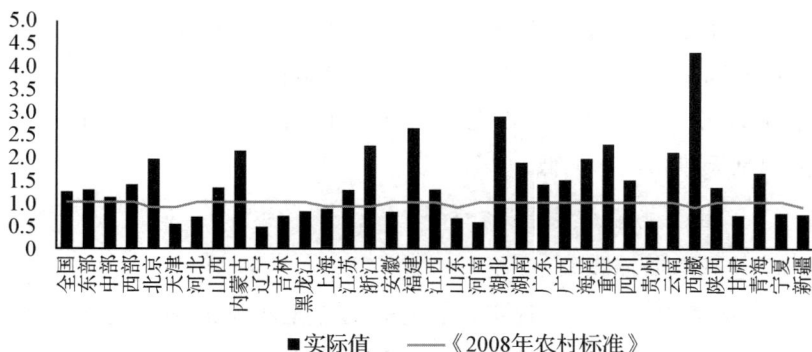

图 5-17　2008 年农村小学生均生活用房面积与

《2008 年农村标准》比较（单位：m²）

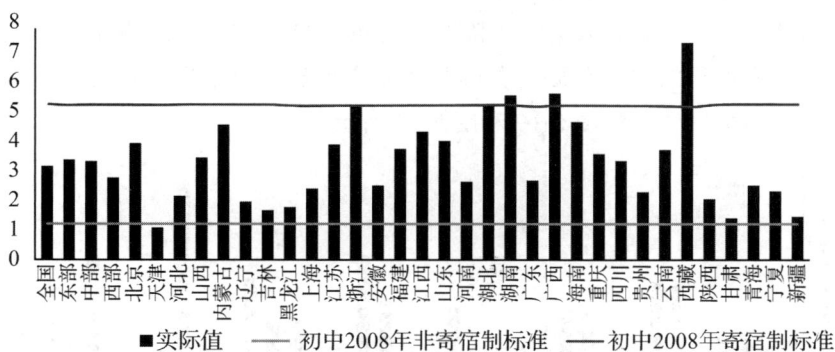

图 5-18　2008 年农村初中生均生活用房面积与

《2008 年农村标准》比较（单位：m²）

　　以非寄宿制标准衡量，不论是从全国还是从东中西部的情况来看，农
村普通中小学生均生活用房面积均已达标。西部小学生均生活用房面积最
大（1.42m²/生），东部初中生均生活用房面积最大（3.36m²/生）。以寄宿

制初中标准衡量，全国和东中西部农村的初中生均生活用房面积均不达标，全国水平比标准低40％，东中西部分别比标准低36％、37％、48％。

从省域层面看，农村小学阶段的天津、河北、辽宁、吉林、黑龙江、上海等13个省份生均生活用房面积不达标，占全国31个省份的42％，生均生活用房面积较大的3个省份是西藏（4.34m²/生）、湖北（2.92m²/生）和福建（2.67m²/生），最小的是辽宁（0.57m²/生）。初中阶段全国31个省份生均生活用房面积以非寄宿制标准衡量，除了天津之外其他30个省份都达标，生均生活用房面积较大的3个省份是西藏、广西和湖南，最小的是天津；以寄宿制标准衡量，天津、河北、山西等27个省份未达标，占全国31个省份的87％，其中与标准差距最大的是天津，比标准低80％。

（二）主要功能分类指标分析

1. 生均食堂面积

《2008年农村标准》规定，农村普通完全小学的学生就餐比例为30％，农村寄宿制初级中学的学生就餐比例为100％。

在计算实际生均食堂面积时，为了保证实际数据与标准数据测算的一致性，笔者把小学在校生数的30％、初中在校生数的100％作为农村普通中小学就餐人数，再除实际总的食堂面积，以此得出中小学生均食堂面积的实际数据。农村普通完全小学、初中生均食堂面积实际情况与标准比较如图5-19和图5-20所示。

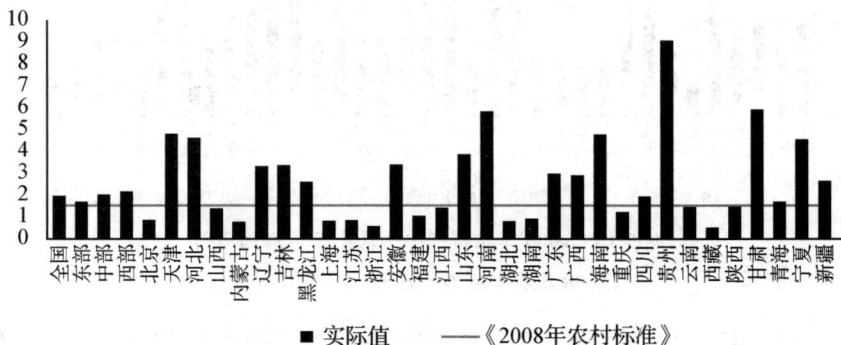

图 5-19　2008年农村小学生均食堂面积与
《2008年农村标准》比较（单位：m²）

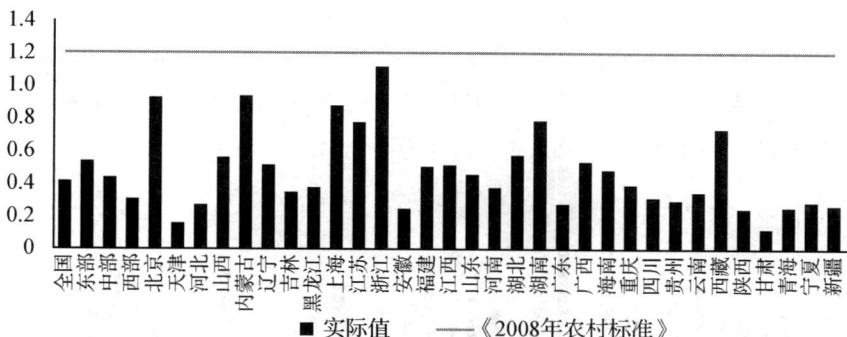

图 5-20　2008 年农村初中生均食堂面积与
《2008 年农村标准》比较（单位：m²）

从全国水平上看，农村普通小学生均食堂面积超过标准的 30%，农村普通初中生均食堂面积比标准低 65%。东中西部农村小学生均食堂面积均达到标准，其中达到程度最高的是西部（2.13m²/生），超过标准 42%。初中方面，东中西部农村生均食堂面积均没有达标，分别比标准低 55%、63%、74%。

从各省份的情况看，有 19 个省份的农村小学生均食堂面积达到标准，占全国 31 个省份的 61%。江西、山西、重庆等 12 个省份未达到标准，占全国 31 个省份的 39%。其中小学生均食堂面积最小的 3 个省份分别是西藏（0.48m²/生）、浙江（0.53m²/生）、内蒙古（0.72m²/生）。全国 31 个省份的农村初中生均食堂面积均不达标，其中与标准差距最大的是甘肃，比标准低 89%，与标准差距最小的是浙江，比标准低 7%。

2. 生均厕所面积

在全国水平上，农村普通中小学生均厕所面积均高于标准的要求，其中小学比标准高 16%，初中比标准高 33%。从东中西部 3 个区域达标情况看，农村中小学生均厕所面积均高于标准，其中东部初中超过标准的比例最高，为 47%。中、西部小学生均厕所面积相同。详见图 5-21 和图 5-22。

从各省份的情况看，有 25 个省份的农村小学生均厕所面积高于标准，占全国 31 个省份的 81%；农村小学生均厕所面积低于标准的有海南、广东、广西、辽宁、贵州、上海 6 个省份，占全国 31 个省份的 19%，其中生均厕所面积最小的 4 个省份分别是海南（0.08m²/生）、广东（0.17m²/生）、广西（0.17m²/生）和辽宁（0.17m²/生）。农村初中生均厕所面积达到标准的省份有 28 个，占全国 31 个省份的 90%；西藏、广东、重庆 3 个地区的初中生均厕所面积未达到标准，其生均厕所面积分别是 0.07m²/生、0.13m²/生、0.14m²/生。

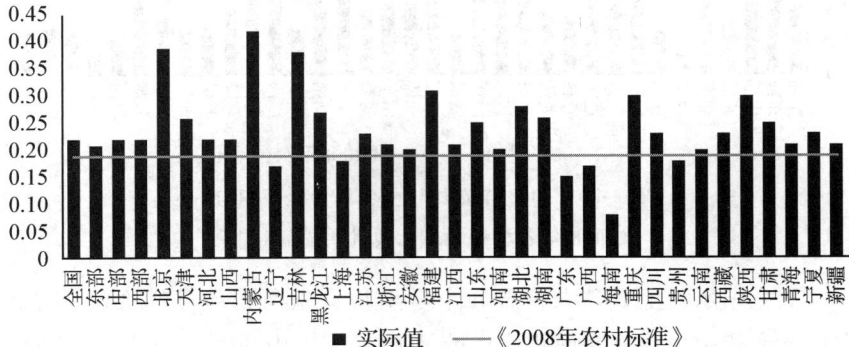

■ 实际值 ——《2008年农村标准》

图 5-21　2008 年农村小学生均厕所面积与

《2008 年农村标准》比较（单位：m²）

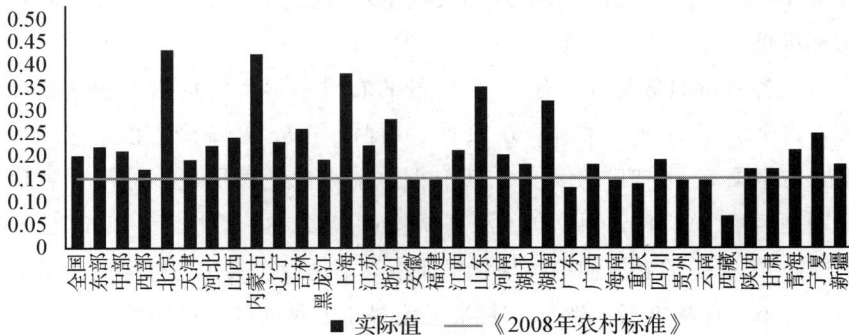

■ 实际值 ——《2008年农村标准》

图 5-22　2008 年农村初中生均厕所面积与

《2008 年农村标准》比较（单位：m²）

第四节　校舍建筑结构分析

一、存量分析

（一）总量

从总量上看，广大农村地区中小学建筑主要为砖混结构，总面积为

3.27 亿平方米，其次是砖木结构，总面积为 1.33 亿平方米，二者合计占到了总量的 89%，框架结构的校舍建筑较少，比例为 9%，如表 5-13 所示。此外，还有少量的土木结构建筑，总面积为 0.12 亿平方米。

表 5-13　2008 年农村义务教育阶段中小学校舍建筑面积的
结构分类（单位：亿 m²）①

	框架结构	砖混结构	砖木结构	土木结构
小学	0.30（8%）	2.13（60%）	1.02（29%）	0.11（3%）
初中	0.18（11%）	1.14（69%）	0.31（19%）	0.01（1%）
合计	0.48（9%）	3.27（63%）	1.33（26%）	0.12（2%）

（二）均值

如表 5-14 所示，在均值的意义上，2008 年农村中小学校建筑结构主要以砖混结构为主，占到了校均建筑总面积的 60%。

表 5-14　2008 年农村义务教育阶段中小学校舍建筑面积的
结构分类的均值（单位：m²）②

	校　均		生　均	
	小学	初中	小学	初中
框架结构	119.07（8%）	566.52（11%）	0.51（8%）	0.86（11%）
砖混结构	840.43（60%）	3604.00（69%）	3.59（60%）	5.47（69%）
砖木结构	401.76（29%）	989.19（19%）	1.72（29%）	1.50（19%）
土木结构	43.27（3%）	45.58（1%）	0.18（3%）	0.07（1%）
合计	1404.53（100%）	5205.29（100%）	6.00（100%）	7.90（100%）

1. 校均层面

在全国农村，2008 年小学校均砖混结构面积为 840 多平方米，占校均建筑总面积的比例为 60%，砖木结构面积为 400 多平方米，所占比例为 29%，余下为少量框架结构和土木结构；初中校均砖混结构面积为 3600 多平方米，占校均总建筑面积的 69%，砖木结构的校均面积为 980 多平方米，所占比例为 19%，框架结构面积占到了 11%，余

---

①　括号内为相应校舍建筑结构面积占总量的比例。
②　括号内为相应校舍建筑结构面积占总量的比例。

下 1‰ 比例的是土木结构建筑。

2. 生均层面

在小学生均 6.00 平方米的校舍建筑面积中，3.59 平方米为砖混结构，1.72 平方米为砖木结构，其他为框架结构和土木结构。在全国农村初中生均 7.90 平方米的校舍建筑面积中，5.47 平方米为砖混结构，0.86 平方米为框架结构，其余的为砖木和土木结构。可见，在建筑结构上，农村小学的办学条件总体上要比初中糟糕，土木和砖木结构的校舍建筑面积均值比初中大，而框架和砖混结构的校舍建筑面积生均值比初中小。

二、变化趋势

在校园建筑（按照结构分类）中，不同结构建筑面积存量及其比例在一定程度上反映办学条件的现状。从 2002 年到 2008 年，框架和砖混结构的建筑面积逐年增长与土木和砖木结构面积的减少，说明校舍建筑的质量总体上得到了一定的改善。

（一）总量

如表 5-15 所示，框架和砖混结构的建筑面积在 2002—2008 年的 6 年间增长了 0.7 亿平方米，年均增长率达 3.5%，其中砖混结构校舍面积增长较快，年均增长率为 3.6%。土木和砖木结构面积由 2002 年的 2.29 亿平方米逐年减少至 2008 年的 1.45 亿平方米，年均增长率为 −7.3%，其中 2008 年土木结构的建筑面积为 0.12 亿平方米，仅占总建筑面积的 2.3%，年均增长率为 −15.8%。

表 5-15　2002—2008 年农村义务教育阶段中小学建筑面积的
结构分类变化情况（单位：亿 m²）

	2002	2003	2004	2005	2006	2007	2008	年均增长率
总建筑面积	5.34	5.41	5.60	5.53	5.57	5.32	5.20	−0.4%
框架结构	0.40	0.43	0.49	0.51	0.51	0.48	0.48	3.0%
砖混结构	2.65	2.80	3.04	3.12	3.27	3.24	3.27	3.6%
砖木结构	1.94	1.87	1.79	1.67	1.59	1.45	1.33	−6.1%
土木结构	0.35	0.31	0.28	0.24	0.20	0.16	0.12	−15.8%

（二）均值

校均层面如表 5-16 所示，全国农村义务教育阶段中小学建筑基本上以砖混和砖木结构为主，以少量的框架结构和土木结构为辅。从 2002 年到 2008 年，框架结构和砖混结构数量逐渐增加，砖木结构数量比较稳定，土木结构数量则快速缩减。

表 5-16　2002—2008 年农村义务教育阶段中小学建筑面积结构
分类校均（生均）值及其变化（单位：m²）

		2002	2003	2004	2005	2006	2007	2008	年均增长率
框架结构	小学	66.47 (0.31)	73.81 (0.35)	89.11 (0.41)	103.80 (0.47)	111.62 (0.49)	113.16 (0.49)	119.07 (0.51)	8.3% (6.6%)
	初中	386.10 (0.46)	424.91 (0.50)	486.49 (0.58)	482.11 (0.63)	494.59 (0.68)	527.44 (0.77)	566.52 (0.86)	4.9% (9.4%)
砖混结构	小学	456.31 (2.15)	509.03 (2.39)	581.41 (2.66)	641.39 (2.92)	717.77 (3.17)	778.76 (3.38)	840.43 (3.59)	8.7% (7.0%)
	初中	2345.40 (2.82)	2548.02 (3.00)	2791.10 (3.35)	2938.93 (3.83)	3248.72 (4.46)	3383.59 (4.94)	3604.00 (5.47)	5.9% (10.5%)
砖木结构	小学	392.58 (1.85)	397.51 (1.86)	403.80 (1.85)	402.66 (1.84)	410.88 (1.82)	406.67 (1.77)	401.76 (1.72)	0.2% (−1.4%)
	初中	1137.07 (1.37)	1148.57 (1.35)	1101.38 (1.32)	1063.22 (1.39)	1073.44 (1.47)	1032.86 (1.51)	989.19 (1.50)	−2.5% (1.7%)
土木结构	小学	79.63 (0.38)	75.38 (0.35)	72.11 (0.33)	66.75 (0.30)	59.59 (0.26)	50.88 (0.22)	43.27 (0.18)	−8.8% (−10.2%)
	初中	107.05 (0.13)	101.75 (0.12)	92.62 (0.11)	79.08 (0.10)	63.06 (0.09)	54.91 (0.08)	45.58 (0.07)	−12.5% (−8.8%)

随着不同类型建筑结构校均面积在数量和比例上的变化，中小学生均建筑面积在框架结构和砖木结构上都逐年增长，初中生均框架结构和砖混结构年均增长率在 10% 左右。在土木结构方面，小学和初中生均分别以年均 10.2% 和 8.8% 的速度逐年缩减。生均砖木结构值比

较稳定，小学生均值以年均 1.4％的速度缩减，初中生均值以年均
1.7％的速度增长。

本 章 小 结

截至 2008 年，全国农村义务教育阶段中小学校办学条件总体上得
到了很大改善，一个明显的特征就是在我国城镇化进程中，由于农村
学龄人口总量不断减少，同时学校布局不断调整，农村义务教育阶段
中小学办学条件在总体上得到普遍的改善。"一无两有"问题基本上得
到解决，行政办公用房、普通教室等基本办学条件能够满足学校正常
的教育教学活动需要。

一、存量情况

2008 年全国农村义务教育阶段中小学校总建筑面积为 5.20 亿平
方米，危房总面积为 0.28 亿平方米，其中小学危房面积为 0.2 亿平方
米，比例高达 73％。农村小学和初中平均每校建筑面积分别为 1400
多平方米和 5200 多平方米，各自约占总占地面积的 19％和 32％。农
村小学和初中阶段生均建筑面积分别为 6.00 平方米和 7.90 平方米，
生均危房面积方面，小学为 0.34 平方米，初中为 0.36 平方米。建筑
结构主要为砖混结构，总面积为 3.27 亿平方米，其次是砖木结构，面
积为 1.33 亿平方米，二者合计占到了总量的 89％。此外还有少量的
土木结构建筑，面积为 0.12 亿平方米。

总建筑面积中的教学及辅助用房和生活用房占较大比例，总量分
别为 2.87 亿平方米和 1.41 亿平方米，两项合计占到了总建筑面积的
82％。农村学校建筑面积在小学阶段主要是教学及辅助用房，在初中
阶段则是教学及辅助用房与生活用房。小学教学及辅助用房和生活用
房面积分别为 850 多平方米和 290 多平方米，二者之和占到校均建筑
面积的 82％。初中阶段校均教学及辅助用房面积和生活用房面积分别
为 2240 多平方米、2000 多平方米，二者之和占校均建筑面积的 83％。
农村小学生均教学及辅助用房面积为 3.65 平方米，比初中生均面积略

高。在行政办公用房、生活用房和其他用房各指标的生均值上，初中比小学略高。

农村义务教育阶段中小学普通教室面积构成了学校教学及辅助用房乃至学校建筑面积的主体，合计面积为 2.35 亿平方米，占农村学校建筑面积和教学及辅助用房面积的比例分别为 42％和 82％。其次是实验室，为 0.18 亿平方米，只占到中小学教学及辅助用房总面积的6％，微机室和语音室的面积总量非常小。小学普通教室面积为 1.83 亿平方米，占农村小学教学及辅助用房总面积的 85％，实验室、图书室和其他用房各占到 3％左右。初中普通教室面积占农村初中教学及辅助用房总面积的比例为 73％，而实验室面积所占比例为 12％，高于小学近 10 个百分点。

二、变化情况

2008 年全国农村义务教育阶段中小学校舍建筑总面积为 5.20 亿平方米，比 2002 年减少了 0.14 亿平方米，年均增长率为－0.4％。小学阶段总建筑面积以年均 1.2％的比例减少，初中阶段的总建筑面积则以年均 1.3％的比例不断增加。中小学危房总面积持续缩减，校均层面小学和初中阶段的危房面积在 2002 年到 2008 年间呈现出波动性小幅增长的总体趋势，年均增长率为 1.0％。生均中小学建筑面积和新增建筑面积呈现较快增长，但小学和初中阶段生均危房面积在波动性变化中存在差别，小学阶段生均危房面积整体上年均小幅缩减，中学阶段则呈增长之势。框架和砖混结构建筑面积在 2002—2008 年的 6 年间增长了 0.70 亿平方米，年均增长率达 3.5％，其中砖混结构校舍面积增长较快，年均增长率为 3.6％，土木和砖木结构面积以年均 7.3％的速度减少。

全国农村义务教育阶段中小学教学及辅助用房和行政办公用房面积已经在总量上趋于稳定，生活用房面积则以年均 4.9％的速度增长。小学阶段普通教室、实验室、图书室 3 类传统型基本用房在总量上逐步缩减，但微机室和语音室两项现代信息技术教学用房在总量上逐年增长。农村初中普通教室总面积稳中小幅缩减，其余用房面积均有所增长，微机室和语音室的现代信息技术用房同样增幅较大。中小学教学及辅助用房分类面积在校均和生均的层面都呈逐年增长的趋势，但普通教室、实验室和图书室等传统型教学用房的增幅较小，微机室和语音室生均和校均基数虽然较小，但增幅较大。

三、与国家标准相比情况

数据分析表明，2008 年农村义务教育阶段小学办学条件除了生均普通教室面积、生均行政和办公用房面积、生均厕所面积之外，其他指标生均水平没有达到国家标准，并且存在小学和初中的差别。

第六章　教学仪器设备

第一节　教学仪器配备达标分析

一、存量分析

中小学教育教学活动的开展，在必要的办学条件方面除了需要基本的校舍之外，还需要必需的教学仪器设备等设施条件。2008 年全国农村义务教育阶段中小学校教学仪器配备情况如表 6-1 所示。

表 6-1　2008 年农村义务教育阶段中小学校教学仪器设备
达标学校数量（单位：万所）

	建立校园网校数	体育器械配备达标校数	音乐器材配备达标校数	美术器材配备达标校数	教学（数学、自然科目）实验仪器达标校数
小学	1.84	11.86	10.71	10.40	12.97
初中	0.95	1.96	1.73	1.70	2.20
合计	2.80	13.82	12.44	12.10	15.17

从上述建立校园网校数、体育器械配备达标校数、音乐器材配备达标校数、美术器材配备达标校数、教学实验仪器设备达标校数 5 项教学仪器设备办学条件指标来看，在全国农村义务教育阶段中小学校中，传统的音体美器材和实验仪器达标校数总体上要多于拥有校园网络这一现代性教学辅助设施的学校。这种分布在小学和初中阶段具有相似性。

在农村义务教育阶段中小学校中，教学实验仪器达标学校数最多，为 15.17 万所，而建立了校园网的学校数量合计仅为 2.80 万所。同时，农村小学在上述指标上的达标数量要普遍多于初中，这和农村中小学各自的绝对数量有关系。

但是，如图 6-1 所示，从达标率上分析，农村初中上述 5 个指标的达标率整体高于小学，即农村初中教学仪器设备方面的办学条件要好于小学。但是，农村初中教学仪器的总体达标水平仍然较低，作为最高值的初中实验仪器达标率也只有 69％。此外，农村初中建有校园网的学校比例远高于小学。这也印证了农村义务教育阶段初中学校办学条件总体上优于小学。

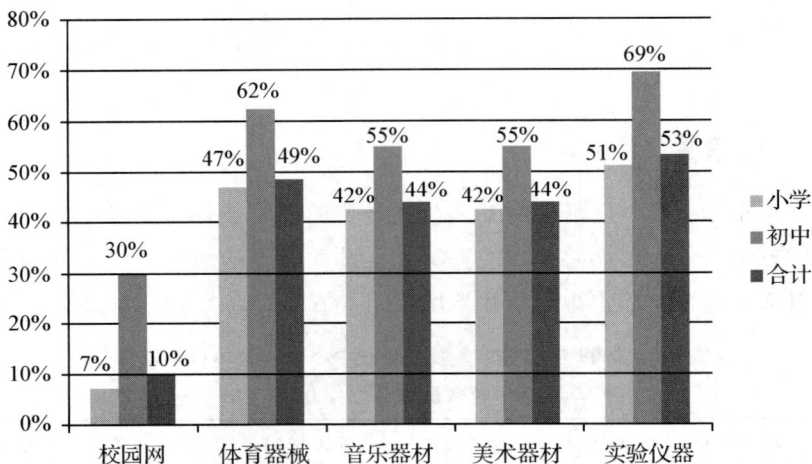

图 6-1　2008 年农村义务教育阶段中小学校教学仪器设备达标率分布图

二、变化趋势

从全国层面看，农村义务教育阶段中小学教学仪器设备达标学校数量随着学校数量总体减少而逐年缩减，但各种教学仪器设备达标学校比例逐年增长，反映出农村中小学办学条件得到普遍性改善。①

在小学阶段，如表 6-2 所示，体育器械配备达标校数由 2002 年的 154464 所减少到了 2008 年的 118564 所，年均增长率为－4.3％，但

---

　　①　由于东中西部的地域差异、省域以及县域的差异，农村中小学教学仪器设备达标校数和比例会存在差异，本部分不再展开分析。

是达标比例由 2002 年的 40％增至 2008 年的 47％；音乐器材达标校数以年均 3.3％的速度由 2002 年的 130859 所减少到 2008 年的 107082 所，相应的达标比例由 34％增至 42％；美术器材达标校数以年均 2.9％的速度由 2002 年的 124076 所减少至 2008 年的 104015 所，相应的达标比例由 32％增至 41％，教学实验仪器达标校数以年均 5.1％的速度由 2002 年的 177080 所减少至 2008 年的 129692 所，相应的达标比例为由 46％增至 51％。

初中阶段，如表 6-2 所示，体育器械配备达标校数以年均 1.9％的速度由 2002 年的 22013 所减少到 2008 年的 19611 所，相应的达标比例由 58％增至 62％；音乐器材达标校数以年均 0.3％的速度由 2002 年的 17670 所减少至 17311 所，相应的达标比例由 46％增至 55％；美术器材达标校数以年均 0.1％的速度由 2002 年的 17069 减少到 2008 年的 16950 所，相应的达标比例由 45％增至 54％；教学实验仪器达标校数以年均 2.1％的速度由 2002 年的 24951 所减少到 2008 年的 21958 所，相应的达标比例由 65％增至 69％。

表 6-2 　2002—2008 年农村义务教育阶段中小学校教学仪器
设备达标校数及比例变化（单位：所）

		2002	2003	2004	2005	2006	2007	2008	年均增长率
体育器械配备达标校	小学	154464	147545	143184	138927	129837	123965	118564	−4.3％
	初中	22013	22254	23044	22300	21452	20396	19611	−1.9％
体育器械配备达标率	小学	40％	41％	42％	44％	44％	46％	47％	2.6％
	初中	58％	58％	60％	60％	60％	62％	62％	1.2％
音乐器材配备达标校	小学	130859	125710	123579	121109	114336	110542	107082	−3.3％
	初中	17670	18148	19179	18819	18363	17797	17311	−0.3％
音乐器材配备达标率	小学	34％	35％	37％	38％	39％	41％	42％	3.7％
	初中	46％	48％	50％	51％	52％	54％	55％	2.9％
美术器材配备达标校	小学	124076	119402	117875	115841	109937	106768	104015	−2.9％
	初中	17069	17527	18614	18311	17842	17342	16950	−0.1％
美术器材配备达标率	小学	32％	33％	35％	37％	37％	39％	41％	4.1％
	初中	45％	46％	48％	50％	50％	52％	54％	3.1％

续表

		2002	2003	2004	2005	2006	2007	2008	年均增长率
教学实验仪器达标校	小学	177080	167493	161700	155963	146364	138203	129692	−5.1%
	初中	24951	25147	25842	25108	24328	23032	21958	−2.1%
教学实验仪器达标率	小学	46%	46%	48%	49%	50%	51%	51%	1.8%
	初中	65%	66%	67%	68%	68%	70%	69%	1.0%

这种在绝对数量上的逐年减少和各项办学条件达标比例的逐年增长，是和中小学学校数量的逐年减少有直接关系的，但是也在一定程度上反映了办学条件的总体性改善。

第二节　教学仪器设备值分析

一、存量分析

与教学仪器设备相关的另一个办学条件的衡量指标为固定资产中的仪器设备值。从总体上看，尽管农村初中数量相对较少，但初中学校所拥有的固定资产总量要远远大于农村小学所拥有的固定资产总量，这在一定意义上也说明农村初中的办学条件总体上要优于小学。

（一）总量

2008 年全国农村中小学固定资产总值合计为 2719.42 亿元，如表 6-3 所示，其中小学为 1771.17 亿元，初中为 948.25 亿元，农村小学和初中固定资产值占农村中小学固定资产总值的比例分别为 65% 和 35%。小学和初中学校数量占农村义务教育阶段中小学校数量的比例分别为 89% 和 11%。

表 6-3　2008 年农村义务教育阶段中小学校固定资产及
教学仪器设备值（单位：亿元）

	小学	初中	合计
农村中小学固定资产总值	1771.17	948.25	2719.42

续表

	小学	初中	合计
固定资产总值中 教学仪器设备值	116.21	83.60	199.81
教学仪器设备值中 专业实验设备值	67.44	52.30	119.74
教学仪器设备值中 专业实习设备值	11.49	12.14	23.63

固定资产所包含的内容较多，那么进一步分析教学仪器设备值所占的比例能够反映出学校办学条件的优劣。因为与农村中小学办学条件直接相关的固定资产往往更多地体现在学校的教学仪器设备方面，所以本研究着重对固定资产总值及其教学仪器以及实验和实习设备值进行分析。

如表 6-3 所示，农村中小学固定资产总值中，教学仪器设备值合计为 199.81 亿元。如图 6-2 和表 6-3 所示，教学仪器设备总值中，小学为 116.21 亿元，初中为 83.60 亿元，小学和初中教学仪器设备值占教学仪器设备总值的比例分别为 58%、42%。教学仪器设备总值中的专业实验设备值为 119.74 亿元，专业实习设备值为 23.63 亿元，专业设备值和专业实习设备值占教学仪器总值的比例分别为 60%、12%。

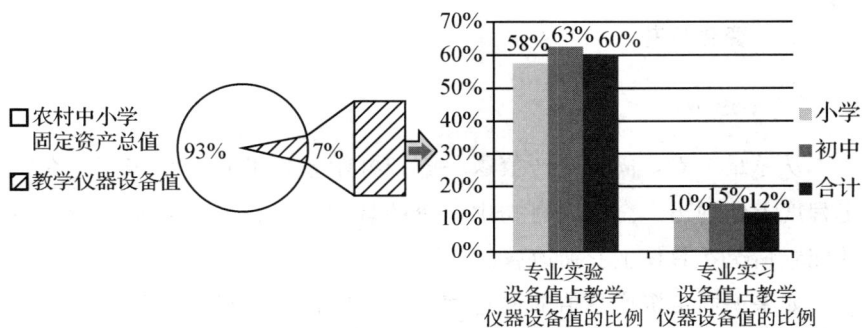

图6-2 2008 年农村义务教育阶段中小学校固定资产值及教学仪器设备值比例分布

从总量上看，农村义务教育阶段中小学教学仪器设备方面的办学条件无论是在整体达标水平方面，还是在仪器设备值所占固定资产值的比例方面都处于较低水平，并且小学总体上比初中差。

（二）均值

1. 校均层面

农村小学校均固定总资产为 70.00 万元，其中教学仪器设备值不到 5 万元，教学仪器设备值中的专业实验设备值只有 2.67 万元。而农村初中校均固定资产值为 299.43 万元，其中教学仪器设备值为 26.40 万元。小学校均值在各个指标上都明显低于初中。详见表 6-4。

2. 生均层面

农村小学生均固定资产值为 2.77 万元，其中教学仪器设备值为 0.18 万元，教学仪器设备值中的专业实验设备值为 0.11 万元，如表 6-4 所示。

表 6-4　2008 年农村义务教育阶段中小学校固定资产及教学仪器设备校均（生均）值（单位：万元）

	农村中小学固定资产总值	固定资产总值中教学仪器设备值	教学仪器设备值中专业实验设备值	教学仪器设备值中专业实习设备值
小学	70.00（2.77）	4.59（0.18）	2.67（0.11）	0.45（0.02）
初中	299.43（94.55）	26.40（8.34）	16.52（5.22）	3.83（1.21）

二、变化趋势

（一）总量

从总量上看，固定资产值这一学校办学条件的货币化表现，在一定程度上体现出，全国农村初中学校的教学仪器设备尤其是实验设备的配置情况在总体上有所改善。

如果说固定资产总值的逐年缩减只是印证了农村义务教育阶段中小学数量规模的缩小，那么，固定资产值中仪器设备值在总量和均值上的变化则能够体现出办学条件在质量上的变化。如表 6-5 所示，从 2002 年到 2008 年，农村小学的固定资产值及其中的教学仪器设备值以及仪器设备中的专业实验、实习设备值都是缩减的。初中固定资产总值虽然以年均 4.2％的速度逐年缩减，但其中的教学仪器设备值以及实验设备值呈现出总的增长趋势。

表 6-5　2002—2008 年农村义务教育阶段中小学校固定资产及教学仪器设备值的变化情况（单位：亿元）

		2002	2003	2004	2005	2006	2007	2008	年均增长率
固定资产值	小学	1800.34	1724.00	1724.22	1775.35	1864.56	1766.74	1771.17	−0.3％
	初中	1223.30	843.59	859.24	868.21	953.03	910.48	948.25	−4.2％
固定资产值中教学仪器设备值	小学	137.80	131.65	123.45	132.75	124.18	115.73	116.21	−2.8％
	初中	78.25	85.35	85.72	93.37	91.50	81.32	83.60	1.1％
教学仪器设备值中专业实验设备值	小学	81.05	73.73	78.52	72.82	74.21	68.21	67.44	−3.0％
	初中	49.26	50.76	55.74	55.89	58.91	50.71	52.30	1.0％
教学仪器设备值中专业实习设备值	小学	15.28	16.89	14.04	14.47	14.46	12.53	11.49	−4.6％
	初中	13.10	12.71	13.00	12.90	14.37	12.39	12.14	−1.3％

（二）均值

校均和生均层面的学校固定资产中的教学仪器设备值都呈现增长的趋势，增长主要体现为专业实验设备的投入。这进一步反映了农村中小学办学条件在仪器设备上的改善，但中小学生均值的年均增长率差异反映出这种改善更集中于初中阶段。

如图 6-3 所示，生均层面小学和初中阶段的固定资产总值都呈增长之势，但校均层面初中固定资产总值呈现出小幅的缩减态势。

校均固定资产中教学仪器设备值以及实验和实习设备值在小学和初中阶段有着相近的年均增长率。但是从生均的层面看，初中生均拥有教学仪器设备值的年均增速要明显大于相应的小学阶段。固定资产值中教学仪器设备值小学年均增长率为 2.5％，而初中高达 8.5％，教学仪器设备值中专业实验设备小学生均年均增长率为 2.3％，初中生均年均增长率为 8.4％，教学仪器设备值中专业实习设备值小学生均年均增长率为 0.5％，初中生均年均增长率则为 5.9％。

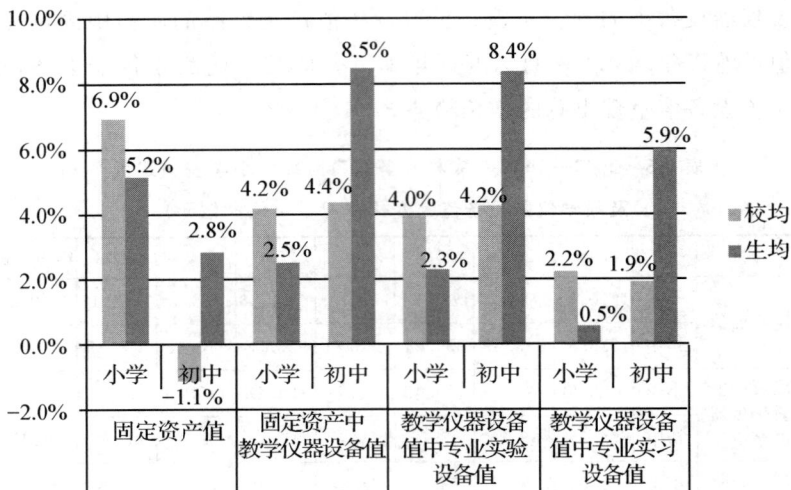

图 6-3　农村义务教育阶段中小学校固定资产及教学仪器设备值的均值变化情况

第三节　计算机和图书情况分析①

一、存量分析

（一）总量

全国农村义务教育阶段中小学校计算机和图书数量如表 6-6 所示，计算机总台数约为 315 万，其中小学约为 174 万，初中约为 141 万。纸质图书总量约为 12 亿册，其中小学约 8 亿册，初中约为 4 亿册。电子图书总量为 0.66 亿册，其中小学为 0.37 亿册，初中为 0.29 亿册。

（二）均值

小学和初中生均计算机和图书拥有量较小，计算机以及电子图书

---

　　①　在本书的前述基本办学条件指标框架中，没有将"图书"明确作为一级分析指标。但是，鉴于本书办学条件分析的全面性、系统性和图书作为学校器物层面办学条件的重要教学载体意义，笔者在此处将"图书"资料与计算机归为一节进行篇章布局意义上的"附带性"分析，以免读者在指标体系的层面上产生误解。

这种现代化的教学资源显得严重不足。如表 6-6 所示，农村义务教育阶段中小学生均传统纸质图书为 15 册，电子图书人均约为 1 册，而计算机平均每名学生仅拥有 0.04 台。由于初中阶段学生数量总体少于小学，初中学生生均计算机、纸质图书和电子图书的拥有量略大于小学。但是，在总体上，生均计算机和电子图书等现代性教学辅助设施的拥有量较少，而且这只是单纯的数量意义，不涉及实际使用情况。

表 6-6　2008 年农村义务教育阶段中小学校
计算机、图书总量和生均值

	总量			生均值		
	计算机 （万台）	纸质图书 （亿册）	电子图书 （亿册）	计算机 （台）	纸质图书 （册）	电子图书 （册）
小学	174.23	8.14	0.37	0.03	14.00	0.60
初中	140.78	4.05	0.29	0.07	19.00	1.40
合计	315.01	12.19	0.66	0.04	15.00	0.80

二、变化趋势

（一）总量

从 2002 年到 2008 年，如表 6-7 所示，全国农村小学和初中在计算机总台数和电子图书总册数上都有非常明显的增加，但传统的纸质图书总量变化幅度较小。可见，全国农村中小学在计算机和电子图书等现代化教学设施与资料上总体改善较快。

表 6-7　2002—2008 年农村义务教育阶段中小学校
计算机和图书总量变化情况

		2002	2003	2004	2005	2006	2007	2008	年均增长率
计算机 （万台）	小学	82.54	103.48	134.07	153.31	171.72	171.55	174.23	13.3%
	初中	64.19	84.80	102.47	114.30	134.42	134.94	140.78	14.0%
纸质图书 （亿册）	小学	8.31	8.38	8.59	8.90	8.77	8.36	8.14	−0.4%
	初中	3.92	4.13	4.36	4.22	4.30	4.07	4.05	0.5%
电子图书 （亿册）	小学	0.03	0.04	0.07	0.15	0.32	0.93	0.37	50.8%
	初中	0.01	0.02	0.03	0.08	0.15	0.17	0.29	66.5%

（二）均值

如表 6-8 所示，农村中小学在校均和生均层面的计算机台数和图书册数都呈明显的增长趋势。

初中阶段生均电子图书、纸质图书和计算机的年均增长率都高于相应的校均年均增长率，说明农村初中办学条件在计算机和图书数量层面有所改善。虽然小学阶段校均计算机和图书数量有明显的增长，但生均增幅小于校均。

表 6-8　2002—2008 农村义务教育阶段中小学校
计算机和图书校均（生均）变化情况

		2002	2003	2004	2005	2006	2007	2008	年均增长率
计算机（台）	小学	2.15 (0.01)	2.87 (0.01)	3.97 (0.02)	4.84 (0.02)	5.82 (0.03)	6.32 (0.03)	6.89 (0.03)	21.4% (19.4%)
	初中	16.77 (0.02)	22.28 (0.03)	26.50 (0.03)	30.97 (0.04)	37.78 (0.05)	40.75 (0.06)	44.46 (0.07)	17.6% (22.3%)
纸质图书（册）	小学	2164.73 (10.21)	2326.75 (10.90)	2546.94 (11.64)	2809.04 (12.81)	2971.61 (13.13)	3078.44 (13.38)	3216.09 (13.74)	6.8% (5.1%)
	初中	10245.67 (12.33)	10838.71 (12.78)	11277.19 (13.54)	11445.37 (14.92)	12097.43 (16.62)	12276.10 (17.91)	12792.08 (19.41)	3.8% (7.9%)
电子图书（册）	小学	8.10 (0.04)	11.59 (0.05)	20.10 (0.09)	47.79 (0.22)	109.69 (0.48)	343.99 (1.49)	144.66 (0.62)	61.7% (59.0%)
	初中	35.96 (0.04)	55.38 (0.07)	80.73 (0.10)	207.26 (0.27)	433.16 (0.60)	508.91 (0.74)	924.80 (1.40)	71.8% (78.6%)

三、基于国家标准的生均图书册数比较

如图 6-4 和图 6-5 所示，全国和东中西部农村中小学生均图书册数均未达标。在全国水平上，农村普通小学生均图书册数低于标准 31%，初中低于标准 35%。从东中西部 3 个区域看，不论小学还是初中，西部的达标水平最低。西部小学生均图书册数是 10.55 册，低于标准 47%；西部初中生均图书册数是 14.99 册，低于标准 50%。

从各省份情况来看，有 9 个省份农村普通小学生均图书册数达到标准，占全国 31 个省份的 29%；湖南、内蒙古、广东、山西等 22 个省份的小学生均图书册数低于标准，占全国 31 个省份的 71%，其中和标准差距

最大的 3 个省份分别是贵州（7.59 册/生）、四川（8.41 册/生）、云南（8.53 册/生）。农村普通初中生均图书册数达到标准的有 5 个省份，占全国 31 个省份的 16%；内蒙古、山东、江苏等 26 个省份的初中生均图书册数低于标准，占全国 31 个省份的 84%，其中和标准差距最大的 3 个省份分别是重庆（8.27 册/生）、云南（10.26 册/生）、甘肃（11.44 册/生）。

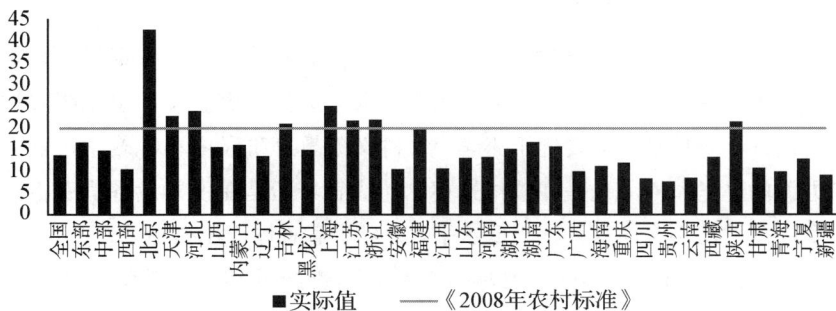

图 6-4　2008 年农村小学生均图书册数与
《2008 年农村标准》比较（单位：册）

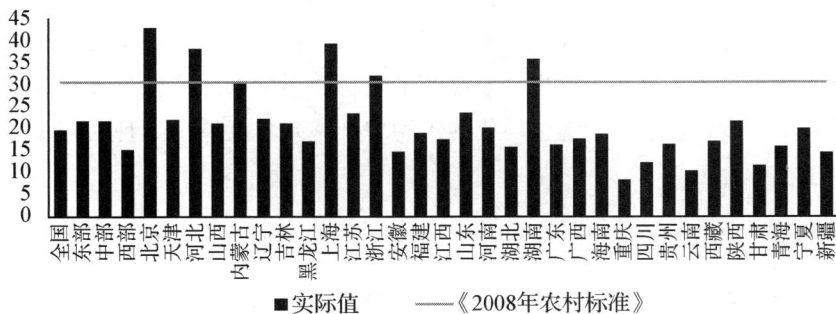

图 6-5　2008 年农村初中生均图书册数与
《2008 年农村标准》比较（单位：册）

本 章 小 结

一、教学仪器设备达标率

我国农村义务教育阶段中小学校中，传统的音体美器材和实验仪器达标校数总体上要多于拥有校园网络这一现代性教学辅助设施的学校。这种分布在小学和初中阶段具有相似性。农村初中建有校园网的学校比例远高于小学，在一定程度上印证了初中办学条件总体上优于小学。中小学教学仪器设备达标学校数量随着学校数量总体减少而逐年缩减，但各种教学仪器设备达标学校比例逐年增长，反映出农村中小学办学条件得到普遍性改善。

二、教学仪器设备值

从总体上看，尽管农村初中数量相对较少，但其拥有的固定资产总量要远远大于农村小学所拥有的固定资产总量，这在一定意义上也说明农村初中的办学条件总体上要优于小学。农村义务教育阶段中小学教学仪器设备方面的办学条件无论是在整体达标水平方面，还是在仪器设备值所占固定资产值的比例方面都处于较低水平，并且小学总体上比初中差。

从 2002 年到 2008 年，农村小学的固定资产及其中的教学仪器设备值以及教学仪器设备中的专业实验、实习设备值都是缩减的。初中固定资产总值虽然以年均 4.2％的速度逐年缩减，但其中的教学仪器设备值以及实验设备值呈现出总的增长趋势。从均值上看，校均和生均层面的学校固定资产中的教学仪器设备值都呈现增长的趋势，增长主要体现为专业实验设备的投入。这进一步反映了农村中小学办学条件在教学仪器设备上的改善，但中小学生均值的年均增长率差异反映出这种改善更集中于初中阶段。

三、计算机和图书

我国农村义务教育阶段中小学校计算机总数约为 315 万台，其中小学约为 174 万，初中约为 141 万台。纸质图书总量约为 12 亿册，其中小学约为 8 亿册，初中约为 4 亿册。电子图书总量为 0.66 亿册，其中小学为 0.37 亿册，初中为 0.29 亿册。小学和初中人均计算机和图书拥有量较小，计算机以及电子图书这种现代化的教学资源显得严重不足。

农村中小学计算机总台数和电子图书总册数明显增加，但传统纸质图书总量变化幅度较小。生均计算机台数和图书册数都呈明显的增长趋势。初中阶段生均电子图书、纸质图书和计算机的年均增长率都高于相应的校均年增长率，小学阶段虽然校均计算机和图书数量有明显的增长，但生均增幅小于校均。

第七章 农村义务教育阶段学校办学条件差异分析

本章在对前述农村义务教育阶段普通中小学办学条件基本情况进行描述的基础上，对全国农村义务教育阶段中小学办学条件各个指标的差异状况进行了绝对差异和相对差异的分析，主要统计指标有差值、标准差和变异系数。

第一节 区域差异分析

一、学校用地和建筑面积

（一）生均占地面积东中西部差值情况

从 2002 年到 2008 年，小学阶段中西部农村生均占地面积之间绝对差距较大，并呈现倒 U 形变化趋势，2002 年中西部农村生均占地面积的差值为 3.54 平方米，2005 年为 5.86 平方米，2008 年为 4.33 平方米。初中阶段东西部农村生均占地面积的绝对差距较大，并呈现迅速上升的趋势，2002 年东西部农村生均占地面积的差值为 2.49 平方米，2008 年上升到 9.21 平方米。具体变化趋势如图 7-1 和图 7-2 所示。

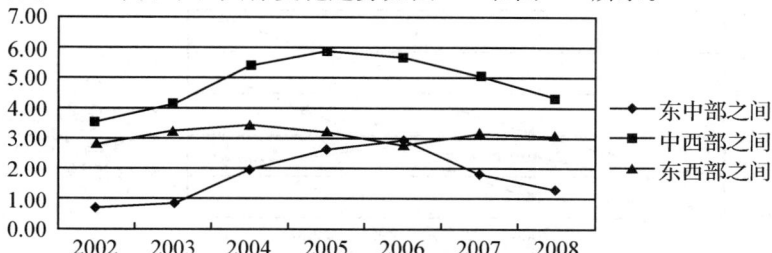

图 7-1 2002—2008 年东中西部农村小学

生均占地面积差值变化（单位：m²）

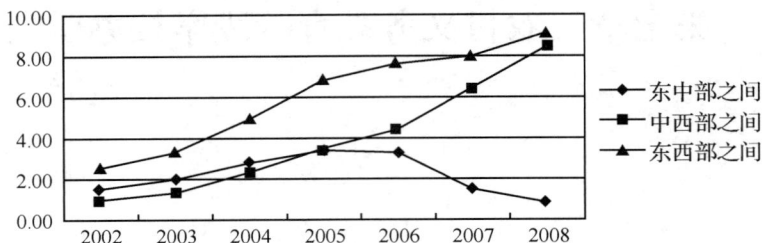

图 7-2　2002—2008 年东中西部农村初中
生均占地面积差值变化（单位：m²）

（二）生均建筑面积东中西部差值情况

从 2002 年到 2008 年，东西部农村小学和初中阶段生均建筑面积之间绝对差距较大。小学阶段东西部农村生均建筑面积差值呈先上升后下降的趋势，2002 年为 0.60 平方米，2006 年增加为 0.97 平方米，2008 年降低为 0.90 平方米。初中阶段东西部农村生均建筑面积差值呈明显的上升趋势，从 2002 年的 0.68 平方米逐年上升到 2008 年的 2.38 平方米。具体变化趋势如图 7-3 和图 7-4 所示。

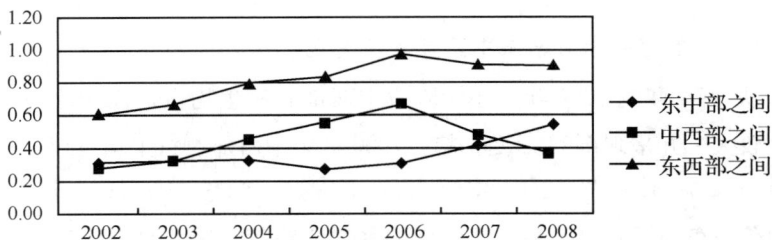

图 7-3　2002—2008 年东中西部农村小学
生均建筑面积差值变化（单位：m²）

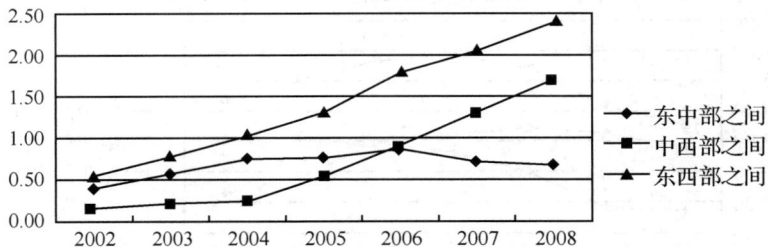

图 7-4　2002—2008 年东中西部农村初中
生均建筑面积差值变化（单位：m²）

（三）生均教学及辅助用房面积东中西部差值情况

从 2002 年到 2008 年，东西部农村小学和初中生均教学及辅助用房面积绝对差距较大。小学阶段生均教学及辅助用房面积的东西部差值基本呈平稳状态，2002 年为 0.41 平方米，2008 年为 0.52 平方米，同时从 2006 年开始，中西部之间差距迅速减小，而东中部差距迅速扩大。初中阶段东西部和中西部生均教学及辅助用房面积差值不断上升，2002 年东西部差值为 0.34 平方米，2008 年为 1.04 平方米，中西部从 2002 年的 0.12 平方米上升到 2008 年的 0.63 平方米。具体变化趋势如图 7-5 和图 7-6 所示。

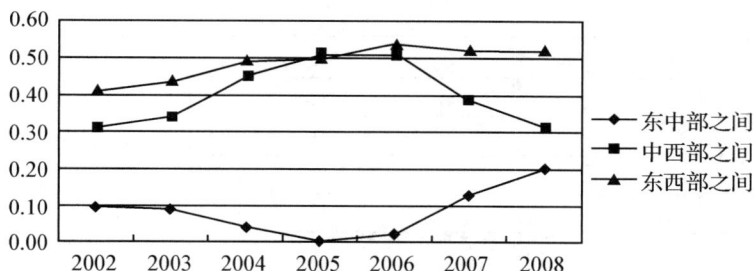

图 7-5　2002—2008 年东中西部农村小学生均教学及
辅助用房面积差值变化（单位：m²）

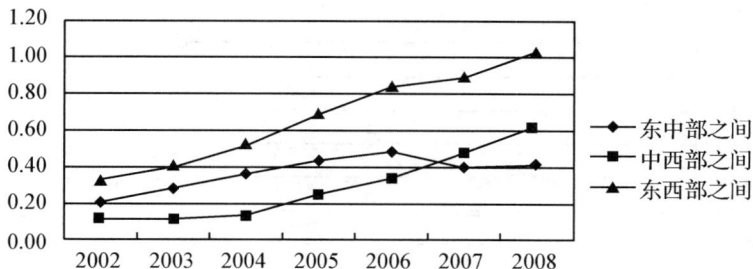

图 7-6　2002—2008 年东中西部农村初中生均教学及
辅助用房面积差值变化（单位：m²）

（四）生均生活用房面积东中西部差值情况

从 2002 年到 2008 年，东中西部农村小学和初中两个阶段生均生活用房面积存在不同的差异及变化情况。小学阶段中西部农村生均生活用房面积的差值较大，东中部次之，东西部较小。同时，小学阶段东中部之间的差值呈波动状况，中西部之间的差值从 2006 年开始不断上升，表明中西部农村小学阶段生均生活用房面积绝对差距又开始不断变大。2002 年中西部农村小学生均生活用房面积的差值为 0.26 平方米，2006 年为 0.17 平方米，2008 年为 0.27 平方米。初中阶段东中西部农村生均生活用房面积差积在各个年度呈现出不同的变化趋势。2002 年东中部初中生均生活用房面积差值为 0.24 平方米，东西部差值为 0.04 平方米。2005 年，中西部初中生均生活用房面积差值最小，为 0.02 平方米，而在 2005 年之后，东西部差值和中西部差值都迅速变大。具体变化趋势如图 7-7 和图 7-8 所示。

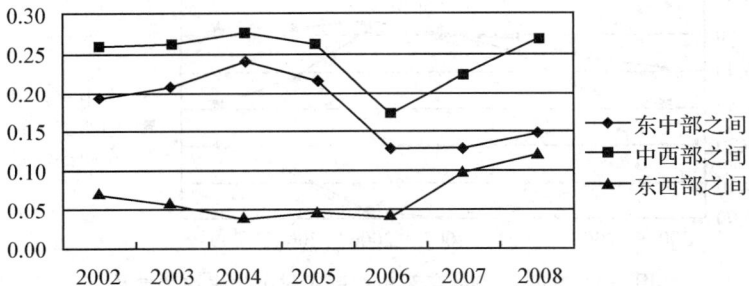

图 7-7　2002—2008 年东中西部农村小学
生均生活用房面积差值变化（单位：m²）

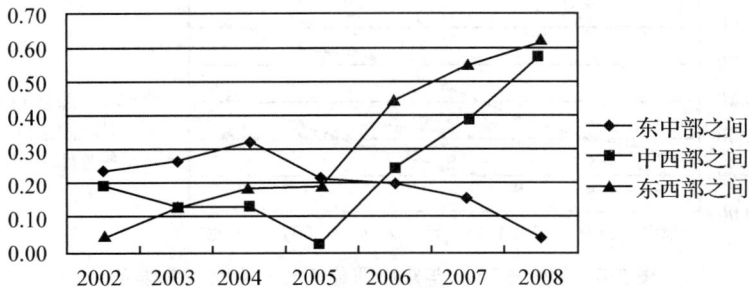

图 7-8　2002—2008 年东中西部农村初中
生均生活用房面积差值变化（单位：m²）

（五）生均普通教室面积东中西部差值情况

从 2002 年到 2007 年，小学阶段中西部农村生均普通教室面积差值较大，2002 年为 0.16 平方米，2007 年为 0.23 平方米，从 2002 年到 2008 年，中西部的差距呈先增大后减小的趋势，尤其是 2006 年的差值为 0.34 平方米，中部农村生均普通教室面积要明显高于西部。初中阶段东西部农村生均普通教室面积差值在所有年份都较高，而且呈不断扩大之势，2002 年差值为 0.08 平方米，2008 年上升到 0.53 平方米。同时，中西部差值也呈不断上升的趋势，表明中西部差距逐年扩大，而东中部差距从 2006 年开始减小。具体变化趋势如图 7-9 和 7-10 所示。

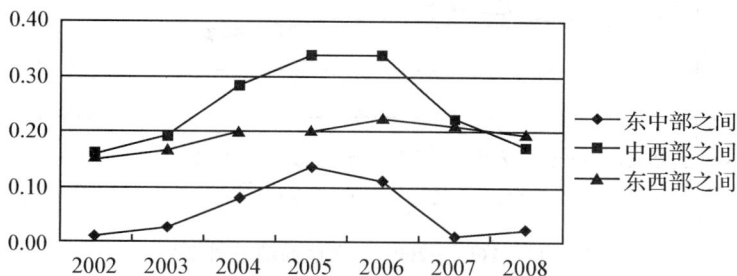

图 7-9　2002—2008 年东中西部农村小学
生均普通教室面积差值变化（单位：m²）

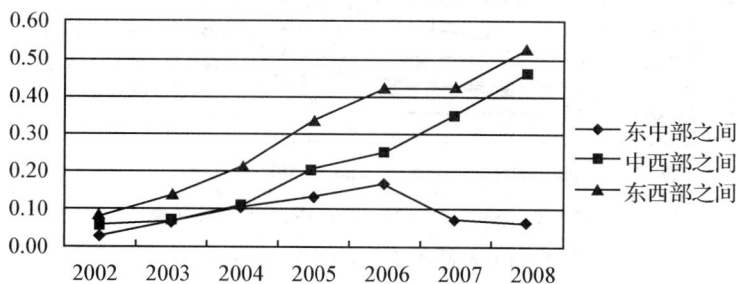

图 7-10　2002—2008 年东中西部农村初中
生均普通教室面积差值变化（单位：m²）

（六）生均图书室面积东中西部差值情况

从 2002 年到 2008 年，小学阶段中西部、东西部农村生均图书室面积差值较大，即中西部和东西部农村小学生均图书室面积差距较大，西部农村小学生均图书室面积明显小于东部和中部。2002 年西部农村生均图书室面积为 0.078 平方米，而东部和中部分别为 0.14 平方米和 0.137 平方米。初中阶段东西部农村生均图书室面积差值较大，并且呈明显的上升趋势，2002 年为 0.028 平方米，2008 年上升为 0.064 平方米。西部农村生均图书室面积明显小于东部和中部，2002 年西部农村生均图书室面积为 0.007 平方米，而相应年份的东部和中部分别为1.04 平方米和 0.094 平方米，2008 年西部农村生均图书室面积为0.109 平方米，相应年份的东部和中部分别为 0.173 平方米和 0.147平方米。具体变化趋势如图 7-11 和图 7-12 所示。

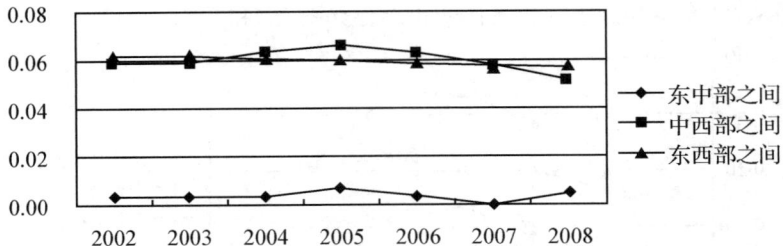

图 7-11   2002—2008 年东中西部农村小学
生均图书室面积差值变化（单位：m²）

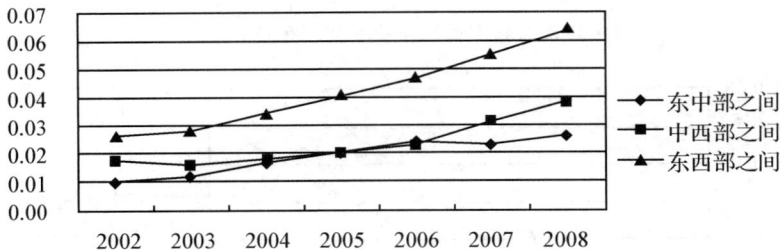

图 7-12   2002——2008 年东中西部农村初中
生均图书室面积差值变化（单位：m²）

（七）生均计算机室面积东中西部差值情况

从 2002 年到 2008 年，全国东中西部农村生均计算机室面积很小，但小学和初中阶段东中西部之间仍然存在差距。东西部小学农村生均计算机室面积差值较大，而且呈现不断上升的趋势，中西部差值也呈现逐年上升的趋势，而东中部从 2005 年开始呈现整体下降的趋势。初中阶段东西部差值整体上较大，2007 年东中西部差值趋近，东中西部生均计算机室面积差距缩小，而到 2008 年差距又有所扩大。具体变化趋势如图 7-13 和图 7-14 所示。

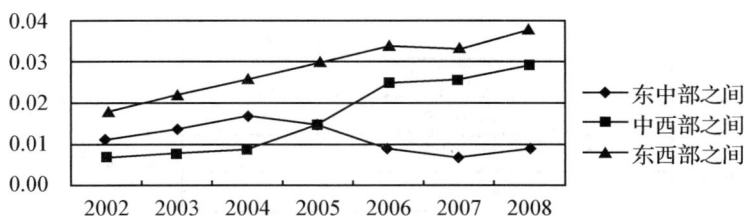

**图 7-13　2002—2008 年东中西部农村小学
生均计算机室面积差值变化（单位：m²）**

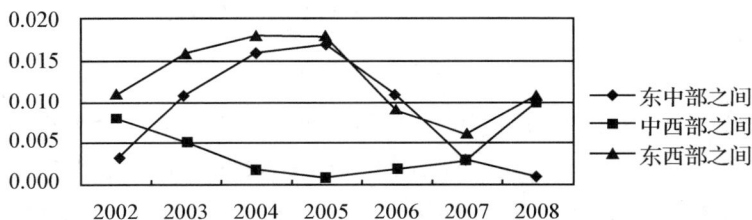

**图 7-14　2002—2008 年东中西部农村初中
生均计算机室面积差值变化（单位：m²）**

（八）生均食堂面积东中西部差值情况

　　虽然全国农村生均食堂面积总体较小，东中西部差值也较小，但是仍然存在明显的区域差异。在小学阶段，从 2006 年到 2007 年东西部差值迅速降低，表明东西部生均食堂面积绝对差距在该段时间内减小，从 2007 年到 2008 年东中部差值较大，表明东中部生均食堂面积绝对差距扩大。在初中阶段，东中西部之间的差距较大，其中，东西部差值较大并呈较为明显的上升趋势，表明东西部生均食堂面积绝对差距逐渐扩大。具体变化趋势如图 7-15 和图 7-16 所示。

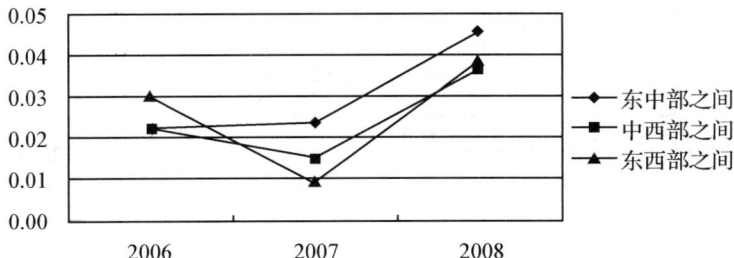

**图 7-15　2006—2008 年东中西部农村小学
生均食堂面积差值变化（单位：m²）**

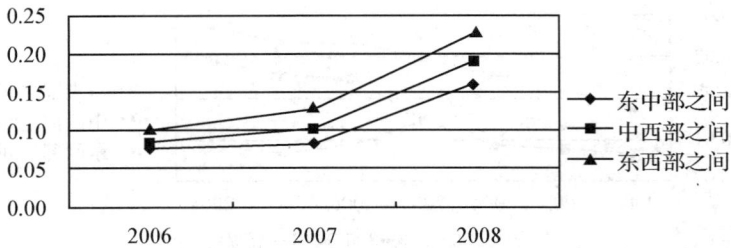

图 7-16　2006—2008 年东中西部农村初中
生均食堂面积差值变化（单位：m²）

（九）生均厕所面积东中西部差值情况

虽然全国农村生均厕所面积总体较小，东中西部差值也较小，但仍然存在明显的区域差距。从 2006 年到 2008 年，东中部小学阶段农村生均厕所面积差值逐年下降，绝对差距逐步缩小。从 2006 年到 2008 年，东西部农村初中阶段生均厕所面积差值明显增大，表明东西部农村初中生均厕所面积的绝对差距逐步扩大。具体变化趋势如图 7-17 和图 7-18 所示。

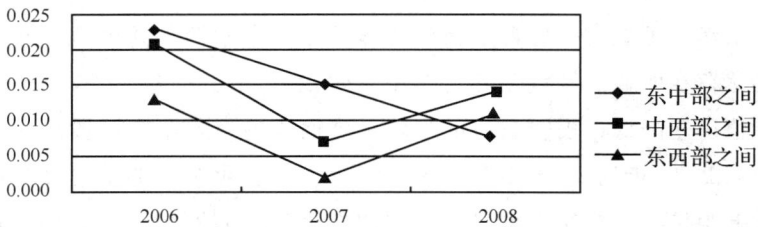

图 7-17　2006—2008 年东中西部农村小学
生均厕所面积差值变化（单位：m²）

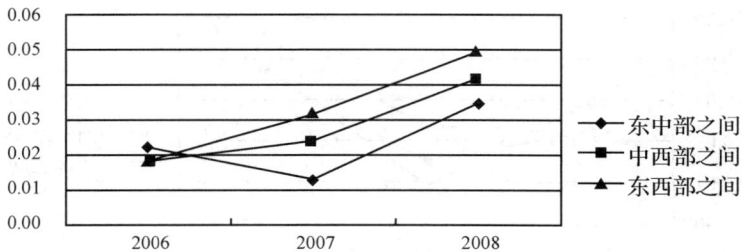

图 7-18　2006—2008 年东中西部农村初中
生均厕所面积差值变化（单位：m²）

（十）生均危房面积东中西部差值情况

从 2002 年到 2008 年，农村中小学校生均危房面积差值存在明显的东中西部差距，小学和初中阶段东西部差值都较大，东西部农村生均危房面积存在着较大的差距。在小学阶段，从 2002 年到 2006 年东西部差值较大，但总体上呈下降趋势，从 2002 年的生均 0.33 平方米减少到 2006 年的 0.19 平方米，而从 2006 年到 2008 年东西部差值又呈明显的上升趋势，生均危房面积差值由 2006 的 0.19 平方米增加到 2008 年的 0.52 平方米。初中阶段东西部差值比东中部差值和中西部差值较大，并且有明显的波动，从 2003 年到 2005 年，东西部生均危房面积差距不断缩小，但从 2007 年开始，东中西部差距又迅速扩大。具体变化趋势如图 7-19 和图 7-20 所示。

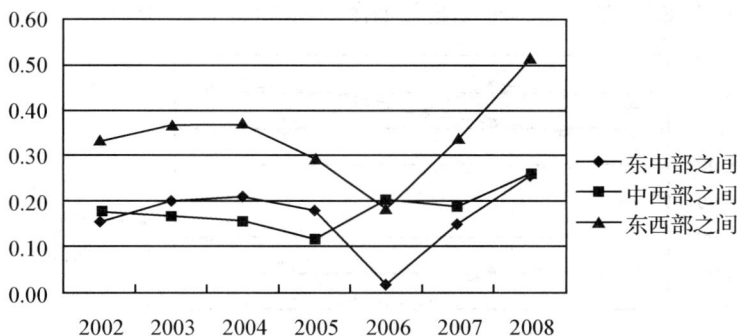

图 7-19　2002—2008 年东中西部农村小学

生均危房面积差值变化（单位：m²）

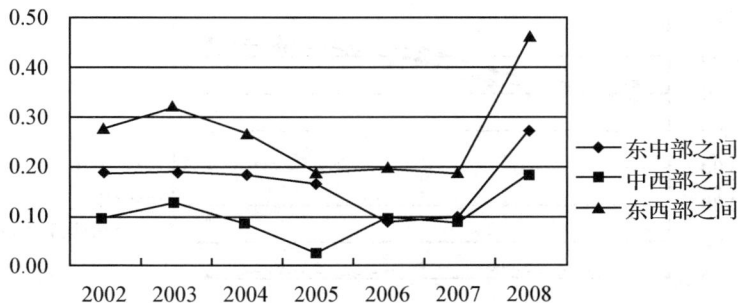

图 7-20　2002—2008 年东中西部农村初中

生均危房面积差值变化（单位：m²）

二、图书和教学仪器设备值

（一）生均图书册数东中西部差值情况

农村小学生均图书册数存量整体上要低于初中阶段，东西部农村生均图书册数差值较大，表明东西部农村生均图书册数差距较大，西部农村生均图书册数明显少于中、东部地区。

在小学阶段，从 2002 年到 2008 年，东西部农村生均图书册数差距在较高水平上保持稳定。在初中阶段，东西部、中西部农村生均图书册数差值较大，东中部差值较小且逐渐接近 0，表明西部地区农村生均图书册数少于东部和中部。2002 年东部农村小学和初中的生均图书册数分别为 12.6 册和 13.4 册，而西部农村小学和初中的生均图书册数分别为 6.97 册和 8.61 册。具体变化趋势如图 7-21 和图 7-22 所示。

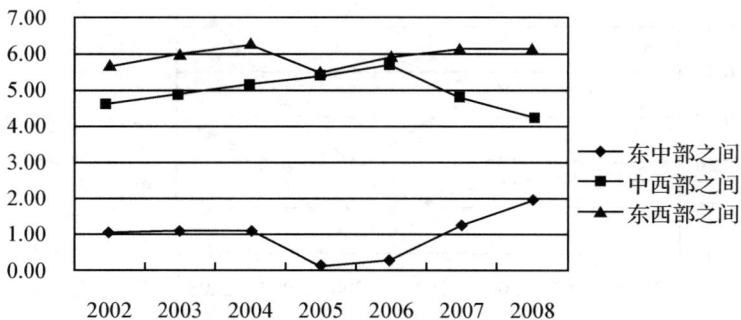

图 7-21　2002—2008 年东中西部农村小学
生均图书册数差值变化（单位：册）

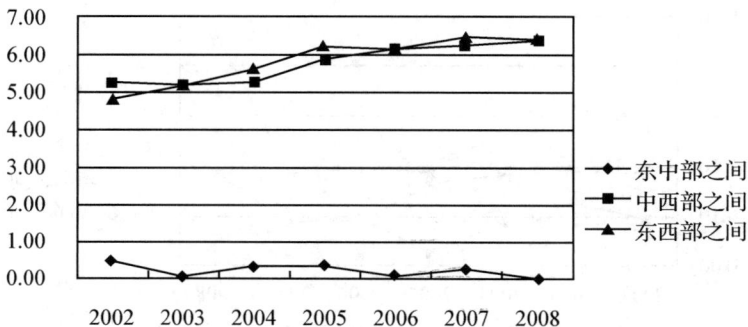

图 7-22　2002—2008 年东中西部农村初中
生均图书册数差值变化（单位：册）

（二）生均教学仪器设备值东中西部差值情况

由于农村生均教学仪器设备值总体存量较小，东中西部的农村生均教学仪器设备值差值总体也较小，但仍然存在明显的区域差距。小学和初中的东中部差值、东西部差值较大，并且都呈现总体上升的趋势。

2002 年东部农村小学和初中的生均教学仪器设备值分别为 0.019万元和 0.024 万元，相应年份的西部农村小学和初中的生均教学仪器设备值分别为 0.013 万元和 0.024 万元；2008 年东部农村小学和初中生均教学仪器设备值分别为 0.030 万元和 0.055 万元，相应年份的西部农村小学和初中生均教学仪器设备值分别为 0.016 万元和 0.034 万元。虽然东中西部农村生均教学仪器设备值总体较小，但是差异较大。具体变化趋势如图 7-23 和图 7-24 所示。

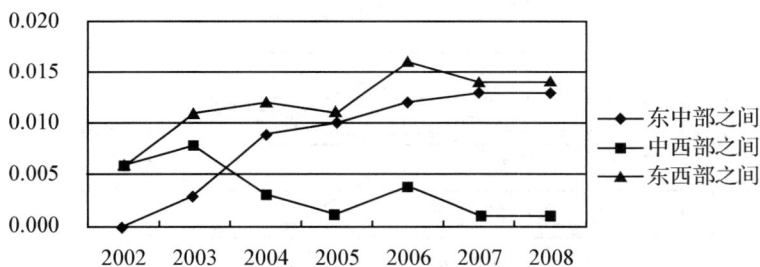

图 7-23　2002—2008 年东中西部农村小学生均教学
仪器设备值差值变化（单位：万元）

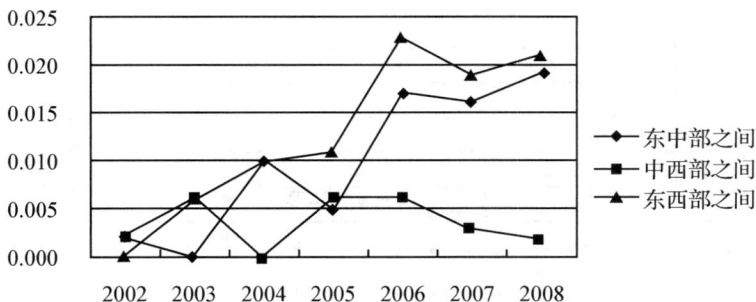

图 7-24　2002—2008 年东中西部农村初中生均教学
仪器设备值差值变化（单位：万元）

（三） 生均固定资产值东中西部差值情况

从 2002 年到 2008 年，农村小学和初中生均固定资产值差值表现为东西部较大，小学阶段农村生均固定资产值要低于初中阶段。

在小学阶段，东中部、东西部农村生均固定资产值差值较大，东部地区农村生均固定资产值明显高于中、西部，而且呈逐渐扩大之势。在初中阶段，东西部、东中部农村生均固定资产值差值相对较大，但是从 2002 年到 2003 年迅速下降，中、西部农村生均固定资产值比较接近，东部农村生均固定资产值相对较高。2002 年小学阶段东部和西部农村生均固定资产值分别为 0.308 万元和 0.159 万元，初中阶段相应年份的东部和西部农村生均固定资产值分别为 0.853 万元和 0.200 万元；2008年，小学阶段东部和西部农村生均固定资产值分别为 0.406 万元和0.260 万元，初中阶段相应年份的东部和西部农村生均固定资产值分别为 0.603 万元和 0.372 万元。具体变化趋势如图 7-25 和图 7-26 所示。

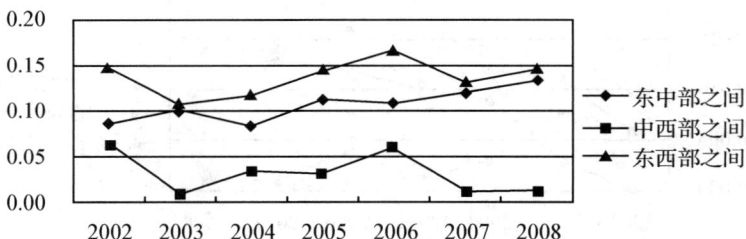

图 7-25　2002—2008 年东中西部农村小学
生均固定资产值差值变化（单位：万元）

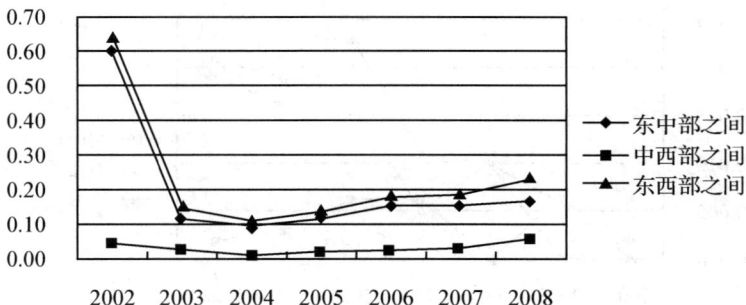

图 7-26　2002—2008 年东中西部农村初中
生均固定资产值差值变化（单位：万元）

第二节　省际差异分析

一、学校用地和建筑面积

（一）生均占地面积差异

如图 7-27 所示，全国农村义务教育阶段学校办学条件的生均占地面积指标的省际差异较大，全国 31 个省份农村小学阶段生均占地面积的差距要大于相应的初中阶段。但是，从 2002 年到 2008 年，省际差异变化比较平缓，小学阶段的差异在较高水平上呈小幅的先扩大后缩小的趋势，初中阶段的差异在较低水平上呈小幅扩大的趋势。

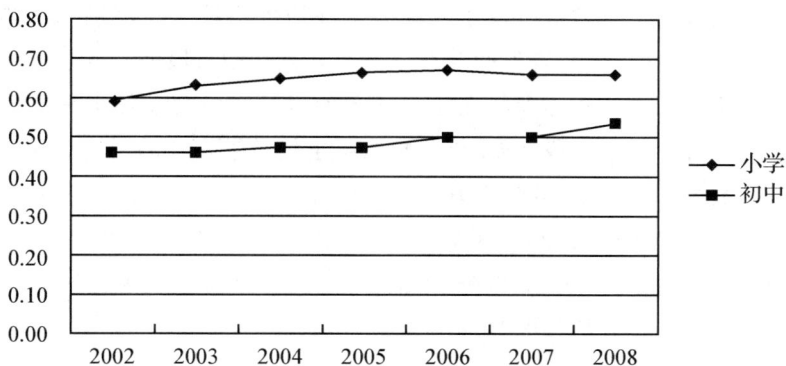

图 7-27　2002—2008 年农村义务教育阶段学校生均占地面积省际变异系数及变化趋势

（二）生均建筑面积差异

全国农村义务教育阶段学校办学条件的生均建筑面积指标存在明显的省际差异，从图 7-28 中可以看出，从 2002 年到 2008 年，农村小学和初中的省际差异在波动中呈先扩大后缩小的总体趋势。从 2002 年到 2006 年，初中阶段的省际农村生均建筑面积差异要大于或等于相应的小学阶段，而从 2006 年到 2007 年，小学阶段生均建筑面积的省际差异大于相应的初中阶段。

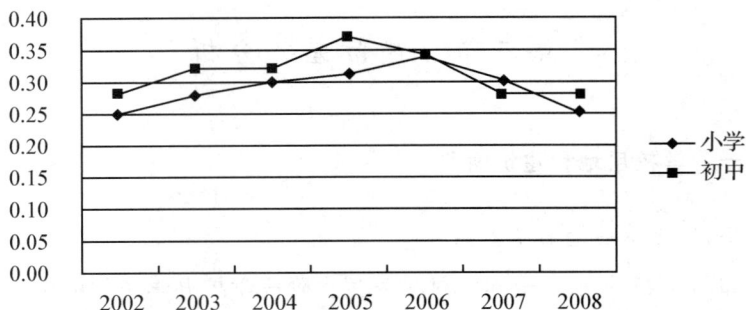

图 7-28　2002—2008 年农村义务教育阶段学校生均建筑面积
省际变异系数及变化趋势

（三）生均教学及辅助用房面积差异

全国农村义务教育阶段学校办学条件的生均教学及辅助用房指标的变异系数表明 31 个省份间存在差异，并且初中阶段的省际差异要大于小学阶段，这种省际差异在小幅波动的过程中呈现总体上先扩大后减小的趋势。小学阶段 2002 年全国农村生均教学及辅助用房面积省际变异系数为 0.22，2006 年上升为 0.29，到 2008 年又降到 0.23；初中阶段省际变异系数从 2002 年的 0.25 上升到 2003 年的 0.30，2004 年降为 0.29，随后上升到 2006 年的 0.31，2007 年到 2008 年保持为 0.27。具体变化趋势如图 7-29 所示。

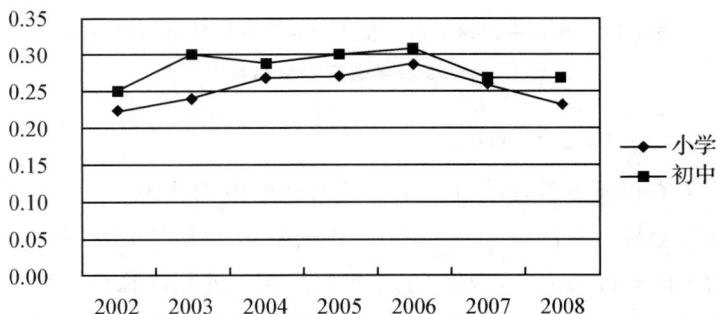

图 7-29　2002—2008 年农村义务教育阶段学校生均教学及辅助用房面积
省际变异系数及变化趋势

（四）生均生活用房面积差异

全国农村义务教育阶段学校办学条件的生均生活用房面积指标存在很大的省际差异，但总体上呈现小幅的缩小趋势。除了2006年之外，从2002年到2008年，小学阶段农村生均生活用房面积的省际差异要明显高于初中阶段。2002年小学阶段的省际变异系数为0.67，初中阶段相应年份的省际变异系数为0.54，2005年小学阶段的省际变异系数为0.69，而初中阶段的省际变异系数由2004年的0.51快速上升到2005年的0.74。从2006年开始，初中阶段的省际变异系数又恢复到0.4～0.6之间的水平。具体变化趋势如图7-30所示。

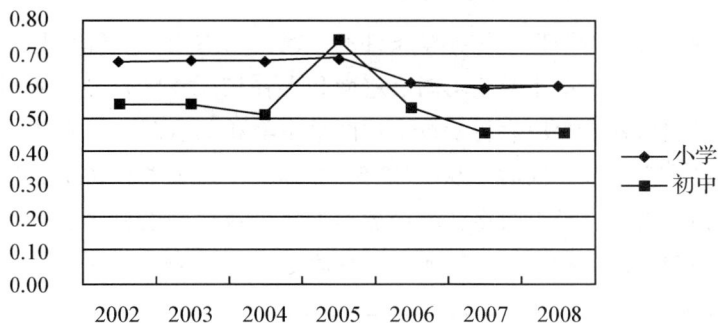

图7-30 2002—2008年农村义务教育阶段学校生均生活用房面积
省际变异系数及变化趋势

（五）生均普通教室用房面积差异分析

农村义务教育阶段学校办学条件生均普通教室用房面积指标的省际变异系数较小，表明全国31个省份在农村义务教育阶段小学和初中的普通教室面积层面差距不大。从2002年到2008年，小学阶段农村生均普通教室用房面积省际变异系数呈平缓的变化趋势，而初中阶段农村学校生均普通教室用房面积省际变异系数在较低水平上呈现波动性的扩大趋势，从2004年到2005年，初中阶段农村学校生均普通教室用房面积省际差异明显扩大。具体变化趋势如图7-31所示。

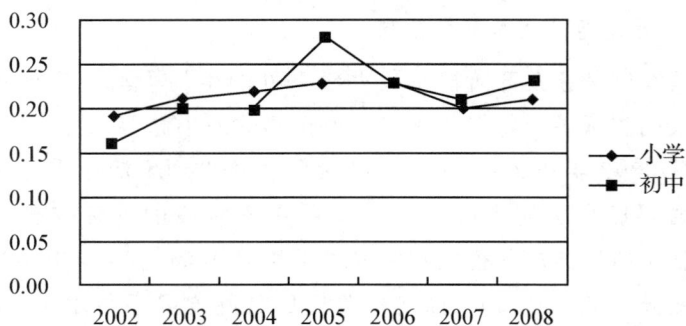

图 7-31 2002—2008 年农村义务教育阶段学校生均普通教室用房面积省际变异系数及变化趋势

（六）生均图书室面积差异分析

农村义务教育阶段学校办学条件的生均图书室面积省际变异系数较大，表明全国农村中小学生均图书室面积存在较大省际差异。从图 7-32 中可以看出，初中阶段农村学校生均图书室面积的省际差异总体上要高于相应的小学阶段。同时，从 2002 年到 2008 年，小学和初中农村生均图书室面积省际变异系数在波动中逐渐变小，这说明农村小学和初中生均图书室面积的省际差异逐渐变小。具体变化趋势如图 7-32 所示。

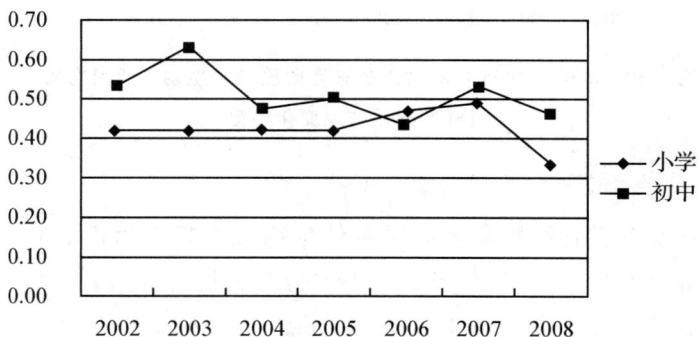

图 7-32 2002—2008 年农村义务教育阶段学校生均图书室面积省际变异系数及变化趋势

（七）生均计算机室面积差异分析

农村义务教育阶段学校办学条件生均计算机室面积指标的省际差异很大，表明全国 31 个省份在农村生均计算机室面积上存在很大差距。由图 7-33 可以看出，小学阶段的农村生均计算机室面积的省际变异系数要大于相应的初中阶段，说明全国各省份农村的小学生均计算机室面积的差异整体上要大于初中阶段。从 2002 年到 2008 年，全国农村的小学和初中的生均计算机室面积省际差异总体上呈缩小的趋势。例如，2002 年小学生均计算机室面积省际变异系数为 0.82，2008 年下降为 0.52；2002 年初中阶段生均计算机室面积省际变异系数为 0.57，2008 年降为 0.34。

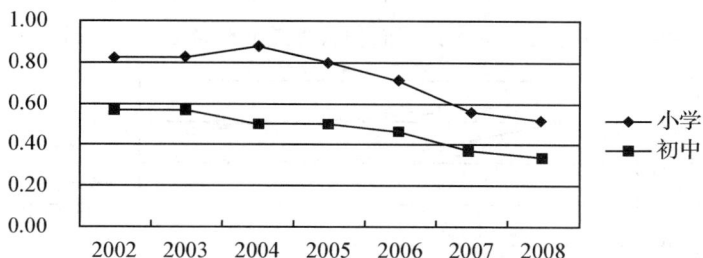

图 7-33　2002—2008 年农村义务教育阶段学校生均计算机室面积
省际变异系数及变化趋势

（八）生均食堂面积差异分析

从图 7-34 可以看出，农村义务教育阶段学校办学条件的生均食堂面积的省际变异系数较大，并且小学阶段农村生均食堂面积省际差异整体上要大于初中阶段，说明全国 31 个省份间农村生均食堂面积的差异较大。如图 7-34 所示，从 2006 年到 2008 年，小学阶段农村学校生均食堂面积的省际差异在较高水平呈现缩小的趋势，而初中阶段农村生均食堂面积省际差异在相对较低水平基本保持不变。

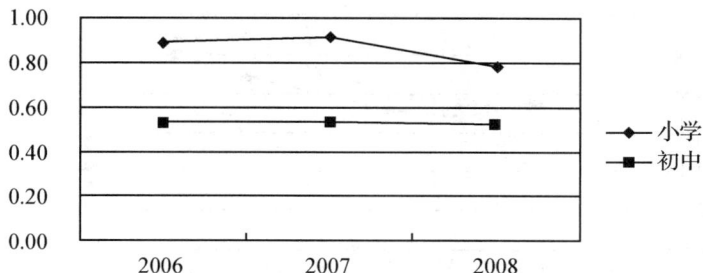

图 7-34　2006—2008 年农村义务教育阶段学校生均食堂面积
省际变异系数及变化趋势

（九）生均厕所面积差异分析

从图 7-35 可以看出，农村义务教育阶段学校办学条件的生均厕所面积省际变异系数总体较大，并且初中阶段变异系数总体上要大于小学阶段。从 2006 年到 2008 年，小学和初中农村生均厕所面积省际变异系数呈下降趋势，2006 年小学阶段农村生均厕所面积省际变异系数为 0.39，相应年份的初中阶段的变异系数为 0.45，2008 年初中阶段农村生均厕所面积省际变异系数为 0.39。表明小学和初中农村生均厕所面积省际差异都呈缩小的趋势，但是初中阶段的农村生均厕所面积省际差异整体要大于小学阶段。

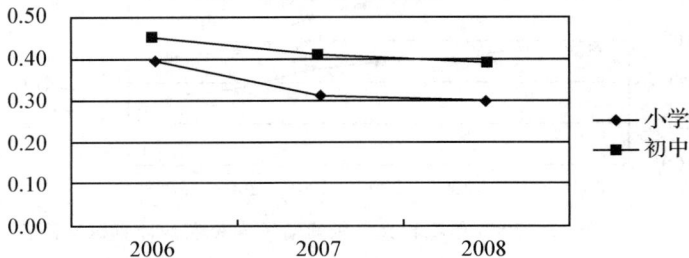

图 7-35 2006—2008 年农村义务教育阶段学校生均厕所面积省际变异系数及变化趋势

（十）生均危房面积差异分析

从图 7-36 可以看出，农村义务教育阶段学校办学条件的生均危房面积省际变异系数很大，其中最大值为 1.09，并且从 2003 年开始，小学阶段生均危房面积省际变异系数总体上大于相应年份的初中阶段，说明全国农村义务教育生均危房面积在小学和初中阶段都存在很大的省际差异，而且差距呈不断扩大的趋势。

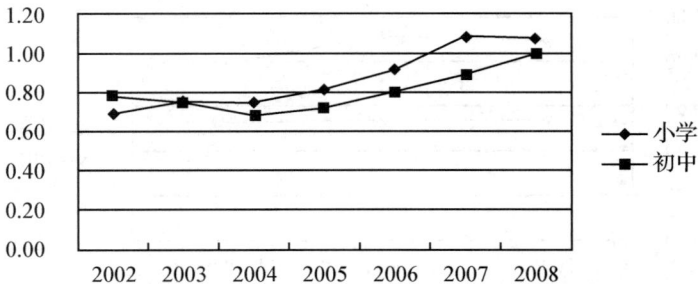

图 7-36 2002—2008 年农村义务教育阶段学校生均危房面积省际变异系数及变化趋势

二、图书和教学仪器设备值

（一）生均图书册数差异分析

由图 7-37 中较高的省际变异系数值可知全国农村义务教育阶段小学和初中生均图书册数存在着较大的省际差异，而且小学阶段生均图书册数的省际差异要高于相应的初中阶段。但是，从 2002 年到 2008 年，小学和初中的农村生均图书册数的变异系数总体呈下降趋势，表明全国农村的生均图书册数省际差异在不断缩小。

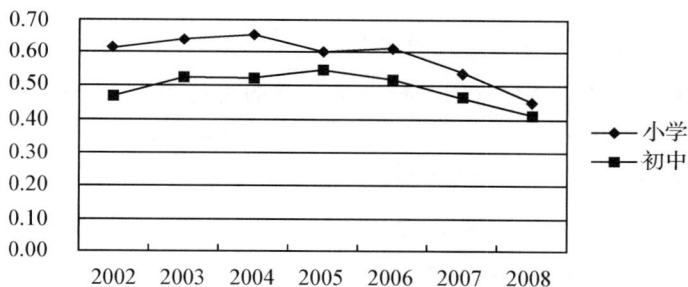

图 7-37　2002—2008 年农村义务教育阶段学校生均图书册数省际变异系数及变化趋势

（二）生均教学仪器设备值差异分析

如图 7-38 所示，农村义务教育阶段学校生均教学仪器设备值省际变异系数呈现总体下降趋势。小学阶段生均教学仪器设备值省际变异系数波动较大，从 2002 年的 1.43 上升到 2003 年的 1.63，2004 年下降到 0.80，2006 年上升到 2.10，2007 年和 2008 年分别为 1.03 和 1.04；初中阶段生均教学仪器设备值省际变异系数从 2002 年到 2003 年迅速降低，然后从 2003 年到 2008 年呈微小幅度的上升趋势。

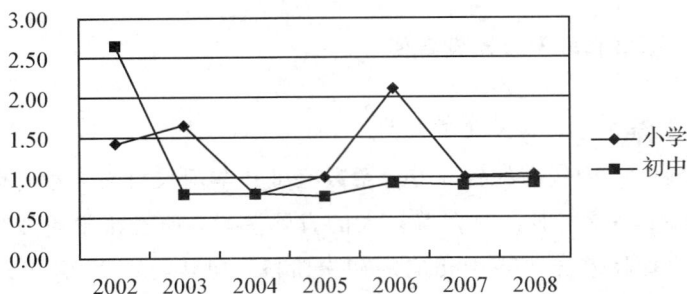

图 7-38   2002—2008 年农村义务教育阶段学校生均教学仪器设备值
省际变异系数及变化趋势

（三）生均固定资产值差异分析

全国农村义务教育阶段学校办学条件的生均固定资产值的省际变异系数总体上较大，小学和初中阶段的省际变异系数总体上比较相近，但是小学阶段的省际变异系数在 2006 年异常高，具体变化趋势如图 7-39 所示。这表明全国 31 个省份农村生均固定资产值在整体较低存量水平的基础上的差异较大。

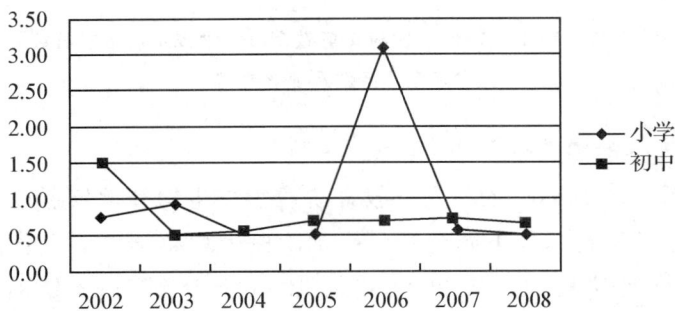

图 7-39   2002—2008 年农村义务教育阶段学校生均固定资产值
省际变异系数及变化趋势

第三节   省内县际差异分析

本部分内容利用各省份所有区县的数据，分小学和初中阶段计算各省内县际生均占地面积、生均建筑面积等 12 个指标的变异系数并进行比较分析。通过对比 2008 年省内县际各指标的变异系数值的均值，可以看出各省内县际差异的变化趋势。

一、学校用地和建筑面积

（一）生均占地面积差异

　　义务教育阶段农村学校生均占地面积各省份内县际差异总体较大。在小学阶段，内蒙古、辽宁、浙江、福建、广东、甘肃等省份内县际差异相对较大，北京、天津、安徽、河南、湖南等省份内县际差异相对较小，其中北京的县际差异最小。在初中阶段，浙江、福建、广西、四川、贵州、陕西和甘肃等省份内县际呈现较大差异，说明县际发展不均衡，其中广西县际发展最不均衡，北京、天津、黑龙江、上海和西藏等省份内县际差异相对较小，县际发展相对均衡。这种县际差异程度在初中阶段体现得较为明显。详见图 7-40。

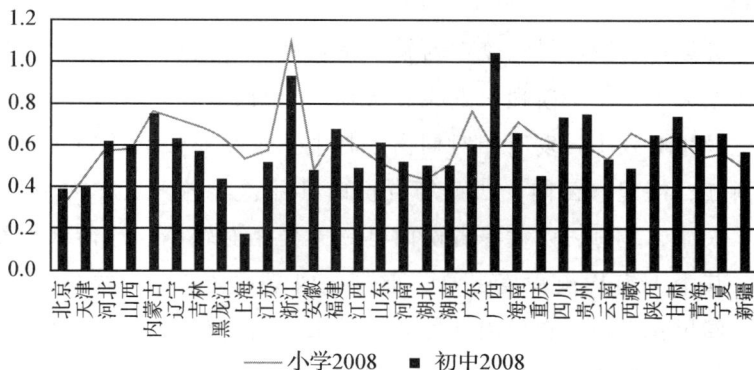

图 7-40　2008 年农村义务教育阶段学校生均占地面积
省内县际变异系数均值比较

（二）生均建筑面积差异

　　义务教育阶段农村学校生均建筑面积各省份内县际差异总体较大。在小学阶段，北京、天津、上海、安徽、河南等省份内部县际差异相对较小，其中北京变异系数最小，均衡程度相对较高。但是，辽宁、浙江、福建、广东、广西、四川和西藏等省份内县际差异较大，均衡程度较低，其中福建均衡程度最低。在初中阶段，北京、天津、上海、西藏等省份内县际差异相对较小，发展相对均衡。但是内蒙古、浙江、福建、广西、重庆、四川和贵州等省份内县际差异较大，均衡度较低，其中浙江和广西两省份不均衡状况较为严重。详见图7-41。

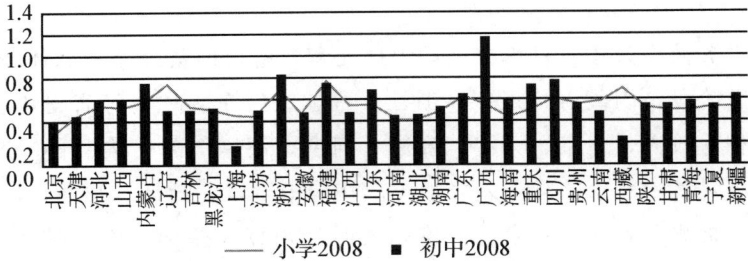

图 7-41　2008 年农村义务教育阶段学校生均建筑面积
省内县际变异系数均值比较

（三）生均教学及辅助用房面积差异

义务教育阶段农村学校生均教学及辅助用房面积各省份内县际差异总体较大。在小学阶段，北京、天津、上海、江苏、河南等省份内县际差异相对较小，发展相对均衡，其中北京相对最为均衡。但是辽宁、浙江、福建、云南、西藏等省份内县际差异较大。在初中阶段，北京、天津、上海、西藏等省份内县际差异相对较小，均衡水平相对较高，其中上海均衡程度最高。但是，内蒙古、浙江、福建、广东、广西、四川和贵州等省份内县际差异较大，均衡程度较低，其中广西尤为明显。详见图7-42。

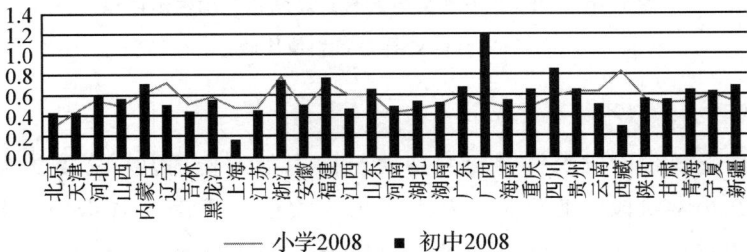

图 7-42　2008 年农村义务教育阶段学校生均教学及辅助用房面积
省内县际变异系数均值比较

（四）生均生活用房面积差异

义务教育阶段农村学校生均生活用房面积各省份内县际差异总体较大。在小学阶段，北京、上海、海南和贵州等省份内县际差异相对较小，均衡程度相对较高。但是，河北、辽宁、黑龙江、浙江、福建、广东、新疆等省份内县际差异较大，均衡程度较低。在初中阶段，北京、上海、西藏等省份内县际差异相对较小，均衡程度较高。但是，浙江、广东、广西、重庆和内蒙古等省份内县际差异较大。详见图 7-43。

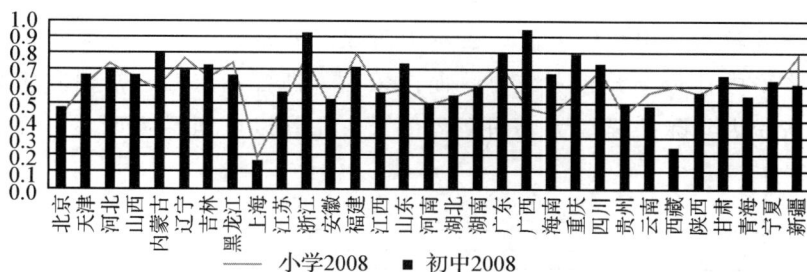

图 7-43　2008 年农村义务教育阶段学校生均生活用房面积
省内县际变异系数均值比较

（五）生均普通教室面积差异

义务教育阶段农村学校生均普通教室面积各省份内县际差异总体较大。在小学阶段，北京、天津、上海、江苏、河南等省份内县际差异相对较小，均衡程度相对较高。但是，福建、浙江、辽宁、西藏等省份内县际差异较大，均衡程度相对较低。在初中阶段，北京、上海、天津、吉林和西藏等省份内县际差异相对较小，均衡程度相对较高，其中上海内部差异最小，均衡程度相对最高。但是，浙江、福建、广西、四川和广东等省份内差异较大，均衡程度较低，其中四川和广西尤为明显。详见图 7-44。

（六）生均图书室面积差异

义务教育阶段农村学校生均图书室面积各省份内县际差异总体较大。在小学阶段，北京、天津和上海的县际差异相对较小，均衡度相对较高。但是，浙江、辽宁、云南、西藏、甘肃和宁夏等省份

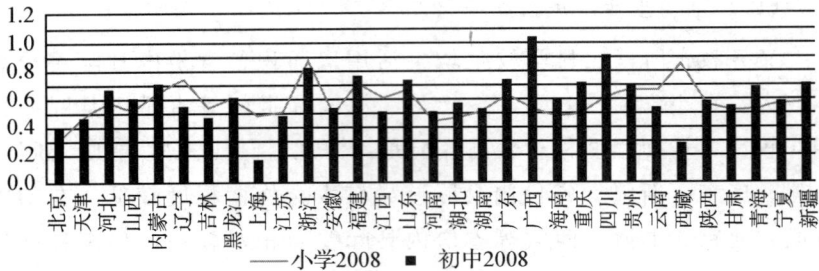

图 7-44　2008 年农村义务教育阶段学校生均普通教室面积
省内县际变异系数均值比较

内差异较大，均衡程度低。在初中阶段，北京、天津、上海和西藏等省份内县际差异相对较小，而内蒙古、浙江、广西、福建和宁夏等省份内县际差异较大，均衡程度低，尤其以广西最为明显。详见图 7-45。

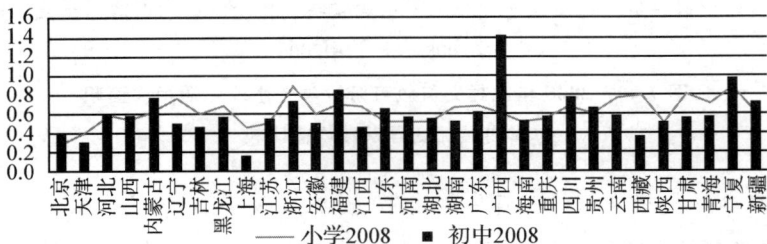

图 7-45　2008 年农村义务教育阶段学校生均图书室面积
省内县际变异系数均值比较

（七）生均计算机室面积差异

义务教育阶段农村学校生均计算机室面积各省份内县际差异总体较大。在小学阶段，北京、天津、上海的县际差异相对较小，均衡程度相对较高。但是，山西、福建、广东、广西、西藏和甘肃等省份内县际差异较大，其中广西尤为明显。在初中阶段，各省份县际差异总体上较为相近，其中上海的县际差异明显相对较小，发展相对均衡。但是，浙江、广西、广东和甘肃等省份内县际差异较大，其中广西尤为明显。详见图 7-46。

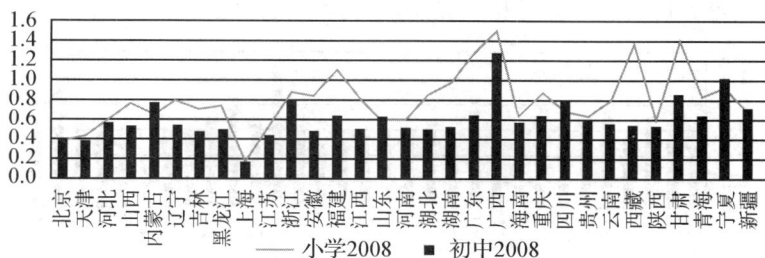

图 7-46　2008 年农村义务教育阶段学校生均计算机室面积
省内县际变异系数均值比较

（八）生均食堂面积差异

义务教育阶段农村学校生均食堂面积各省份内县际差异总体较大。在小学阶段，北京、天津、上海和西藏等省份内县际之间差异相对较小，均衡程度相对较高。但是，吉林、黑龙江、安徽、贵州、甘肃和新疆等省份内县际差异较大，其中黑龙江和重庆较为明显。在初中阶段，各省份的差异程度总体上较高且比较相近，其中上海和西藏的差异明显相对较小，均衡程度相对较高。详见图 7-47。

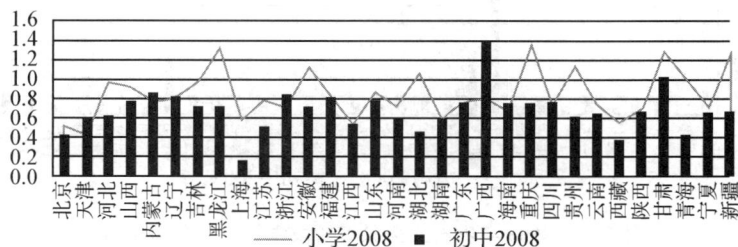

图 7-47　2008 年农村义务教育阶段学校生均食堂面积
省内县际变异系数均值比较

（九）生均厕所面积差异

义务教育阶段农村学校生均厕所面积各省份内县际差异总体较大。在小学阶段，北京、上海等省份内县际差异相对较小，均衡程度相对较高。但是，浙江、广东、重庆和西藏等省份内县际差异较大，均衡度较低。在初中阶段，上海的变异系数明显小于其他省份，表明上海生均厕所面积省份内县际差异总体较小，均衡程度较高，但广西、浙江、宁夏和重庆等省份内县际差异相对较大，均衡程度较低。见图7-48。

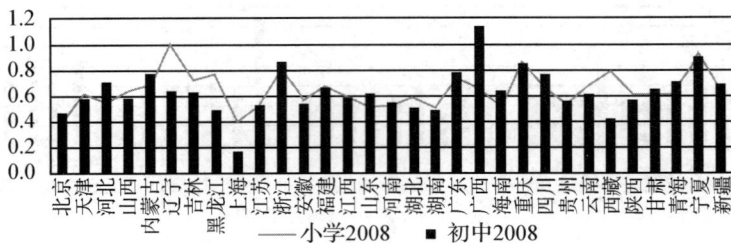

图 7-48　2008 年农村义务教育阶段学校生均厕所面积
省内县际变异系数均值比较

（十）生均危房面积差异

义务教育阶段农村学校生均危房面积各省份内县际差异总体较大。其中，上海的差异明显相对较小，相对比较均衡。但是，浙江和贵州两个省份内差异较大，也就是说浙江和贵州省内县际危房面积情况极不均衡。见图7-49。

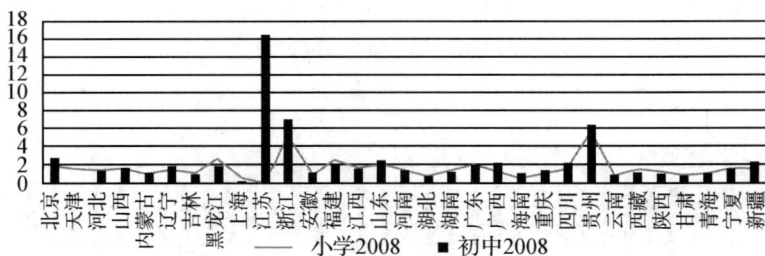

图 7-49　2008 年农村义务教育阶段学校生均危房面积
省内县际变异系数均值比较①

二、图书和教学仪器设备值

（一）生均图书册数差异

义务教育阶段农村学校生均教学图书册数各省份内县际差异总体较大。在小学阶段，北京和上海的县际差异相对较小，均衡程度相对较高，

---

① 图中天津的初中和江苏的小学数据缺失，在图中默认以"0"显示，不表示两个省份在相应指标上没有差异。

但是，福建、广东、辽宁等省份内县际差异相对较大，均衡程度低。在初中阶段，北京、天津、上海和西藏等省份内县际差异相对较小，均衡程度较高。但是，黑龙江、福建、广西、甘肃、宁夏和新疆等省份内县际差异相对较大，均衡程度较低，其中以广西最为明显。详见图7-50。

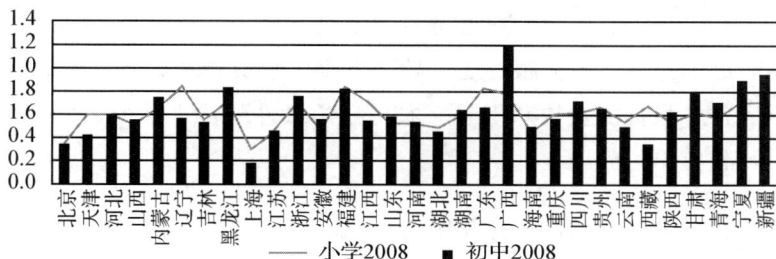

**图7-50 2008年农村义务教育阶段学校生均图书册数
省内县际变异系数均值比较**

（二）生均教学仪器设备值差异

义务教育阶段农村学校生均教学仪器设备值各省份内县际差异总体很大。在小学阶段，天津、上海、湖北等省份内县际差异相对较小，均衡水平相对较高，而北京、辽宁、福建、江西、广西、广东等省份县际差异较大，均衡程度较低。在初中阶段，天津、上海、湖北等省份内县际差异相对较小，而北京、广西、山东、青海、宁夏等省份内县际差异相对较大，均衡水平低。详见图7-51。

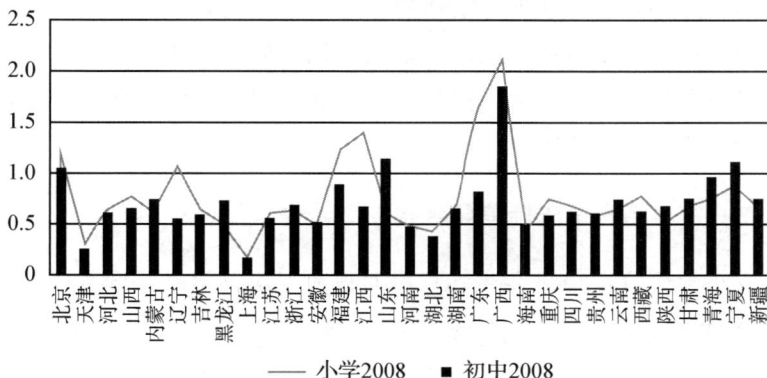

**图7-51 2008年农村义务教育阶段学校生均教学仪器设备值省
内县际变异系数均值比较**

本 章 小 结

尽管农村义务教育阶段学校办学条件总体上得到明显改善，但是，由于长期以来，我国对农村义务教育总体投入不足、在校生人数多等原因，办学条件还不能很好适应教育事业科学发展的要求。从 2008 年办学条件各指标的生均水平看，农村办学条件整体水平低、发展不均衡是比较突出的问题。

一、办学条件的区域差异明显

西部地区农村办学条件在生均存量和增幅上，无论是小学还是中学阶段，都低于相应的东、中部地区，呈现出明显的"马太效应"。如 2008 年西部地区小学和初中的生均占地面积分别为 24.72 平方米和 23.07 平方米，小学和初中生均建筑面积分别为 5.28 平方米和 6.03 平方米，都低于相应的中、东部农村地区。西部地区农村中小学危房面积在较高水平上波动增加，小学农村生均危房面积由 2003 年的 0.48 平方米增长到 2008 年的 0.50 平方米，初中农村生均危房面积由 2002 年的 0.34 平方米增加到 2008 年的 0.43 平方米；东部地区的各办学条件指标生均值表现出"又好又快"的状态，例如初中生均图书室面积、中小学生均计算机室面积和生均仪器设备值等方面；中部地区农村中小学办学条件呈现出赶超东部地区的发展势头，小学的生均普通教室面积和图书室面积高于东部地区，并且初中生均生活用房面积和初中生均图书册数快速增长。

二、办学条件的省际差异明显

在小学阶段，2008 年生均危房面积和生均教学仪器设备值这两个办学条件指标存在着严重的省际不均衡，变异系数分别为 1.08、1.04。也就是说，全国有些省份农村义务教育小学阶段的危房问题还相当严重，各省份农村小学的固定资产值极不均衡。而 2008 年生均普通教室面积、生均教学及辅助用房面积和生均建筑面积省际差异相对较小，变异系数分别为 0.21、0.23、0.25，即全国各省份在这 3 个办学条件指标上发展水平比较接近。

在初中阶段，生均危房面积和生均教学仪器设备值仍然是两个反映发展不均衡的指标，2008 年省际变异系数分别为 0.99 和 0.93。生均普通教室面积、生均教学及辅助用房面积和生均建筑面积 3 个指标的省际差异相对较小，2008 年变异系数分别为 0.23、0.27、0.28。然而，对比小学和初中两个阶段，小学危房面积的省际不均衡要比初中阶段严重。

三、省内县际办学条件不均衡

总体而言，本研究考察的学校办学条件在全国 31 个省份都存在着县际不均衡现象。

从各省份来看，辽宁、浙江、福建、广西等省份，在许多基本办学条件上存在着比较普遍的内部不均衡。例如，辽宁的办学条件变异系数反映出，其在小学阶段的生均学校占地面积、生均学校建筑面积、生均教学及辅助用房面积、生均生活用房面积、生均普通教室面积、生均图书室面积、生均计算机教室面积、生均食堂面积、生均厕所面积、生均仪器设备值等大部分办学条件上的省内县际差异相对较大。此外，数据显示，浙江在小学阶段的生均学校占地面积、生均教学及辅助用房面积、生均生活用房面积、生均普通教室面积、生均图书室面积、生均计算机教室面积等方面存在着较大的省内县际不均衡现象。

第八章　农村义务教育阶段学校办学条件
对学生的影响

如第二章的文献综述所述，在国内外学者通过教育生产函数进行教育投入产出的研究中，学校投入对学生的影响是一个重要方面，主要采用回归的方法考查学生学业成就与师生比、教师特征、生均经费、仪器设备和学校管理等因素之间的关系，其中和仪器设备相关的因素就属于本研究所界定的办学条件的内容。

在哈努谢克对美国1988年以前的187项教育生产函数的独立研究的总结中，有74项与设备有关的研究，其中有12项对学生学业成就存在统计意义上的显著影响，而这其中7项为正效应，5项为负效应。在他对发展中国家进行的96项学校教育生产函数的研究中，有34项涉及学校教育教学设备对学生学业成就的影响，其中22项支持了建筑物和图书馆质量的重要性假设，显著相关的比例高达74％，其余26％不存在显著相关。[①] 国内蒋鸣和利用全国328个县1990年的数据进行研究，得到小学校舍及设备等办学条件与教育质量和效益指标存在着极其显著的相关性，但相关程度要弱于教师因素，并且教学仪器设备比校舍的作用更大。[②] 胡咏梅的研究认为，在物力资源投入变量中，生均图书册数对小学生语文平均成绩有显著正向影响，对数学平均成绩影响不显著；生均教室面积对小学生数学平均成绩有一定程度的负向影响，但不具有统计

---

① 转引自胡咏梅. 学校资源配置与学生成绩关系——基于西部农村的实证分析. 北京：教育科学出版社，2010：69.

② 蒋鸣和. 教育成本分析. 北京：高等教育出版社，2000.

意义上的显著性。①

综上所述,关于学校层面硬件设施的办学条件对学生发展的影响存在着研究方法和研究变量选择的局限性,因变量基本上是学生的学科考试成绩,并利用不同的自变量进行回归,相应的结论也各有不同。但总体上看,办学条件对学生的影响是存在的,重要的是缺乏更为深入和系统的经验证据以及采用不同的方法对影响发生的内在机制的探究。

第一节　样本学校及其办学条件特征描述

一、样本选择

（一）数据来源

本章数据来源于世界银行贷款、英国政府赠款的"西部地区基础教育发展"项目影响力评价研究（简称"西发项目"）的调研数据。2008 年 10 月至 12 月,项目组在参与项目的甘肃、广西、宁夏、四川和云南等西部五省份的 15 个县进行了抽样调查。调查采取概率比例系统抽样的方法,分县、乡镇、学校、班级 4 级进行抽样。为保证样本采集的真实性,每级抽样都采用系统随机抽样方式抽取,五省共抽取165 所小学和 90 所初中。根据办学条件指标数据完整性原则,本部分从中选取小学 125 所,初中 87 所进行分析,如表 8-1 所示。

表 8-1　样本学校情况

小　学	数量（所）	百分比	中　学	数量（所）	百分比
村完全小学	79	63%	初中	57	65%
乡镇中心小学	36	29%	九年一贯制学校	19	22%
九年一贯制学校	10	8%	完全中学	11	13%
合　计	125	100%	合　计	87	100%

---

① 胡咏梅.学校资源配置与学生成绩关系——基于西部农村的实证分析.北京:教育科学出版社,2010.

本研究关注的是义务教育阶段普通学校，并且分小学和初中阶段进行分析，所以完全中学由于其初中学生和相应的办学条件难以剥离而被剔除，九年一贯制学校由于小学和初中办学条件不便于分离也被剔除。因此，本研究的小学包括村完全小学 79 所和乡镇中心小学 36 所，共计 115 所小学，57 所初中。"西发项目"采用分层抽样，在学校层面按班级抽取学生样本，对学生的家庭社会经济背景、态度、行为、考试成绩等基本信息进行了搜集。笔者根据学校代码筛选出本研究的学生样本，小学生共计 8255 人，初中生共计 6774 人，进而利用选出的样本探究办学条件和学生发展之间的关系。

（二）研究工具及指标体系

1. 调查问卷

"西发项目"对西部地区中小学抽样调查所运用的研究工具主要有校长问卷、教师问卷、学生问卷、家长问卷、教室观察表以及标准化能力测试等。其中校长问卷、学生问卷、语文能力测试题、数学能力测试题是和本研究目的与内容相关的研究工具。

2. 指标体系

办学条件指标。校长问卷涉及的办学条件内容包括"建筑用房""教学设施""校园环境"三大维度及各子项目（如表 8-2 所示）。因为"西发项目"一个主要的目标就是要通过对学校加大土木建设、计算机、图书、课桌椅、学生宿舍等方面的投入来改善学校办学条件，进而提高学校的办学质量。

表 8-2 "西发项目"农村中小学办学条件评估指标

学校办学条件	建筑用房	学校占地面积	
		校舍建筑面积	
		教室面积	
		行政办公用房面积	
		学生宿舍面积	
		危房面积	
	教学设施	图书	图书册数
			图书使用
		课桌椅套数	

续表

学校办学条件	教学设施	计算机	计算机台数
			计算机使用课时数/周
	校园环境	是否有热水供应	
		是否有自来水供应	
		是否有围墙	
		是否有防火安全设施	
		是否有应急照明设施	

学生发展指标。发展是一个持续的过程，但也具有阶段性。本研究用语文和数学标准化测试成绩作为观测指标来衡量学生的发展程度，同时还利用了学生适应性、问题行为等过程性发展指标来考察办学条件对学生的影响。语文测验主要是考查学生理解、运用及反思文章内容的能力发展程度，数学测验的目的在于了解学生在实际生活中的推理、判断和运用知识的能力发展程度。

二、样本学校办学条件特征

（一）学校建筑

1. 小学阶段

样本小学学校建筑涉及学校占地面积和校舍建筑面积。如表 8-3 所示，样本小学校均占地面积为 5578 多平方米，最小校园占地面积为 400 平方米，最大校园占地面积约为 25000 平方米；校均校舍建筑面积为 1610 多平方米，最大校舍建筑面积为 8130 多平方米，最小校舍建筑面积为 67 平方米；校均教室面积为 790 多平方米，最大教室面积为 4602 多平方米，最小教室面积为 50 平方米；校均行政办公用房面积为 100 多平方米，最大行政办公用房面积为 1260 平方米，最小行政办公用房面积为 0 平方米；校均危房面积为 220 多平方米，最大危房面积大为 1830 多平方米，最小危房面积为 0 平方米。

每个样本学校因规模不同而拥有不同的学生数量，根据每个样本学校各自的建筑面积情况和学生数量所得到的样本学校各建筑指标的生均值如表 8-3 所示。

在学校占地面积上，样本学校生均值的均值为 19.77 平方米，最大生均占地面积为 84.82 平方米，最小生均占地面积为 2.37 平方米；生均校舍建筑面积均值为 5.09 平方米，最大生均校舍建筑面积为 20 平方米，最小生均校舍建筑面积仅为 0.45 平方米；生均教室面积均值为 2.55 平方米，最大生均教室面积为 8.68 平方米，最小生均教室面积仅为 0.12 平方米；生均行政办公用房面积均值为 0.44 平方米，最大生均行政办公用房面积为 3.59 平方米，最小生均行政办公用房面积为 0 平方米；生均危房面积均值为 0.67 平方米，最大生均危房面积为 5.84 平方米，最小生均危房面积为 0 平方米。

表 8-3 样本小学学校建筑指标统计描述

	样本（所）	统计量	最小值（m²）	最大值（m²）	均值（m²）	标准差
学校占地面积	115	总量	400.00	24997.00	5578.13	4887.38
		生均	2.37	84.82	19.77	17.21
校舍建筑面积	115	总量	67.00	8133.00	1619.69	1448.68
		生均	0.45	20.00	5.09	3.18
教室面积	115	总量	50.00	4602.65	790.60	705.09
		生均	0.12	8.68	2.55	1.48
行政办公用房面积	115	总量	0.00	1260.00	100.24	150.78
		生均	0.00	3.59	0.44	0.66
危房面积	90	总量	0.00	1838.00	222.17	377.90
		生均	0.00	5.84	0.67	1.08

2. 初中阶段

如表 8-4 所示，样本学校占地面积均值为 27530 多平方米，最小占地面积为 4000 平方米，最大占地面积为 70400 平方米；样本学校校舍建筑面积均值为 9574 多平方米，最小建筑面积为 268 平方米，最大建筑面积为 86650 平方米；校本学校教室面积均值为 2660 多平方米，最小教室面积为 190 平方米，最大教室面积为 8630 平方米；行政办公用房在有效样本范围内的均值为 280 多平方米，最小行政办公用房面积为 0 平方米，最大行政办公用房面积为 2140 多平方米；有效样本范围内的样本学校危房面积均值为 950 多平方米，最大危房面积为 5810 平方米，最小危房面积为 0 平方米。

同小学一样，每个样本初中因规模不同而拥有不同的学生数量，根据每个样本学校各自的建筑面积情况和学生数量得到样本学校各建筑指标的生均值。

在占地面积上，样本初中的生均值的均值为 25.58 平方米，生均占地面积最小的学校为 4.27 平方米，最大的生均占地面积为 73.61 平方米；样本初中生均校舍建筑面积的均值仅为 8.32 平方米，最小生均校舍建筑面积为 0.78 平方米；校本初中生均教室面积的均值为 2.30 平方米，最小生均教室面积为 0.21 平方米；有效样本范围内的生均行政办公用房均值为 0.30 平方米，最小生均值为 0 平方米；有效样本范围内的生均危房面积的均值为 0.94 平方米，最小生均值为 0 平方米。

表 8-4 样本初中学校建筑指标统计描述

	样本（所）	统计量	最小值（m²）	最大值（m²）	均值（m²）	标准差
学校占地面积	57	总量	4000.00	70400.00	27530.35	15455.60
		生均	4.27	73.61	25.58	14.83
校舍建筑面积	57	总量	268.00	86650.00	9574.69	11230.70
		生均	0.78	41.84	8.32	6.72
教室面积	57	总量	190.00	8630.00	2661.46	1766.15
		生均	0.21	7.26	2.30	1.38
行政办公用房面积	56	总量	0.00	2140.00	281.21	352.28
		生均	0.00	2.06	0.30	0.39
危房面积	47	总量	0.00	5810.00	955.53	1322.32
		生均	0.00	5.93	0.94	1.32

以上学校建筑各指标的校均和生均值及其分布反映出如下特点。

第一，西部地区中小学校建筑状况存在着明显的中小学阶段差异和校际差异，平均意义上的小学生均建筑面积及相应的生均危房面积要低于初中，而生均教室面积略高于相应的初中生均值；第二，学校占地面积普遍较大，但校舍建筑比较缺乏，部分学校的基本的教室和行政办公用房还非常紧张；第三，危房存量较大且在不同的学校呈不同数量分布。

（二）学校教学设施

本部分教学仪器设备以计算机和图书为分析指标。计算机包括样本层面的总台数、校均和生均台数及其使用率（用于教学的计算机台数占学校总台数的比例），图书包括学校总册数及各校的生均册数以及学生的图书使用率（学生所借出的图书册数占图书总册数的比例）。

1. 小学阶段

如表 8-5 所示，小学阶段学校计算机校均约为 6 台，最多为 71 台，最少为 0 台。在生均层面，各校生均计算机台数的平均水平为每 100 名学生拥有 2 台，最多的为每 100 名学生拥有 16 台，但计算机使用率平均水平较高。学校藏书册数均值约为 3274 册，最多为 77181 册，最少为 0 册。各校生均藏书册数的均值为 9 册，最大值约为 82 册，最小值为 0 册，学生图书使用率均值为 16%。

表 8-5　样本小学教学设施指标统计描述

	样本（所）	最小值	最大值	均值	标准差
计算机总台数（台）	111	0.00	71.00	6.40	11.94
生均计算机台数（台）	111	0.00	0.16	0.02	0.03
计算机使用率	90	0%	100%	73%	0.37
学校藏书册数（册）	113	0.00	77181.00	3274.47	7633.71
生均图书册数（册）	115	0.00	81.63	9.00	10.91
学生图书使用率	95	0%	100%	16%	0.19

2. 初中阶段

如表 8-6 所示，初中计算机校均约为 51 台，最少为 24 台，最多为 170 台。各校生均计算机台数的均值为每 100 名学生拥有 5 台，最多每 100 名学生拥有 14 台，最少每 100 名学生拥有 1 台。计算机使用率校均值为 87%，最低为 39%。图书总册数校均值约为 15360 册，最少为 1000 册，最多为 34800 册。生均图书均值约为 14 册，最少约为 0.5 册，最多约为 39 册，学生图书平均使用率为 9%。

表 8-6　样本初中教学设施指标统计描述

	样本（所）	最小值	最大值	均值	标准差
计算机总台数（台）	57	24.00	170.00	50.84	30.74
生均计算机台数（台）	57	0.01	0.14	0.05	0.03
计算机使用率	51	39%	100%	87%	0.11
学校藏书册数（册）	57	1000.00	34800.00	15359.89	9348.10
生均藏书册数（册）	57	0.48	39.03	14.24	9.05
学生图书使用率	50	0%	80%	9%	0.13

从上述内容可以看出，西部地区农村中小学以计算机和图书为指标的教学设施校均总量和生均拥有量也存在着中小学阶段性差异和校际差异，绝对数量较少且初中整体上好于小学。有的学校每 100 名学才拥有 1 台计算机，有的学校达到生均 1 台，但小学和初中计算机投入教学使用的比例整体较高。有的学校每两名学生拥有 1 册图书，有的学校生均拥有近 40 册图书，小学和初中学生的图书使用率总体较低。

（三）学校校园环境设施

本研究所定义的校园环境设施包括供水方式、厕所类型、校园围墙、热水供给、防火器材、应急照明，这些是维持学校运转和确保师生安全的基本条件。

1. 小学阶段

如表 8-7 所示，60% 多的学校使用自来水，但还有近 30% 的学校使用水窖和其他水源，有近 50% 的学校能够提供热水，建有水厕的学校比例不到 20%，仍有近 20% 的学校没有校园围墙，近 61% 的学校有防火器材，但应急照明设备装备不到 50%。

表 8-7　小学阶段样本学校校园生活环境设施统计描述

			频次	百分比%	有效百分比%	累计百分比%
供水方式	有效样本	校内自来水	73	52.1	55.7	55.7
		校外自来水	17	12.1	13.0	68.7
		水窖	28	20.0	21.4	90.1
		其他	13	9.3	9.9	100.0
		合计	131	93.6	100.0	
	缺失		9	6.4		
	总计		140	100.0		
厕所类型	有效样本	水厕	26	18.6	19.1	19.1
		旱厕	110	78.6	80.9	100.0
		合计	136	97.1	100.0	
	缺失		4	2.9		
	总计		140	100.0		
校园围墙	有效样本	没有	22	15.7	16.2	16.2
		有	114	81.4	83.8	100.0
		合计	136	97.1	100.0	
	缺失		4	2.9		
	总计		140	100.0		
热水供给	有效样本	没有	78	55.7	57.8	57.8
		有	57	40.7	42.2	100.0
		合计	135	96.4	100.0	
	缺失		5	3.6		
	总计		140	100.0		
防火器材	有效样本	没有	47	33.6	38.8	38.8
		有	74	52.9	61.2	100.0
		合计	121	86.4	100.0	
	缺失		19	13.6		
	总计		140	100.0		

			频次	百分比%	有效百分比%	累计百分比%
应急照明	有效样本	没有	63	45.0	54.3	54.3
		有	53	37.9	45.7	100.0
		合计	116	82.9	100.0	
	缺失		24	17.1		
	总计		140	100.0		

2. 初中阶段

如表 8-8 所示，初中阶段学校在供水方式上使用自来水的约占90%，但约有 7% 的学校仍使用水窖；约 37% 的学校使用水厕，约63% 的学校仍使用旱厕；约 95% 的学校有校园围墙，约 5% 的没有；约 68% 的学校供给热水，约 32% 的学校不能供给热水；约 83% 的学校有防火器材，还有约 17% 的学校没有；约 74% 的学校安装有应急照明设备，约 26% 的学校没有。

表 8-8 初中阶段样本学校校园生活环境设施统计描述

			频次	百分比%	有效百分比%	累计百分比%
供水方式	有效样本	校内自来水	39	68.4	69.6	69.6
		校外自来水	11	19.3	19.6	89.3
		水窖	4	7.0	7.1	96.4
		其他	2	3.5	3.6	100.0
		合计	56	98.2	100.0	
	缺失		1	1.8		
	总计		57	100.0		
厕所类型	有效样本	水厕	21	36.8	36.8	36.8
		旱厕	36	63.2	63.2	100.0
		合计	57	100.0	100.0	
校园围墙	有效样本	没有	3	5.3	5.3	5.3
		有	54	94.7	94.7	100.0
		合计	57	100.0	100.0	

续表

热水 供给	有效样本	没有	18	31.6	31.6	31.6
		有	39	68.4	68.4	100.0
		合计	57	100.0	100.0	
防火 器材	有效样本	没有	9	15.8	17.0	17.0
		有	44	77.2	83.0	100.0
		合计	53	93.0	100.0	
	缺失		4	7.0		
	总计		57	100.0		
应急 照明	有效样本	没有	14	24.6	25.9	25.9
		有	40	70.2	74.1	100.0
		合计	54	94.7	100.0	
	缺失		3	5.3		
	总计		57	100.0		

从校园围墙和供水方式等校园环境的办学条件来看，农村初中办学条件总体上要优于小学，同时也存在着明显的校际差异。在上述指标的比例上，农村初中要好于相应的小学。从总体上看，中小学都存在着校际的不均衡现象，有的学校仍然采用水窖供水和其他简陋的供水方式，大多数学校的厕所仍然是旱厕，少部分学校没有防火器材和应急照明等安全设施，少部分学校没有校园围墙。

第二节　不同办学条件学校学生学业成就差异

一、办学条件分类

（一）办学条件公因子提取

基于上述办学条件指标体系以及办学条件特征，在参照所得的有效数据的前提下，笔者利用生均图书册数、生均计算机台数、生均占地面积、生均建筑面积、生均教室面积、生均行政办公用房面积6个指标变量进行因子分析，得到一个"办学条件"公因子。

　　在因子分析之前要进行 KMO 测度和 Bartlett 球形检验，如果 KMO 值越大，变量间共同因子越多，就越适合进行因子分析，反之则不适合进行因子分析。根据凯泽（Kaiser）的判别依据，如果 KMO 值大于 0.7 则适合进行因子分析。如表 8-9 所示，小学办学条件因子分析 KMO 值为 0.715（0.715＞0.7），初中办学条件因子分析 KMO 值为 0.755（0.755＞0.7），而且都在 0.001 的水平上通过 Bartlett 球形检验。

表 8-9　KMO 测度和 Bartlett 球形检验

		小学	初中
抽样频次的 KMO 测度		0.715	0.755
Bartlett 球形检验	近似卡方	171.200	96.310
	自由度	10	15
	显著性水平	0.000	0.000

　　小学阶段利用生均图书册数、生均占地面积、生均建筑面积、生均教室面积、生均行政办公用房面积 5 个因素得到办学条件公因子，如表 8-10 所示，其特征值为 2.645（2.645＞1），占总方差的解释比例为 52.904%。

表 8-10　样本小学办学条件因子分析

因子序号	初始特征值			未经旋转提取因子的载荷平方和		
	总计	总方差解释比例	累计百分比	总计	总方差解释比例	累计百分比
1	2.645	52.904	52.904	2.645	52.904	52.904
2	0.993	19.855	72.759			
3	0.589	11.786	84.545			
4	0.466	9.316	93.861			
5	0.307	6.139	100.000			

萃取方法：主成分分析

初中阶段利用生均图书册数、生均计算机台数、生均占地面积、生均建筑面积、生均教室面积、生均行政办公用房面积 6 个因素得到办学条件公因子，如表 8-11 所示，其特征值为 3.034（3.034＞1），占总方差的解释比例为 50.571%。

表 8-11　样本初中办学条件因子分析

因子序号	初始特征值			未经旋转提取因子的载荷平方和		
	总计	总方差解释比例	累计百分比	总计	总方差解释比例	累计百分比
1	3.034	50.571	50.571	3.034	50.571	50.571
2	0.926	15.430	66.001			
3	0.700	11.667	77.668			
4	0.578	9.626	87.294			
5	0.461	7.678	94.973			
6	0.302	5.027	100.000			

萃取方法：主成分分析

在进行因子分析后，需要对问卷（量表）的信度进行检验。所谓信度是指问卷（量表）的可靠性或稳定性程度，经常用到的信度检验方法为克龙巴赫（Cronbach）所创的 α 系数，其公式为：

$$\alpha = \frac{K}{K-1}\left(1 - \frac{\Sigma S_i^2}{S^2}\right)$$

其中，K 为问卷（量表）所包含的题数；ΣS_i^2 为题项的方差总和；S^2 为题项加总后方差；α 系数值介于 0 和 1 之间。学者农纳利（Nunnally）认为 α 系数值等于 0.70 是一个较低但可以接受的量表边界值；学者德维利斯（DeVellis）认为在 0.60 和 0.65 之间的 α 值最好不要，α 值介于 0.65 和 0.70 之间是最小可接受值，介于 0.70 和 0.80 之间相当好，介于 0.80 和 0.90 之间非常好。在单位相同情况下，题项非标准化的 α 系数与标准化 α 系数的差异不大。但在本研究中，由于题项变量的测量单位不相同，所以采用标准化的 α 系数进行判别。

如下表 8-12 所示，对有关题项进行信度检验得到的标准化 α 值如下表所示，小学为 0.803，初中为 0.720，均具有好的信度。

表 8-12 信度统计量

	Cronbach's α 值	标准化项目的 Cronbach's α 值	项目数
小学	0.539	0.803	6
初中	0.420	0.720	6

（二）办学条件得分与分类

1. 小学阶段

通过对样本学校进行因子分析，得到在办学条件公因子得分中有 23 所学校由于缺失数据没有得分，此外还有两个异常值，因而在进行分类之前将无效数据予以剔除剩下有效样本 115 个。采用 K 均值法以办学条件得分为变量，以学校名称为分类标示得到办学条件"较好"和"较差"的两类学校，"较好"和"较差"的样本学校数量分别为 19 所和 96 所。结合因子分析并按照办学条件得分进行排序的有效样本学校如表 8-13 所示。

表 8-13 样本小学办学条件得分和排序

学校名称	得分	排序	学校名称	得分	排序	学校名称	得分	排序
JHMW 希望小学	3.10	1	WZNZ 完全小学	0.05	39	PLZFERYC 小学	−0.58	77
DFC 中心小学	2.88	2	PHC 中心小学	0.01	40	HNHXYC 小学	−0.59	78
YJZ 小学	2.16	3	HJZSH 小学	−0.01	41	CG 中心小学	−0.61	79
FXXKM 小学	2.03	4	HNHZLMD 小学	−0.01	42	MTZLY 小学	−0.61	80
GJ 小学	2.00	5	QERZ 小学	−0.04	43	WDXTG 小学	−0.62	81
FSZCLC 小学	1.97	6	SLZTC 小学	−0.07	44	XCC 中心小学	−0.62	82
ZJM 希望小学	1.67	7	JK 中心小学	−0.07	45	GLXSB 小学	−0.64	83
YCZLMZ 小学	1.58	8	LYXSCZZH 小学	−0.07	46	BGW 中心小学	−0.66	84
FSZDJ 小学	1.38	9	WDXHT 小学	−0.07	47	GNXCQ 第三小学	−0.66	85
HJZFL 小学	1.35	10	XJX 中心小学	−0.08	48	BCZXH 小学	−0.67	86
TTXDX 小学	1.34	11	GM 完全小学	−0.09	49	HLJZX 中心小学	−0.67	87

续表

学校名称	得分	排序	学校名称	得分	排序	学校名称	得分	排序
WJXCH 小学	0.92	12	MC 完全小学	−0.12	50	MTZLD 小学	−0.68	88
ZJG 小学	0.90	13	TTX 中心小学	−0.13	51	HNHZSH 小学	−0.70	89
HJZQJ 小学	0.86	14	JJXJJ 中心小学	−0.14	52	SBZWHC 小学	−0.70	90
WJXLNG 小学	0.80	15	YZXLHC 中心小学	−0.17	53	YX 小学	−0.72	91
WRZMS 小学	0.78	16	AMX 中心小学	−0.19	54	SGXQT 完全小学	−0.74	92
GLXGWZGW 小学	0.73	17	LLZDHSY 学校	−0.20	55	SZC 小学	−0.76	93
GLZSF 小学	0.62	18	LLZ 中心小学	−0.23	56	LQZ 小学	−0.76	94
FSZ 中心小学	0.58	19	SLYZX 中心小学	−0.24	57	NSZWMXZ 小学	−0.77	95
CJXXC 小学	0.50	20	LZXPLC 中心小学	−0.25	58	SBZWX 小学	−0.79	96
HCXCHXDH 小学	0.50	21	HXZXHW 小学	−0.25	59	TXXWZ 中心小学	−0.80	97
WJXLGC 小学	0.43	22	AMXDF 小学	−0.28	60	SSYL 小学	−0.82	98
SLXNFC 中心小学	0.41	23	JYZYLC 中心小学	−0.32	61	SN 小学	−0.83	99
HCXWJ 小学	0.39	24	TXXSSZHA 完全小学	−0.32	62	GMZNMS 小学	−0.85	100
WDXAH 小学	0.38	25	FXXFX 中心小学	−0.34	63	HSZFW 小学	−0.86	101
GMZMDZ 小学	0.28	26	HTJ 小学	−0.35	64	SGXJJ 完全小学	−0.87	102
XJXFY 中心小学	0.25	27	FYHNH 小学	−0.35	65	SY 完全小学	−0.88	103
YLXLC 希望小学	0.24	28	DSXZC 完全小学	−0.36	66	XC 小学	−0.90	104
YLXYT 小学	0.21	29	XMG 中心小学	−0.40	67	WMLXHPJ 完全小学	−0.91	105
GLXBF 小学	0.19	30	LQZCJ 小学	−0.41	68	SZ 小学	−0.91	106
FXXLJ 小学	0.18	31	GNXCQ 第一小学	−0.42	69	SBZGL 小学	−0.92	107
YK 中心完全小学	0.16	32	HL 小学	−0.42	70	QY 小学	−0.92	108
XJDF 小学	0.11	33	SCZBMC 中心小学	−0.43	71	ZJWLB 希望小学	−0.93	109
MZX 中心小学	0.11	34	WMLX 中心完全小学	−0.44	72	GWZHL 小学	−1.00	110
LLZLTC 中心小学	0.11	35	BMZBD 中心学校	−0.46	73	SGXBM 小学	−1.04	111
YLXLZ 小学	0.09	36	CJXGC 完全小学	−0.51	74	AD 小学	−1.04	112
PSC 中心小学	0.09	37	HNHZPKY 小学	−0.51	75	AMXLH 小学	−1.06	113
XJXCJ 小学	0.06	38	PPXCRT 小学	−0.57	76	AMXYL 小学	−1.16	114
						XMTXQT 完全小学	−1.17	115

2. 初中阶段

通过因子分析，得到样本初中办学条件公因子得分并对其进行排列，得到如表 8-14 所示的 56 所学校（剔除 1 个异常值学校）办学条件由好到差的总体情况。

表 8-14 样本初中办学条件得分与排序

学校名称	办学条件得分	排序	学校名称	办学条件得分	排序
YYX 初级中学	3.05	1	NPZ 初级中学	−0.25	29
DJZ 初级中学	2.91	2	LYSZ 初级中学	−0.32	30
XDZ 初级中学	1.84	3	HL 初级中学	−0.34	31
SZS 第十六初级中学	1.77	4	JYZ 初级中学	−0.37	32
YC 初级中学	1.64	5	TXWZ 初级中学	−0.37	33
HN 初级中学	1.48	6	HLYM 初级中学	−0.39	34
LF 第四中学	1.04	7	LC 中心学校	−0.40	35
XMG 初级中学	0.84	8	GLTP 初级中学	−0.46	36
SZ 初级中学	0.83	9	GLYL 初级中学	−0.53	37
CH 初级中学	0.80	10	LYJJ 初级中学	−0.60	38
TTX 初级中学	0.79	11	PLSZ 初级中学	−0.62	39
NG 初级中学	0.64	12	HCRY 初级中学	−0.65	40
SY 初级中学	0.63	13	LYPM 初级中学	−0.72	41
JJZ 初级中学	0.62	14	HLTA 初级中学	−0.77	42
BQX 初级中学	0.61	15	LYWD 初级中学	−0.78	43
QHT 初级中学	0.50	16	BQSB 初级中学	−0.80	44
FSZ 初级中学	0.49	17	BCMJ 初级中学	−0.81	45
CAZ 第一中学	0.43	18	WZL 第三初级中学	−0.84	46
HN 初级中学	0.35	19	DHZ 第一中学	−0.86	47
GW 初级中学	0.31	20	LS 初级中学	−0.94	48
CG 初级中学	0.13	21	HNH 初级中学	−1.00	49
RAX 初级中学	0.10	22	YW 初级中学	−1.10	50
DKX 初级中学	0.02	23	ELZFT 初级中学	−1.11	51

学校名称	办学条件得分	排序	学校名称	办学条件得分	排序
BM 初级中学	0.00	24	ZY 初级中学	−1.12	52
LC 初级中学	−0.02	25	HY 初级中学	−1.15	53
ML 初级中学	−0.06	26	GLSB 初级中学	−1.18	54
LLZ 初级中学	−0.17	27	YL 初级中学	−1.31	55
LZYZX 初级中学	−0.22	28	XL 初级中学	−1.60	56

对办学条件公因子按照个案进行聚类，利用 K 均值聚类分析法以"办学条件得分"为变量，以学校名称为"个案标记依据"，将 57 所学校按照办学条件得分划分为"较好"和"较差"的两类，剔除一个异常值样本，得到"较好"和"较差"两类学校，"较好"和"较差"的样本数分别为 20 所和 36 所。

二、基于办学条件分类的学业成绩 t 检验

（一）小学阶段

就数学标准分均值而言，办学条件较好的学校数为 19 所，如表 8-15 所示，其数学标准分均值的平均数为 52.630，标准差为 9.429，平均数的标准误为 2.163；办学条件较差的学校数为 96 所，其数学标准分均值的平均数为 55.530，标准差为 14.734，平均数的标准误为 1.504。就语文标准分均值看，办学条件较好的学校平均数为 69.640，标准差为 10.407，平均数的标准误为 2.388；办学条件较差学校语文标准分均值的平均数为 68.700，标准差为 12.905，平均数的标准误为 1.317。

表 8-15　样本小学办学条件组别和成绩统计量

办学条件分类		样本个数	平均数	标准差	平均数的标准误
数学标准分均值	较好	19	52.630	9.429	2.163
	较差	96	55.530	14.734	1.504
语文标准分均值	较好	19	69.640	10.407	2.388
	较差	96	68.700	12.905	1.317

如表 8-15 所示，办学条件较好的学校的数学标准分均值的平均数（$M=52.630$）比办学条件较差的学校（$M=55.530$）低。办学条件较好学校的语文标准分均值的平均数（$M=69.640$）高于办学条件较差的学校（$M=68.700$）。SPSS 在进行 t 检验之前会通过 Levene 检验（Levene 方差齐性检验）对两个组的离散状态的相似性进行检验，当两个群体的方差相同时，则表示两个组具有方差同质性，如果有显著性差异，则采用柯克兰（Cochran）和柯克斯（Cox）所发展的 t 检验法。如表 8-16 所示，在数学标准分均值上，方差相等的 Levene 检验的 F 值达到显著水平（$F=8.789$，$p=0.004<0.05$），这就意味两组样本方差不相同，则查看"不假设方差相等"的平均数 t 检验相关数值，t 值为 -1.100，自由度为 37.926，$p=0.278>0.05$，平均差异为 -2.897，不具有统计意义上的显著性，包括 0 的 95% 的置信区间也接受这一零假设。在语文标准分均值上，方差相等的 Levene 检验的 F 值未达到显著水平（$F=2.146$，$p=0.146>0.05$），这表示两组样本方差齐性，则查看"假设方差相等"的平均数 t 检验相关数值，t 值为 0.294，自由度为 113，$p=0.769>0.05$，平均差异为 0.926，不具有统计意义上的显著性，包括 0 的 95% 的置信区间也接受这一零假设。

总的来看，独立样本 t 检验显示，小学阶段办学条件较好和较差学校的学生在数学和语文标准化考试上没有显著差异。

表 8-16　样本小学办学条件和标准化成绩独立样本 t 检验

		方差相等的 Levene 检验		平均数相等的 t 检验						
		F 检验	显著性	t 值	自由度	显著性（双尾）	平均差异	标准误差异	差异的 95% 置信区间	
									下限	上限
数学标准分均值	假设方差相等	8.789	0.004	-0.823	113	0.412	-2.897	3.521	-9.874	4.079
	不假设方差相等			-1.100	37.926	0.278	-2.897	2.634	-8.231	2.436

续表

		方差相等的 Levene 检验		平均数相等的 t 检验						
		F 检验	显著性	t 值	自由度	显著性（双尾）	平均差异	标准误差异	差异的 95% 置信区间	
									下限	上限
语文标准分均值	假设方差相等	2.146	0.146	0.294	113	0.769	0.926	3.149	−5.312	7.164
	不假设方差相等			0.340	30.095	0.737	0.926	2.727	−4.642	6.494

（二）初中阶段

就数学标准分均值而言，办学条件较好的学校为 20 所，其数学标准分均值的平均数为 71.290，标准差为 7.461，平均数的标准误为 1.668；办学条件较差的学校数为 36 所，其数学标准分均值的平均数为 69.050，标准差为 9.292，平均数的标准误为 1.549。从语文标准分均值来看，办学条件较好的学校平均数为 47.830，标准差为 4.298，平均数的标准误为 0.961；办学条件较差学校的语文标准分均值的平均数为 46.800，标准差为 7.722，平均数的标准误为 1.287。

表 8-17　样本初中办学条件组别和成绩统计量

办学条件分类		样本个数	平均数	标准差	平均数的标准误
数学标准分均值	较好	20	71.290	7.461	1.668
	较差	36	69.050	9.292	1.549
语文标准分均值	较好	20	47.830	4.298	0.961
	较差	36	46.800	7.722	1.287

如表 8-17 所示，办学条件较好的学校在数学标准分均值的平均数（$M=71.290$）和语文标准分均值的平均数（$M=47.830$）都要高于办学条件较差的学校（数学 $M=69.050$，语文 $M=46.800$）。SPSS 在进

行 t 检验之前会通过 Levene 检验对两个组的离散状态的相似性进行检验，当两个群体的方差相同时，则表示两个组具有方差同质性，如果有显著性差异，则采用柯克兰和柯克斯所发展的 t 检验法。如表 8-18 所示，在数学标准分均值上，方差相等的 Levene 检验的 F 值未达到显著水平（$F=2.667$，$p=0.108>0.05$），意味着两组样本方差相同，则查看"假设方差相等"的平均数 t 检验相关数值，t 值为 0.922，自由度为 54，$p=0.361>0.05$，平均差异为 2.235，不具有统计意义上的显著性，包括 0 的 95％ 的置信区间也接受这一零假设。在语文标准分均值上，方差相等的 Levene 检验的 F 值达到显著水平，表示两组样本方差不同，则查看"不假设方差相等"的平均数 t 检验相关数值，t 值为 0.637，自由度为 53.991，$p=0.527>0.05$，平均差异为 1.024，不具有统计意义上的显著性，包括 0 的 95％ 的置信区间也接受这一零假设。

总的来看，独立样本 t 检验显示，办学条件较好和较差学校的学生在数学和语文标准化考试上没有显著差异。

表 8-18　样本初中办学条件和标准化成绩独立样本 t 检验

		方差相等的 Levene 检验		平均数相等的 t 检验						
		F 检验	显著性	t 值	自由度	显著性（双尾）	平均差异	标准误差异	差异的 95％ 置信区间	
									下限	上限
数学标准分均值	假设方差相等	2.667	0.108	0.922	54	0.361	2.235	2.424	−2.625	7.095
	不假设方差相等			0.982	46.932	0.331	2.235	2.276	−2.345	6.815
语文标准分均值	假设方差相等	6.767	0.012	0.546	54	0.587	1.024	1.874	−2.732	4.781
	不假设方差相等			0.637	53.991	0.527	1.024	1.606	−2.196	4.244

为了更为全面考察学校办学条件和学生标准化测试结果之间的关

系，笔者进一步对校园环境维度下供水方式、厕所类型、是否供应热水、是否有防火器材和应急照明安全设施各分类指标同标准化测试得分的关系进行检验，结果显示在小学和初中阶段，学生的语文和数学标准化测试得分均没有统计意义上的显著差异。也就是说，学生语文和数学的标准化测试成绩和校园环境没有直接的关系。

第三节　办学条件对学生学业成就和行为的影响机制

如上一节内容所述，在学校层面，在办学条件较好和较差的两类学校中，农村小学和初中阶段学生语文和数学标准化测试的分数都没有统计意义上的显著差异，那么，在学生个体层面，办学条件对学生有什么样的影响？办学条件是否会通过其他因素对学生产生间接的影响呢？因此，接下来的内容将通过传统的线性回归和结构方程模式的路径分析探寻办学条件对学生学业成就和行为的影响机制。

一、学业成就影响因素的线性回归

在探究校园环境、学校建筑用房面积、教室采光照明、学生的学校满意度和问题行为对学生学业成就的影响时，本研究应用强迫进入变量法，分别对小学阶段和初中阶段学生进行解释性回归分析。

（一）小学阶段

如表 8-19 所示，5 个解释变量与学生标准化考试语文成绩的多元相关系数为 0.271，决定系数 R 平方为 0.074，调整后的 R 平方为 0.073。由于应用的是强迫进入变量法，只有一个回归模型，所以 R 平方和 R 平方改变量相同，为 0.074，即 5 个变量一共可以解释校标变量小学生标准化语文成绩 7.4% 的变异量。对小学生标准化考试数学成绩的解释性回归模型 R 平方为 0.084，即 5 个变量一共可以解释校标变量数学成绩 8.4% 的变异量。

表 8-19　样本小学模型摘要

| 模型 | R | R 平方 | 调整后的 R 平方 | 估计的标准误 | 变更的统计量 | | | | | Durbin-Watson 检验 |
					R 平方改变量	F 改变量	分子自由度	分母自由度	显著性 F 改变	
1[b]	0.271[a]	0.074	0.073	20.257	0.074	64.370	5	4047	0.000	0.889
1[c]	0.289[a]	0.084	0.083	18.677	0.084	73.907	5	4047	0.000	1.013

a. 解释变量：（常数）校园环境，采光照明，建筑用房面积，学校满意度，问题行为

b. 校标变量：标准化考试语文成绩

c. 校标变量：标准化考试数学成绩

表 8-20 为回归模型系数及显著性检验，语文和数学回归模型中的 5 个变量的容忍度均大于 0.10，膨胀系数均小于 10，解释变量之间不存在多元共线性问题。

表 8-20　样本小学模型回归系数及显著性

| 模型 | | 未标准化系数 | | 标准化系数 | t | 显著性 | 共线性统计量 | |
		B 估计值	标准误	Beta 分布			容忍度	膨胀系数
语文	（常数）	17.636	2.927		6.026	0.000		
	学校满意度	3.916	0.543	0.114	7.210	0.000	0.915	1.093
	问题行为	5.448	0.406	0.212	13.418	0.000	0.913	1.095
	采光照明	1.090	1.232	0.013	0.885	0.376	0.989	1.011
	建筑用房面积	−0.279	0.102	−0.042	−2.747	0.006	0.997	1.003
	校园环境	−0.064	1.028	−0.001	−0.063	0.950	0.991	1.009
数学	（常数）	29.969	2.698		11.106	0.000		
	学校满意度	3.910	0.501	0.123	7.809	0.000	0.915	1.093
	问题行为	5.371	0.374	0.226	14.347	0.000	0.913	1.095
	采光照明	2.161	1.135	0.029	1.903	0.057	0.989	1.011
	建筑用房面积	−0.054	0.094	−0.009	−0.577	0.564	0.997	1.003
	校园环境	−0.564	0.948	−0.009	−0.595	0.552	0.991	1.009

由表 8-20 可知，学校满意度、问题行为、教室采光照明、建筑用房面积和校园环境对小学生标准化语文和数学成绩的变异解释比例较

小。从回归系数看，学校满意度、问题行为对标准化考试语文和数学成绩均有正向效应，建筑用房面积和校园环境对标准化考试语文和数学成绩有负向效应。学生的学校满意度、问题行为和建筑用房面积对学生语文标准化得分有统计意义上的显著影响，学校满意度和问题行为对数学标准化得分有统计意义上的显著影响。

（二）初中阶段

如表 8-21 所示，在标准化考试语文成绩回归模型中，5 个预测变量与语文成绩量的多元相关系数为 0.244，R 平方为 0.060，表明预测变量能够解释校标变量 6.0% 的变异。在标准化考试数学成绩回归模型中，5 个预测变量与数学成绩量的多元相关系数为 0.186，R 平方为 0.034，说明校标变量变异的 3.4% 能够由预测变量进行解释。

表 8-21　样本初中模型摘要

模型	R	R 平方	调整后的 R 平方	估计的标准误	变更的统计量					Durbin-Watson 检验
					R 平方该变量	F 改变	分子自由度	分母自由度	显著性 F 改变	
1[b]	0.244[a]	0.060	0.059	15.386	0.060	66.263	5	5234	0.000	1.456
1[c]	0.186[a]	0.034	0.033	18.965	0.034	37.315	5	5234	0.000	1.189

a. 解释变量：（常数）校园环境，采光照明，建筑用房面积，学校满意度，问题行为
b. 校标变量：标准化考试语文成绩
c. 校标变量：标准化考试数学成绩

表 8-22 所呈现的回归系数和显著性表明，在初中生语文和数学标准化考试成绩的回归模型中，5 个解释变量的容忍度均大于 0.10，膨胀系数均小于 10，变量之间不存在多元共线性问题。从回归系数看，建筑用房面积对学生的语文和数学标准化考试成绩有负效应，但不具有统计显著性；教室的采光照明对初中语文和数学成绩均有正效应，但都不具有统计显著性；学校满意度对语文和数学成绩有正效应，并且对语文成绩具有统计意义上的显著影响；问题行为和校园环境对初中生语文和数学成绩有显著的正效应。

表 8-22　样本初中回归系数及显著性

模型		未标准化系数		标准化系数	t	显著性	共线性统计量	
		B 估计值	标准误	Beta 分布			容忍度	膨胀系数
语文	（常数）	16.484	2.284		7.216	0.000		
	学校满意度	1.139	0.352	0.045	3.239	0.001	0.919	1.088
	问题行为	3.311	0.329	0.139	10.063	0.000	0.940	1.063
	采光照明	0.539	0.595	0.012	0.906	0.365	0.968	1.033
	建筑用房面积	−0.021	0.048	−0.006	−0.429	0.668	0.950	1.052
	校园环境	16.289	1.245	0.180	13.083	0.000	0.952	1.050
数学	（常数）	40.767	2.816		14.478	0.000		
	学校满意度	0.745	0.433	0.024	1.719	0.086	0.919	1.088
	问题行为	4.268	0.406	0.147	10.525	0.000	0.940	1.063
	采光照明	0.883	0.733	0.017	1.206	0.228	0.968	1.033
	建筑用房面积	−0.033	0.059	−0.008	−0.560	0.575	0.950	1.052
	校园环境	10.376	1.535	0.094	6.761	0.000	0.952	1.050

　　综上所述，在学生层面的多元回归分析模型中，学生的学校满意度、学生的问题行为、建筑用房面积、校园环境和教室的采光照明这些办学条件指标变量对学生标准化考试语文和数学成绩的变异的解释比例很小（小学语文 7.4％、小学数学 8.4％；初中语文 6.0％、初中数学 3.4％）。回归系数表明，在小学阶段，学校满意度和问题行为对学生的语文和数学考试成绩均有显著正向影响；在初中阶段，学校满意度和问题行为对学生语文成绩有显著的正向影响，校园环境和问题行为对数学成绩有显著影响。

二、办学条件与学生学业成就的路径关系

（一）路径分析简介

　　路径分析是一种将观察变量间的关系以模型化的方式进行分析的一种统计技术，在实际分析操作上，可以利用统计软件进行多次的多元回归分析，得到所有的路径系数并加以组合。然而，自从结构方程模型得到发展以来，路径分析可以轻易地在结构方程模型中加以模组与检验，因此路径分析逐渐改为以结构方程模型的方式来处理，称为

结构方程模型取向的路径分析，其主要特色是可以利用测量变量间的共变情形，同时估计模型当中所有的参数，并配合研究者所提出的特定假设模型或竞争模型，检验理论模型与观察数据的适切性，找出最佳的模型。

路径分析最初由赖特于 1921 年提出，直至 20 世纪 60 年代才广泛受到重视，是一种用以探讨多重变量之间因果结构模式的统计技术。路径分析不仅在心理学、教育学和社会学等领域有重要的地位，在商学研究或经济计量学上，也受到重视。例如在经济学领域，路径分析被称之为联立方程模型，很早就被提出来讨论。

（二）研究问题重述和模型设定

如文献综述部分所述，在已有学校办学条件对学生学业成就和行为影响的研究中，探讨影响发生机制的研究很少。经济学领域主流的研究只是将个别办学条件作为投入要素之一进行回归分析，探究其对学生学业成就的影响方向和程度。以凯西等人为代表的研究基于学校的物理空间全面而深入地分析、总结和归纳了学校办学条件，进而将办学条件拓展到以学校为单位的校园建筑设计、空间设置和地区层面的学校地理空间布局与规划，细微到了灯光的照度和室内空气的湿度和流通等方面。在上述研究中，办学条件对学生的影响是所有相关研究共同的核心关注点，也通过经验数据在一定程度上证实了这种影响的存在。但是这种影响所发生的内在机制并没有得到揭示。笔者认为，这种状况和整个研究所处的总体阶段有关系，可能更大程度上是因为研究方法的制约，从而使得已有研究没有推进到对这种机制探究的层面。

利用均值比较和回归分析等方法，本研究在学校和学生层面进行分析所得到的初步结论，也只是同已有的研究一样证实了办学条件和学生学业成就之间有关系。那么，办学条件对学生影响的机制问题就是本研究在此部分拟进行探究的问题。

1. 基本假设

以物理环境场域中人的发展理论为基础，在已有的研究理论模型（凯西等人）中，学校办学条件被假定能够直接影响教师的教学行为、学生对学校的认同、家长对学校的满意度，这些主观的态度进而会直接作用于学生的学习和校园生活态度与行为，继而影响学生的学业成就。这就是一种链式结构的间接影响机制，这种关系十分错综复杂。

因此，本研究认为学校的建筑用房面积、校园生活环境以及教室的采光照明等物理空间设施因素直接影响学生对学校的满意度并引起学生破坏设施等问题行为，而学生的学校满意度和问题行为又直接影响学生的学业成就。也就是说，研究假定学校办学条件通过学生的学校满意度和问题行为进行传导，间接影响学生的学业成就。

2. 模型设定

如图 8-1 所示，这是利用 AMOS 软件绘制的结构方程倾向的路径关系模型。建筑用房面积、校园环境和采光照明是可观测自变量，三者之间存在相关关系。学校满意度和问题行为是中间变量，同时也是因变量，学业成就是因变量。从图 8-1 可以看出，这是一个二中间变

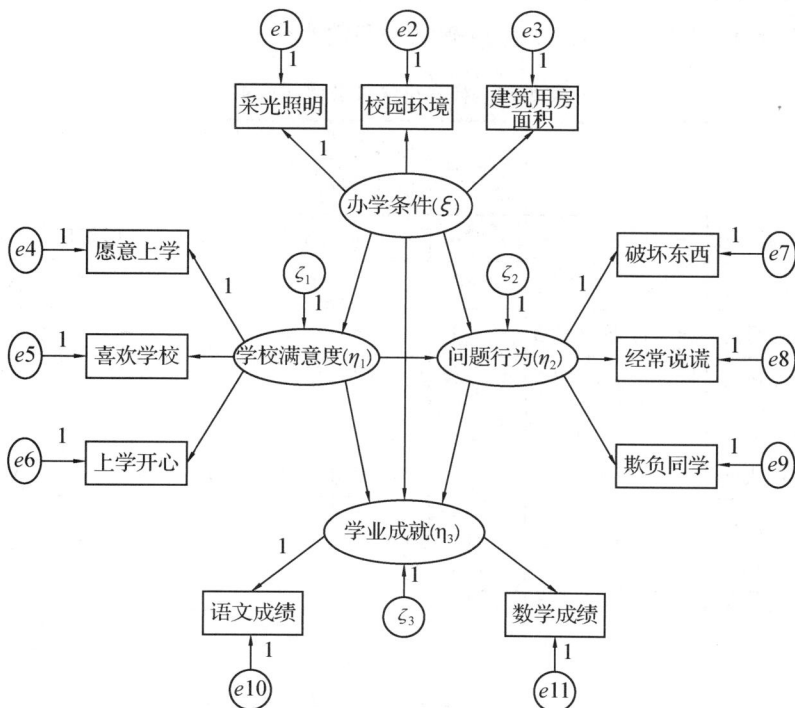

图 8-1　办学条件对学生学业成就直接与间接影响的结构路径

量的路径模型，而且是不可逆的递归模型。圆圈和其中的 $e1$，$e2$，$e3$，…，$e11$ 表示观测变量的干扰项，ξ 表示潜在自变量，η_1，η_2，η_3 表示潜在因变量，ζ_1，ζ_2，ζ_3 表示残余项。①

直接效应是某一变量对另一变量的影响，间接效应是某一变量通过中介变量对另一变量的影响。通常的原则是，如果直接效应大于间接效应，则表示中介变量不发挥作用，可以被忽略；如果直接效应小于间接效应，则表示中介变量具有影响力，该变量不可以被忽视。

（三）参数估计报表和结果讨论

1. 小学阶段

结构方程模型的结构和测量方程结果如表 8-23 所示，在表中前 6 行的 6 对潜变量的回归估计中，只有问题行为对学业成就的影响是显著的（$p<0.05$）。在其余的测量模型中，除校园环境和采光照明对办学条件的反映不具有统计显著性（$p>0.05$），其他观测变量都能够显著反映相应的问题行为、学校满意度和学业成就。

表 8-23　样本小学模型回归权重

			估计值	标准化估计值	标准误	C. R.	p 值	标签
学校满意度	←	办学条件	2.124	0.401	3.599	0.590	0.555	W8
问题行为	←	办学条件	6.007	0.341	10.462	0.574	0.566	W9
问题行为	←	学校满意度	0.291	0.088	0.371	0.784	0.433	W13
学业成就	←	办学条件	88.764	0.202	159.183	0.558	0.577	W10
学业成就	←	学校满意度	6.061	0.073	5.384	1.126	0.260	W11
学业成就	←	问题行为	6.390	0.257	1.461	4.373	＊＊＊	W12
建筑用房面积	←	办学条件	1.000	0.014				
校园环境	←	办学条件	0.583	0.079	0.949	0.614	0.539	W1

---

①　在结构方程模型中，通常用方框表示可观测变量，圆圈表示不可观测的潜变量。双箭头线条表示相关，单箭头线条表示因果。

续表

			估计值	标准化估计值	标准误	C. R.	p 值	标签
采光照明	←	办学条件	−1.540	−0.224	2.478	−0.621	0.534	W2
愿意上学	←	学校满意度	1.000	0.400				
喜欢学校	←	学校满意度	2.740	0.642	0.153	17.887	＊＊＊	W3
上学开心	←	学校满意度	2.260	0.453	0.114	19.853	＊＊＊	W4
破坏东西	←	问题行为	1.000	0.598				
经常说谎	←	问题行为	1.100	0.641	0.034	31.979	＊＊＊	W5
欺负同学	←	问题行为	1.010	0.588	0.032	31.914	＊＊＊	W6
数学成就	←	学业成就	1.000	0.834				
语文成就	←	学业成就	1.092	0.849	0.035	30.834	＊＊＊	W7

注：显著性概率值 p 如果小于 0.001 会呈现"＊＊＊"符号，下同。

综上所述，在小学阶段模型中，由潜变量构成的结构方程所反映的两两关系在回归权重上不具有统计显著性，也就是说，本研究所假设的学校办学条件通过学生学校满意度和学生问题行为这种过程性的学生发展特征性因素影响学生学业成就的内在机制在统计意义上不存在。尽管如此，那么办学条件对学生学业成就的直接和间接影响有多大呢？

如表 8-24 所示，办学条件对学生学业成就影响的标准化总效应为 0.328，其中直接效应为 0.202，间接效应为 0.126。根据直接效应大于间接效应的通常性判别原则，小学阶段办学条件对学生学业成就的间接效应可以忽略，即在小学阶段，学校办学条件通过学生学校满意度、问题行为影响学业成就的内在传导机制不存在。

表 8-24　样本小学办学条件对学生影响的标准化效应

		办学条件	学校满意度	问题行为	学业成就
总效应	学校满意度	0.401	0.000	0.000	0.000
	问题行为	0.376	0.088	0.000	0.000
	学业成就	0.328	0.096	0.257	0.000

续表

		办学条件	学校满意度	问题行为	学业成就
直接效应	学校满意度	0.401	0.000	0.000	0.000
	问题行为	0.341	0.088	0.000	0.000
	学业成就	0.202	0.073	0.257	0.000
间接效应	学校满意度	0.000	0.000	0.000	0.000
	问题行为	0.035	0.000	0.000	0.000
	学业成就	0.126	0.022	0.000	0.000

2. 初中阶段

从表 8-25 中的方程估计参数可以看出，结构模型中的 6 对潜变量的回归估计均达到显著水平。办学条件的好坏对学生的学校满意度有一致性的正向效应，而办学条件对学生问题行为有负效应，也就是说办学条件越好学生的问题行为越少，学校满意度对学生问题行为有一致性影响，问题行为和学校满意度又显著影响学生的学业成就。

表 8-25　样本初中模型回归权重

			估计值	标准化估计值	标准误	C.R.	p 值	标签
学校满意度	←	办学条件	0.018	0.029	0.008	2.303	0.021	W9
问题行为	←	办学条件	−0.029	−0.043	0.009	−3.408	***	W8
问题行为	←	学校满意度	0.227	0.205	0.021	10.623	***	W12
学业成就	←	办学条件	−2.607	−0.173	0.242	−10.790	***	W10
学业成就	←	学校满意度	0.961	0.039	0.445	2.161	0.031	W11
学业成就	←	问题行为	6.219	0.279	0.474	13.115	***	W13
建筑用房面积	←	办学条件	1.000	0.198				
校园环境	←	办学条件	−0.273	−1.179	0.103	−2.637	0.008	W1
采光照明	←	办学条件	0.002	−0.004	0.004	−0.412	0.680	W2
破坏东西	←	问题行为	1.000	0.628				
经常说谎	←	问题行为	1.024	0.606	0.033	31.251	***	W3
欺负同学	←	问题行为	1.115	0.665	0.036	31.225	***	W4
上学开心	←	学校满意度	1.000	0.507				

续表

		估计值	标准化估计值	标准误	C. R.	p 值	标签
喜欢学校 ←	学校满意度	1.345	0.758	0.062	21.567	＊＊＊	W5
愿意上学 ←	学校满意度	0.554	0.474	0.022	24.885	＊＊＊	W6
数学成绩 ←	学业成就	1.000	0.662				
语文成绩 ←	学业成就	0.964	0.793	0.050	19.295	＊＊＊	W7

也就是说，结构模型中潜变量的影响路径与程度在统计意义上是显著的。此外，在测量模型中，办学条件在学校建筑用房面积、采光照明上的反映不具有显著性（$p > 0.05$），其他测量模型均具有显著性（$p < 0.05$）。那么，初中阶段办学条件对学生学业成就的影响效应如何呢？

如表 8-26 所示，办学条件对学生学业成就总标准化效应为 -0.182，直接效应为 -0.173，间接效应为 -0.009。根据直接效应大于间接效应的通常性判别原则（依据效应绝对值判别），初中阶段办学条件通过学生学校满意度和学生问题行为影响学业成就的因素可以忽略，也就说这种内在的影响机制微弱。但不同于小学阶段的是，初中阶段办学条件对学生学业成就的影响为负效应。

表 8-26　样本初中办学条件对学生影响的标准化效应

		办学条件	学校满意度	问题行为	学业成就
总效应	学校满意度	0.029	0.000	0.000	0.000
	问题行为	−0.037	0.205	0.000	0.000
	学业成就	−0.182	0.096	0.279	0.000
直接效应	学校满意度	0.029	0.000	0.000	0.000
	问题行为	−0.043	0.205	0.000	0.000
	学业成就	−0.173	0.039	0.279	0.000
间接效应	学校满意度	0.000	0.000	0.000	0.000
	问题行为	0.006	0.000	0.000	0.000
	学业成就	−0.009	0.057	0.000	0.000

综上所述，结构方程模型的分析显示出办学条件通过学生学校满意度和问题行为影响学生学业成就的内在机制对小学和初中的影响都是非常微弱的，并且这种间接效应在小学阶段表现为正向，而在初中阶段则表现为负向。

本 章 小 结

本章内容主要从微观层面围绕学校办学条件对学生的影响，分别以学校和学生为单元进行了计量分析。

首先，对样本学校的办学条件特征进行的描述统计结果如下。第一，在建筑用房面积方面，西部地区中小学校建筑状况存在着明显的中小学阶段差异和校际差异，小学生均建筑面积及相应的生均危房面积要低于初中，而生均教室面积略高于相应的初中生均值；学校占地面积普遍较大，但校舍建筑比较缺乏，部分学校的基本的教室和行政办公用房还非常紧张；危房存量较大且在不同的学校呈不同数量分布。第二，在教学设施方面，西部地区农村中小学以计算机和图书为指标的教学设施校均总量和生均拥有量也存在着中小学阶段差异和校际差异，绝对数量较少且初中整体上好于小学；有的学校每100名学生才拥有1台计算机，有的学校达到生均1台，但小学和初中投入教学使用的比例整体较高；有的学校每两名学生拥有1册图书，有的学校生均拥有近40册图书，小学和初中学生的图书使用率整体较低。第三，在校园环境方面，农村初中办学条件总体上要优于小学，同时也存在着明显的校际差异；在所有指标的比例上，农村初中都要好于相应的小学；有的学校仍然采用水窖供水和其他简陋的供水方式，大多数学校的厕所仍然是旱厕，少部分学校没有防火器材和应急照明等安全设施，少部分学校没有校园围墙。

其次，用于小学办学条件公因子提取的观测指标有生均图书册数、生均占地面积、生均建筑面积、生均教室面积、生均行政办公用房面积5个因素，用于初中办学条件公因子提取的观测变量有生均图书册数、生均计算机台数、生均占地面积、生均建筑面积、生均教室面积、生均行政办公用房面积 6 个因素。然后采用 K 均值聚类法将中小学办学条件按照得分划为"较好"和"较差"两类。在此基础上，研究采用均值比较法对两类办学条件学校的学生标准化考试成绩进行独立样本 t 检验，结果显示，小学和初中阶段办学条件"较好"和"较差"学校的学生在数学和语文标准化考试上没有显著差异。笔者进一步对校园环境维度下供水方式、厕所类型、是否供应热水、是否有防火器材和应急照明安全设施各分类指标同标准化测试得分的关系进行检验，结果显示在小学和初中阶段，学生的语文和数学标准化测试得分没有统计意义上的显著差异。

再次，研究采用了多元线性回归方法将校园环境、学校建筑用房面积、教室采光照明、学生的学校满意度和问题行为纳入方程进行强制性回归。结果显示，学生的学校满意度、学生问题行为、学校建筑用房面积、校园环境和教室的采光照明这些办学条件指标变量对学生标准化考试语文和数学成绩的变异的解释比例很小（小学语文 7.4%、小学数学 8.4%；初中语文 6.0%、初中数学 3.4%）。回归系数表明，在小学阶段，学校满意度和问题行为对学生的语文和数学考试成绩均有显著正向影响；在初中阶段，学校满意和问题行为对学生语文成绩有显著正向影响，校园环境和问题行为对数学成绩有显著影响。

最后，笔者采用结构方程模型的路径分析来探寻办学条件对学生学业成就间接发生的影响，但结果显示，小学和初中阶段办学条件通过学生学校满意度和学生问题行为影响学生学业成就的内在传导机制不明显。

第九章 研究结论与政策启示

第一节 基本结论

一、全国农村义务教育阶段中小学校办学条件总体上得到明显改善，学生学习和生活空间逐步扩大

伴随着近十年的农村中小学布局调整和农村学龄人口的总体减少，农村中小学学校数量大规模缩减，进而表现为学校占地面积和建筑面积总量的下降，但是框架和砖混结构的校舍面积总量逐步增长，这说明农村中小学在校舍建筑的质量上普遍有所提高。此外，教学用房和生活用房面积在生均层面逐年增加，生均普通教室面积保持稳定，生均计算机教室面积和学生宿舍面积快速增长，计算机和电子图书等现代教育技术设备数量迅速增加。

但是，全国农村中小学办学条件的这种改善还是停留在"一无两有"基本实现的较低水平上。土木和砖木结构的校舍建筑面积还存在于农村中小学校，教学及辅助用房方面还是局限于基本的普通教室建设，生活用房中的学生宿舍也只是停留在面积层次的生均拥有量上的增加，配套的食堂、饮水以及保健仪器设备欠缺，图书室和计算机室等辅助性教学用房总量投入缺乏。另外，体育运动器材、教学仪器设施、计算机和图书投入量严重不足。

二、全国农村义务教育阶段中小学校办学条件与国家标准相差较远，存在较大的区域间、省际、省内县际差异

农村中小学办学条件绝大部分指标没有达到国家2008年《农村普通中小学建设标准》的基本要求。其中，生均教学用房尤其是普通教室等基本办学条件的达标效果相对较好，而图书、计算机、教学仪器设备和体育运动场地面积的达标率较低且存在地域差异。

农村中小学办学条件在东中西部、省际、省内县际、学段间存在明显的不均衡。西部地区农村中小学办学条件整体较差，尤其是在建筑结构、非普通教室类教学辅助用房、图书、计算机、教学仪器和体育运动设施等层面较为落后。东、中部发达省份的农村中小学办学条件总体上优于西部省份。省内县际办学条件不均衡现象比较普遍，不同县域农村中小学办学条件差异较大。此外，农村初中办学条件整体优于小学。

三、在以学校和学生为分析单元的微观层面，西部农村中小学在建筑用房面积、校园环境等基本办学条件方面对学生学业成就没有显著影响

利用因子分析和聚类等统计分析方法将农村中小学按照基本办学条件进行分类和均值检验，结果显示办学条件对中小学生学业成就没有统计意义上的显著影响。以学生为单元进行回归分析的计量结果显示，校园环境、学校建筑用房面积、教室采光照明等变量对学生学业成就变异的总体解释比例很小。在小学阶段，学校满意度和问题行为对学生的语文和数学考试成绩均有显著正向影响；在初中阶段，学校满意度和问题行为对学生语文成绩有显著的正向影响，校园环境和问题行为对数学成绩有显著影响。

此外，结构方程模型的路径分析显示出办学条件通过学生学校满意度和问题行为对学生学业成就的间接影响非常微弱。也就是说，在简单回归分析基础上的学业成就影响因素结构路径分析证明，学校基本办学条件对学生学业成就影响的内在传导机制不明显。

第二节　政策启示

基于对我国农村地区义务教育阶段中小学办学条件的系统分析以及研究得到的初步结论，同时也基于专题性应用研究的应用立场，本研究提出如下几点政策启示。

一、提高对农村义务教育阶段中小学校办学条件的认知和关注水平

长久以来，受我国社会经济发展水平的制约以及城乡二元结构下农村教育管理体制的影响，办学条件没有得到应有的关注，尤其是农村地区的中小学校还在很大程度上扮演着"托儿所"的角色，发挥着为家长看孩子的作用。尽管在教育发展的历程中，校舍倒塌导致的人员伤亡事件引起了有关部门对校园建设特别是危房改造的重视，但这仅仅是出于多种因素考虑的低层次学校办学条件的改善。除此之外，有关部门为改善学校办学条件做出的努力主要是围绕教师以及课程、教材、教法的经费投入和改革，却忽视了物理环境对个人成长的综合影响。

虽然本研究没有能够在个人层面证明学校基本办学条件对学生的学业成就有统计意义上的显著影响，但是，借鉴国外尤其是美国社会为中小学办学条件改善做出的努力以及学术界所进行的富有成效的相关研究，笔者认为学校办学条件的某些方面对学生的态度、行为和学业成就存在影响。例如，学校的建筑设计方面的噪声、光线、色彩、温度和湿度等物理环境因素和教学仪器设备不同，会对学生不同学科能力的培养产生影响，等等。

因此，笔者建议提高对学校办学条件的重视程度，从相关教育政策法规的层面，对农村义务教育阶段学校的建设、改造以及经费的保障予以更多的关注，并且不断上升到制度层面。

二、以改善办学条件为抓手促进农村义务教育阶段学校标准化建设

《国家中长期教育改革和发展规划纲要（2010—2020 年）》明确提

出未来十年教育质量和公平是教育发展的两大核心战略任务。这一指引未来十年教育改革与发展的重大方略，首次从推进学校标准化建设的实践立场强调了农村义务教育阶段学校办学条件的改善问题的重要性，其中一个直接的立意就是以此促进有限教育资源的合理、有效配置，办好每一所学校，确保义务教育均衡发展。

但是，如何"办好"则是一个需要认真对待和研究的问题。由于人口结构、历史文化、地理地貌、风土人情等方面的地区特殊性，作为农村社会有机组成部分的农村学校必然会有个性化存在的要求，并且农村学校在学校组织内部也会形成独特的文化氛围和校园气候。因此，我们所要推进的学校标准化建设并不是类似于工业生产流水线产品的同一化，而是基于物质层面办学条件标准化的办学行为规范化，是一个现代化的动态过程。因此，推进义务教育阶段学校标准化建设是一个时代契机，均衡配置校舍、教师、教学设备、图书等资源是促进学校标准化建设、实现教育均衡发展的一个重要抓手。

教育均衡发展的推进在一定意义上是"成也农村，败也农村"，因为我国义务教育的绝大数量存在于我国农村地区，并且如本研究所示，农村义务教育阶段学校办学条件的各种指标交错呈现着明显的东中西部的区域差异、省际差异、省内县际差异和校际差异。因此，要以学校标准化建设为抓手切实解决农村义务教育阶段学校办学条件差的问题，进而实现城乡教育的均衡发展和区域、校际的均衡发展。

三、完善基本办学条件的同时提升办学条件现代化水平

从全国总体形势来看，"一无两有"的办学条件目标已经基本实现，校舍、普通教室、课桌椅等基本的办学条件已经基本上能够满足农村义务教育阶段教育教学的需要。但是由于存在着区域间和学校间的差异，全国农村地区义务教育阶段学校办学条件还存在差异，尤其是偏远的西部农村的教学点的办学条件不容乐观。因此，要进一步全面巩固和改善全国农村中小学校基本办学条件，推进"底线均等"。

如果说基本办学条件只是从底线上或者义务教育阶段学校教育教学工作的基本开展层面保障基本的教育均衡与公平，那么无论是从

"双高普九"的意义上讲，还是从提高教育质量这一新时期的战略目标来看，或者是立足于以人为本、促进学生全面发展的终极教育目标，都需要农村义务教育阶段学校办学条件在现代化方向上有所突破。因此，需要在一个更高的水平上，以"三个面向"（教育要面向现代化、面向世界、面向未来）为指导，加强学校教学仪器设备、体育运动设施、信息化教育教学平台、校园建筑环境等方面办学条件的改善，确保学校能够适应新时期育人的需要。

四、办学条件的改善向小学阶段农村学校倾斜

从对农村义务教育阶段学校办学条件的分析来看，全国东中西部地区以及各省份都表现出学段差异，即小学阶段办学条件的大多数指标总体上要比初中阶段差。这和我国近十年的农村学校布局调整有很大关系。农村地区的中小学在布局调整的过程中呈现集中化的趋势，办学条件改善都集中在中心学校的建设方面，没有在观念上得到应有的呈现。这样一来，一方面小学的办学条件没有得到关注和持续改善；另一方面中心学校因规模的扩大，办学条件的改善难以很快满足教育教学需要。

同时，相对而言初中大都分布在乡镇和经济发展水平较高的社区，所以初中的建设也相应地得到了更多的关注，拥有较强的财力保障。

但是从现状看，小学阶段教育作为基础教育的重要组成部分，如果没有良好的校园环境和高水平的办学条件来保障教育教学活动的高水平开展，基础教育的基础就是不稳固的。因此，在后续的学校标准化建设中，要有针对性地关注农村小学办学条件的改善。只有不留短板，农村义务教育的均衡发展才能够稳步推进。

五、深入、系统开展对办学条件国家标准的研究

尽管国家从战略任务的高度提出要推进学校标准化建设，但是除了本研究所述的城市和农村学校建设标准以及部门标准之外，我国还没有一个系统的学校办学标准。因此，应该在既有政策法规和标准的基础上，结合教育实际和城乡特点，研究并完善农村义务教育阶段中

小学校的国家办学标准和国家办学标准细则。

同时，要将办学标准提升到教育法律法规的高度，以细则的形式强制相关部门各司其职并予以执行。因为从研究结果看，虽然我国在学校建设方面制定了相关的国家标准，但是在执行上缺乏强制性和统一性，执行效果不理想。从相关办学条件指标的达标情况看，全国层面和各省份层面的办学条件指标都没有达到标准要求，这样的结果也对相关国家标准的可操作性提出了质疑，因而需要在国家办学标准的研究、制定过程中对相关标准进行修订。

第三节　研究的审视与反思

一、创新与不足

依据唐·埃思里奇的研究分类①，本研究可以划到专题研究的范畴。研究立足于城乡二元结构这一基本的社会背景，面对新时期教育改革和发展的现实需要，对我国农村义务教育阶段中小学校办学条件的指标体系进行构建，系统分析农村义务教育阶段中小学校办学条件的状况及其对学生学业成就与行为的影响，在理论、方法和实践层面都富有时代特征和现实意义，是一种有益的知识创新尝试。

---

① 依据不同的标准，研究会有不同的分类。唐·埃思里奇阐述了3组。第一，基础研究和应用研究：前者在进行的过程中不太强调在"现实世界"中政策和管理问题的应用；后者则对那些最现实的问题进行研究。第二，专业基础研究、专题研究和对策研究：专业基础研究为提高学科水平的研究，详细研究专业内的理论、基本关系以及分析的程序和技术；专题研究是"对决策者感兴趣的一批问题的研究"，倾向于遵守一个专业内的专业界限，从不同的专业吸取信息和思想，本质上是多学科的研究，为决策者提供能够使用的概念知识进而对其所面临的问题做出决策；对策研究是"为特定的决策者解决特定问题的研究"，对策研究的一个沉重的话题就是对规则性知识的讨论，既运用实证性知识也运用价值性知识。第三，描述研究与分析研究：前者可以被刻画为仅仅试图确定、描述或识别是什么，常常采用综合的方式将知识或信息集合在一起，解释其可能存在的逻辑联系；后者则采用分析的方式将信息拆开以试图确定为什么和如何。

（一）创新点

1. 对办学条件进行全面系统研究以回应农村义务教育现实

农村义务教育是整个基础教育改革与发展的重点领域，同时也是教育的一块短板。农村义务教育的很多问题引起了社会各界的关注，一些实践和理论问题也得到了学术界的重视和回应，但关于确保学校教育教学活动顺利开展的办学条件问题却极少引起应有的关注。尤其是在近十年的农村中小学布局调整后，无论是从政策效果、教育公平还是资源合理有效利用的角度，农村中小学校办学条件的总体状况亟须得到系统考察和评估。同时，面对《国家中长期教育改革和发展规划纲要（2010—2020 年）》中所要求的学校标准化建设推进问题，本研究以农村义务教育阶段学校基本办学条件为核心内容进行了系统研究。

2. 采用从宏观到微观、由面到点的逻辑框架进行系统分析

研究立足于中国城乡二元社会格局，以物理环境对个体发展影响的理论为基础，围绕农村中小学办学条件，采用了由宏观到微观、由面到点的分析框架和逻辑思路。笔者首先对办学条件基本概念进行了界定，然后借鉴《中国教育统计年鉴》等资料构建办学条件指标体系，接着利用教育部提供的数据以全国农村义务教育阶段中小学为分析对象，从总量和均值的层面进行了以 2008 年为截面的统计描述和以 2002 年到 2008 年为时间序列的变化趋势描述，进而对照国家标准进行办学条件指标的均值比较，并从区域、省际、省内县际逐层描绘了办学条件各指标的差异。因为西部农村总体较为落后，研究继而采用基线调查数据，将调查范围定位于西部五省农村中小学，加入校园围墙、热水供应等校园生活环境指标对学校办学条件及其对学生的影响进行了微观层面的探究。

3. 综合运用文献分析、描述统计、回归和路径分析等方法

根据研究目的和研究问题，本研究综合使用了定性和定量的研究方法，以定量研究为主。在对基本概念进行了界定和对既有研究进行分析时采用了文献分析的方法，在对主体部分农村中小学办学条件基本情况和差异进行分析时，主要采用了描述统计方法，在分析办学条件对学生的影响时采用了均值比较、回归计量和结构方程模型等方法。需要特别指出的是，本研究在微观分析部分采用了结构方程模型的路径分析对办学条件间接影响学生学业成就的内在传导机制进行了检验。从一定意义上讲，这是对国际上既有研究的继承和突破，沿着凯西等人的理论思路并结合特定的方法对相关研究有所推进。同时，这种基于本土情境的实证研究所得到的结论能够在政策层面以及学校战略发展和特色建设层面提供经验依据和决策参考。

（二）不足之处

由于客观因素的限制和主观能力的制约，研究还存在着明显的不足之处。由研究的标题可以看出，"全国范围的农村义务教育阶段中小学校办学条件现状"和"办学条件对学生的影响"是本研究的双核。从研究所得到的基本结论来重新审视整个研究，可以看出不足主要体现为以下几点。

1. 宏观层面的描述分析略显庞杂

这种宏观描述是以全国农村义务教育阶段中小学为分析对象，也就是说研究的样本是个巨大的全样本。此外，由于办学条件的指标体系由多级构成，笔者依据《中国教育统计年鉴》和相关研究，将最后的观测指标确定为 13 个。并且分析了存量的总量与均值及其在 2002 年到 2008 年这一时间序列中的变化趋势。所以在对办学条件分指标进行总体描述时难免因为"面面俱到"而显得庞杂。同时，在呈现方式上以简洁和直观为基本原则采用了大量的图表，而原计划使用地理信息系统、采用地图绘制的方式将办学条件数据进行空间化的尝试由于能力所限没有实现，这是本研究的一个遗憾。

2. 办学条件差异分析部分略显单薄

差异部分的分析包括了农村义务教育阶段中小学办学条件相对于国家标准的距离和空间意义上的区域、省际、省内县际 3 个层面的差异，都采用了均值作为统计量的比较的方法。对区域、省际、省内县际的差异分析，由于分 13 个观测指标逐一进行，只采用了差值和变异系数这两个基本统计指标对不同层面的农村义务教育阶段中小学办学条件的差异进行分析，而没有尝试利用泰尔指数等进行进一步探究。

不过，本研究旨在对办学条件不均衡状况进行基本描述，采用变异系数进行分析基本上能够实现这一目的。

3. 整个研究受到了数据的客观限制

实证研究的好坏在很大程度上依赖于数据，高质量的数据是做好实证研究的前提条件。本研究的数据主要来自《中国教育统计年鉴》义务教育阶段学校办学条件相关统计数据，包括了全国、东中西部、省级和县级层面数据，同时还有西部五省农村中小学的基线调查数据。西部五省农村中小学数据是微观研究的基础，但是办学条件相关指标只是限于建筑面积、图书、计算机、围墙、厕所等最基本的方面，学生的学业成就也只是学生的语文和数学能力标准化测试得分，缺少过程性的成就发展指标。因此，研究的结论只是考察了基本办学条件对学生考试成绩的影响，并且实际结论基本上没有能够系统地证实研究假设。

二、对后续研究的展望

日本教育学者佐藤学在对世界各国的中小学进行长期的跟踪、观察和比较后发现，基础教育领域正在发生一场"静悄悄的革命"，进而他提出了后产业时代学习形式的转变与学校建筑设施的变革。

中国也不例外，自中国共产党的十一届三中全会召开以来，我国教育领域也发生了全面、深入和持续的改革，并且取得了显著的成就。新一轮基础教育课程改革促使教育教学观念、内容、形式、方法和途径等有了较大程度的改变，其中最为明显的就是课程设置和教学方式的转变。但是，改革缺少了对学校空间和教育建筑设施的布局以及校园内部、教室内部物理环境的关注。[①] 根据发展心理学中物理环境的影响以及空间经济学中空间因素的影响等基本理论，我们可以推测硬件层面的学校办学条件对学生的身心发展存在影响。但遗憾的是，本研究在微观层面的探究没有能够证实这种影响的显著存在。笔者认为，这是一种比较合理的结果，它从另一个方面证实了我国学校建筑面积、

---

① 笔者在此研究的基础上就教育与建筑的关系做了进一步的理论探究，详见附录7。

普通教室面积、校园围墙和热水供应等基本办学条件的差异对学生学业成就的确是没有太多的影响。同时也说明后续的研究应该在研究方法和内容上做进一步探究。

在指标选取方面，应选择更细致的办学条件作为观测变量，例如教室内饰、门廊通道、座位安排、空气流通、温度、湿度、色彩、光照和现代化教学仪器设备与图书资料及其使用等。也就是说，进一步从建筑环境与学生心理反应的关系层面和教学手段方面来设计指标和变量。学生影响指标不局限于学科考试成绩，也要关注学生的过程性发展指标。这方面我们可以借鉴国外的相关研究成果，例如学校建筑环境评估量表[①]和相关的心理与生理发展量表等。

在研究方法方面，可以从省域或县域的范围进行取样分析，建议以若干学校为个案进行"解剖麻雀"式的个案剖析，这涉及研究对象和研究边界的中观和微观定位问题。宏观层面的研究虽然也比较缺乏，但是，国家测绘局在"5·12汶川大地震"后以中小学校舍安全工程为切入点对全国中小学校实施数据资料空间化的档案建立工作，已经形成了一个庞大的学校办学条件数据库。宏观和中观层面的研究有利于地区性的教育发展规划的实施，进而为确保教育机会公平和促进学校均衡发展做贡献，微观层面的研究则有利于学校特色发展战略的实施，在方法上可以进一步借鉴心理学和空间经济计量的理论和方法。

---

① 本研究对《初等学校建筑设计评估量表》进行了整理。这一量表在美国的大部分研究中得到使用和不断修正。由于多种因素的限制，在国内使用需要结合实际情况进行修订，并进行信度和效度检验。因而，本研究没有使用。在后续的研究中，可以结合我国中小学的实际情况进行修改和使用。

附录 1：结构方程模型及参数图

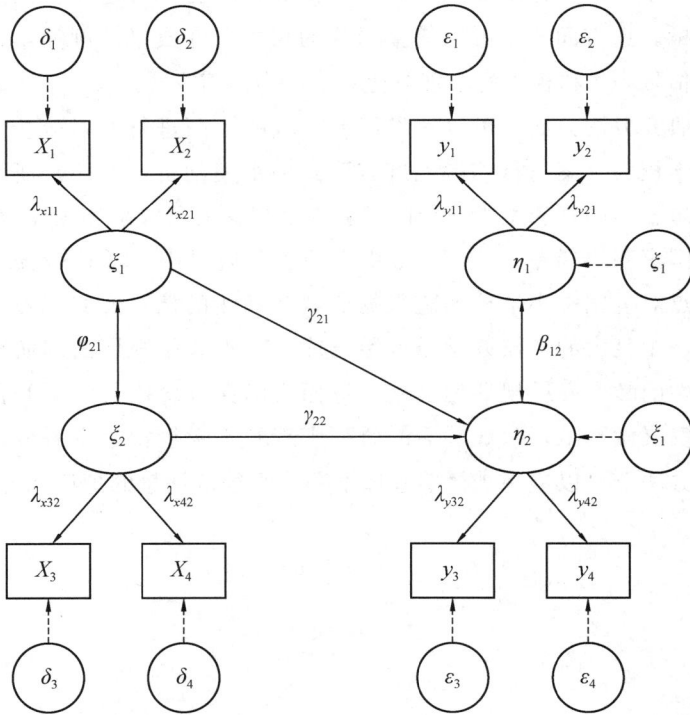

附图 1　完整的结构方程模型参数图 [①]

[①]　参阅邱皓政、林碧芳的《结构方程模型的原理与应用》和荣泰生的《AMOS 与研究方法》（第 2 版）的关于完整的结构方程模型参数图的描绘。圆或椭圆表示潜变量或因子，正方形或长方形表示观测变量或指标，单向箭头表示单向影响或效应，双向箭头表示相关，单向箭头指向因子表示内生潜变量未被解释的部分，单向箭头指向指标表示测量误差。

附录 2：调查问卷（节录）

小学校长基本情况调查表①

尊敬的校长：

您好！

这份问卷主要是为了了解贵校的办学条件以及教师和学生的一些基本情况，为提高学校的教育质量和效益提供帮助。调查的结果仅用于研究，我们不会把这份问卷提供给任何非本课题组的人员，请您不要有任何顾虑。恳请您如实填写问卷，此外问卷中有些问题还需要您请图书管理员和实验员协助填写。

衷心感谢您的合作！

北京师范大学"西发项目"课题组

2006 年 9 月

填写方式：问卷中如果没有注明，则所有选择题都是单选题，即只选择一个答案。请在您认为符合您即贵校情况的选项上打"√"。

A. 学校基本信息

A1. 填报人姓名_____电话_____（含区号）

A2. 学校类型：①村完小　②乡镇中心小学　③九年一贯制学校
④其他

……

---

① 限于篇幅，本附录只选择了研究中所使用的相关变量所对应的问卷内容。此外，小学和初中问卷的办学条件部分是相同的，故不再单独附录。

A7. 贵校学生总人数为＿＿＿＿＿人。（如果是九年一贯制学校，指小学和初中学生总数）

......

D. 图书资料调查内容

D1. 目前藏书	（　　）册
D2. 目前藏书中世行项目（主要指由世界银行贷款或者援助的项目工程）购入的新书	（　　）册
D3. 到学校图书室阅读人次，包括教师和学生	（　　）人/月
D4. 学校图书室目前借出书刊	（　　）册
D5. 目前借出书刊中教师借阅书刊	（　　）册
D6. 目前借出书刊中学生借阅书刊	（　　）册
D7. 这些藏书放在哪里	①图书室 ②教室 ③办公室 ④其他

......

E. 实验室调查内容

名称	达到教育部规定的哪一级标准	世行项目是否提供了设备	课时/周（每周使用的课时数）
E1. 文体活动室			
E2. 其他实验室			

计算机教室的调查

名称	世行项目提供了多少台计算机	每台计算机的投资额	课时/周（每周使用的课时数）
E3. 计算机教室			
E4. 其他实验室			

F. 学校生活条件

F1. 学校共有住校生_____人

F2. 平均每个学生占有的学生宿舍面积为_____平方米

F3. 供水情况：

①学校内部有自来水 ②学校外部有自来水 ③水窖 ④其他

F4. 学校每天是否有热水供给？ ①有 ②没有　如果有，每天供给
_____小时

F5. 学校是否有校园围墙？ ①有 ②没有

F6. 学校宿舍楼内是否有防火设施器材？ ①有 ②没有

F7. 学校宿舍楼内是否有应急照明设备？ ①有 ②没有

F8. 厕所类型：①水厕 ②旱厕

F9. 学校占地面积_____平方米

F10. 校舍建筑面积_____平方米

F11. 教室面积_____平方米

F12. 行政办公用房面积_____平方米

F13. 校舍面积中危房面积_____平方米

附录3：路径分析模型参数

1. 小学模型适配参数

CMIN

Model	NPAR	CMIN	DF	P	CMIN/DF
Default model	28	118.216	38	0.000	3.111
Saturated model	66	0.000	0		
Independence model	11	11251.354	55	0.000	204.570

RMR，GFI

Model	RMR	GFI	AGFI	PGFI
Default model	0.233	0.997	0.995	0.574
Saturated model	0.000	1.000		
Independence model	39.110	0.794	0.753	0.662

NCP

Model	NCP	LO 90	HI 90
Default model	80.216	51.185	116.869
Saturated model	0.000	0.000	0.000
Independence model	11196.354	10850.985	11548.009

FMIN

Model	FMIN	F0	LO 90	HI 90
Default model	0.014	0.010	0.006	0.014
Saturated model	0.000	0.000	0.000	0.000
Independence model	1.363	1.356	1.314	1.399

RMSEA

Model	RMSEA	LO 90	HI 90	PCLOSE
Default model	0.016	0.013	0.019	1.000
Independence model	0.157	0.155	0.159	0.000

AIC

Model	AIC	BCC	BIC	CAIC
Default model	174.216	174.298	370.740	398.740
Saturated model	132.000	132.192	595.234	661.234
Independence model	11273.354	11273.386	11350.560	11361.560

ECVI

Model	ECVI	LO 90	HI 90	MECVI
Default model	0.021	0.018	0.026	0.021
Saturated model	0.016	0.016	0.016	0.016
Independence model	1.366	1.324	1.408	1.366

2. 初中模型适配参数

CMIN

Model	NPAR	CMIN	DF	P	CMIN/DF
Default model	28	391.494	38	0.000	10.302
Saturated model	66	0.000	0		
Independence model	11	8685.963	55	0.000	157.927

RMR，GFI

Model	RMR	GFI	AGFI	PGFI
Default model	0.292	0.990	0.982	0.570
Saturated model	0.000	1.000		
Independence model	20.586	0.791	0.749	0.659

NCP

Model	NCP	LO 90	HI 90
Default model	353.494	293.687	420.761
Saturated model	0.000	0.000	0.000
Independence model	8630.963	8328.006	8940.208

FMIN

Model	FMIN	F0	LO 90	HI 90
Default model	0.058	0.052	0.043	0.062
Saturated model	0.000	0.000	0.000	0.000
Independence model	1.282	1.274	1.230	1.320

RMSEA

Model	RMSEA	LO 90	HI 90	PCLOSE
Default model	0.037	0.034	0.040	1.000
Independence model	0.152	0.150	0.155	0.000

AIC

Model	AIC	BCC	BIC	CAIC
Default model	447.494	447.594	638.478	666.478
Saturated model	132.000	132.234	582.176	648.176
Independence model	8707.963	8708.002	8782.992	8793.992

ECVI

Model	ECVI	LO 90	HI 90	MECVI
Default model	0.066	0.057	0.076	0.066
Saturated model	0.019	0.019	0.019	0.020
Independence model	1.286	1.241	1.331	1.286

附录 4：2002—2008 年农村义务教育阶段学校
办学条件省际差异系数

附表 4-1　2002—2008 年农村义务教育阶段学校办学条件省际差异系数

办学条件指标	年份/学校	2002	2003	2004	2005	2006	2007	2008
生均占地面积	小学	0.59	0.63	0.65	0.67	0.67	0.66	0.66
	初中	0.46	0.46	0.47	0.47	0.50	0.50	0.53
生均建筑面积	小学	0.25	0.28	0.30	0.31	0.34	0.30	0.25
	初中	0.28	0.32	0.32	0.37	0.34	0.28	0.28
生均教学及辅助用房面积	小学	0.22	0.24	0.27	0.27	0.29	0.26	0.23
	初中	0.25	0.30	0.29	0.30	0.31	0.27	0.27
生均生活用房面积	小学	0.67	0.68	0.68	0.69	0.61	0.59	0.60
	初中	0.54	0.54	0.51	0.74	0.53	0.46	0.46
生均普通教室面积	小学	0.19	0.21	0.22	0.23	0.23	0.20	0.21
	初中	0.16	0.20	0.20	0.28	0.23	0.21	0.23
生均图书室面积	小学	0.42	0.42	0.42	0.42	0.47	0.49	0.33
	初中	0.53	0.63	0.47	0.50	0.43	0.53	0.46
生均计算机室面积	小学	0.82	0.82	0.87	0.79	0.71	0.56	0.52
	初中	0.57	0.57	0.50	0.50	0.46	0.37	0.34
生均食堂面积	小学	—	—	—	—	0.89	0.91	0.78
	初中	—	—	—	—	0.54	0.53	0.52
生均厕所面积	小学	—	—	—	—	0.39	0.31	0.30
	初中	—	—	—	—	0.45	0.41	0.39

办学条件指标	年份 学校	2002	2003	2004	2005	2006	2007	2008
生均危房面积	小学	0.68	0.75	0.74	0.81	0.91	1.09	1.08
	初中	0.77	0.74	0.68	0.71	0.79	0.88	0.99
生均图书册数	小学	0.61	0.64	0.65	0.60	0.61	0.54	0.45
	初中	0.47	0.52	0.52	0.54	0.52	0.46	0.41
生均教学仪器 设备值	小学	1.43	1.63	0.80	1.01	2.10	1.03	1.04
	初中	2.62	0.80	0.81	0.76	0.92	0.89	0.93
生均固定 资产值	小学	0.75	0.91	0.50	0.53	3.07	0.55	0.47
	初中	1.51	0.53	0.57	0.67	0.68	0.72	0.68

（"—"表示数据缺失，后同）

附录5：2002—2008年农村义务教育阶段学校办学条件省内县际差异系数

附表 5-1　农村义务教育阶段学校生均占地面积省内县际变异系数均值

	小　学							初　中						
	2002	2003	2004	2005	2006	2007	2008	2002	2003	2004	2005	2006	2007	2008
北京	0.36	0.35	0.40	0.36	0.38	0.28	0.30	0.51	0.38	0.35	0.34	0.36	0.36	0.39
天津	0.42	0.38	0.40	0.39	0.42	0.46	0.46	0.48	0.33	0.37	0.31	0.33	0.38	0.40
河北	0.47	0.48	0.48	0.50	0.54	0.56	0.59	0.49	0.47	0.46	0.50	0.57	0.59	0.62
山西	0.62	0.60	0.61	0.56	0.56	0.58	0.58	0.67	0.54	0.56	0.58	0.59	0.59	0.60
内蒙古	0.75	0.75	0.77	0.77	0.75	0.72	0.76	0.54	0.56	0.63	0.64	0.63	0.72	0.75
辽宁	0.55	0.56	0.56	0.56	0.58	0.63	0.72	0.45	0.47	0.47	0.53	0.87	0.61	0.63
吉林	0.62	0.64	0.64	0.65	0.68	0.69	0.69	0.60	0.62	0.61	0.61	0.60	0.61	0.57
黑龙江	0.47	0.48	0.50	0.51	0.54	0.59	0.63	0.38	0.37	0.37	0.42	0.41	0.43	0.44
上海	0.52	0.48	0.46	0.64	0.48	0.53	0.53	0.59	0.52	0.54	0.49	0.22	0.26	0.17
江苏	0.51	0.51	0.55	0.60	0.63	0.62	0.57	0.46	0.44	0.48	0.54	0.54	0.60	0.52
浙江	0.50	0.48	0.57	0.60	0.61	1.07	1.07	0.51	0.50	0.75	0.73	0.76	1.05	0.93
安徽	0.45	0.45	0.45	0.46	0.46	0.46	0.47	0.48	0.48	0.48	0.51	0.48	0.47	0.48
福建	0.70	0.68	0.65	0.68	0.70	0.74	0.67	0.77	0.80	0.68	0.74	0.70	0.76	0.68
江西	0.58	0.66	0.68	0.68	0.63	0.66	0.59	0.63	0.69	0.60	0.67	0.57	0.59	0.49
山东	0.46	0.48	0.49	0.49	0.48	0.50	0.51	0.47	0.45	0.47	0.47	0.55	0.58	0.61
河南	0.40	0.40	0.41	0.42	0.43	0.44	0.46	0.47	0.46	0.45	0.46	0.49	0.49	0.52
湖北	0.52	0.52	0.54	0.53	0.56	0.57	0.43	0.64	0.63	0.59	0.51	0.50	0.53	0.50
湖南	0.43	0.42	0.43	0.43	0.45	0.47	0.51	0.62	0.60	0.57	0.57	0.54	0.58	0.50

续表

	小 学							初 中						
	2002	2003	2004	2005	2006	2007	2008	2002	2003	2004	2005	2006	2007	2008
广东	0.65	0.68	0.71	0.72	0.75	0.63	0.76	0.50	0.50	0.52	0.60	0.64	0.67	0.61
广西	0.68	0.68	0.68	0.69	0.66	0.63	0.55	0.77	0.75	0.75	0.72	0.78	0.66	1.04
海南	0.48	0.52	0.52	0.58	0.50	0.55	0.71	0.42	0.46	0.57	0.64	0.51	0.46	0.66
重庆	0.49	0.34	0.37	0.39	0.35	0.50	0.63	0.60	0.51	0.38	0.43	0.67	0.65	0.45
四川	0.60	0.60	0.60	0.63	0.64	0.62	0.59	0.65	0.62	0.57	0.68	0.74	0.75	0.74
贵州	0.74	0.63	0.57	0.55	0.59	0.60	0.60	1.16	0.59	0.56	0.64	0.71	0.69	0.75
云南	0.51	0.52	0.52	0.53	0.52	0.53	0.53	0.60	0.58	0.57	0.57	0.53	0.54	0.53
西藏	0.62	0.59	0.57	0.63	0.58	0.64	0.66	0.22	0.00	0.37	0.19	0.14	0.85	0.49
陕西	0.66	0.66	0.64	0.64	0.63	0.62	0.60	0.73	0.74	0.69	0.71	0.71	0.70	0.65
甘肃	0.67	0.67	0.68	0.64	0.65	0.66	0.66	0.75	0.73	0.75	0.77	0.74	0.71	0.74
青海	0.65	0.66	0.67	0.62	0.65	0.67	0.53	0.46	0.45	0.46	0.49	0.55	0.67	0.65
宁夏	0.45	0.47	0.50	0.45	0.45	0.63	0.56	0.32	0.41	0.59	0.48	0.49	0.67	0.66
新疆	0.58	0.55	0.54	0.51	0.54	0.49	0.48	0.56	0.47	0.66	0.48	0.49	0.53	0.57

附表 5-2 农村义务教育阶段学校生均建筑面积省内县际变异系数均值

	小 学							初 中						
	2002	2003	2004	2005	2006	2007	2008	2002	2003	2004	2005	2006	2007	2008
北京	0.27	0.28	0.30	0.35	0.36	0.28	0.29	0.43	0.43	0.38	0.46	0.51	0.35	0.39
天津	0.37	0.38	0.39	0.41	0.42	0.44	0.45	0.55	0.41	0.42	0.46	0.48	0.48	0.45
河北	0.45	0.45	0.47	0.46	0.51	0.52	0.55	0.54	0.52	0.50	0.47	0.51	0.57	0.60
山西	0.45	0.49	0.52	0.52	0.51	0.53	0.52	0.54	0.57	0.56	0.58	0.60	0.59	0.59
内蒙古	0.49	0.48	0.50	0.51	0.54	0.54	0.58	0.55	0.55	0.56	0.55	0.60	0.66	0.75
辽宁	0.44	0.47	0.49	0.49	0.57	0.62	0.74	0.44	0.47	0.41	0.44	0.55	0.47	0.50
吉林	0.55	0.56	0.57	0.61	0.59	0.57	0.53	0.52	0.53	0.52	0.55	0.51	0.49	0.49
黑龙江	0.45	0.46	0.47	0.46	0.47	0.48	0.51	0.48	0.49	0.54	0.54	0.50	0.52	0.52
上海	0.42	0.38	0.33	0.55	0.43	0.35	0.45	0.48	0.44	0.40	0.50	0.28	0.14	0.17
江苏	0.39	0.39	0.43	0.48	0.53	0.49	0.44	0.42	0.41	0.45	0.49	0.50	0.52	0.50
浙江	0.56	0.52	0.54	0.55	0.56	0.63	0.74	0.50	0.50	0.72	0.71	0.69	0.78	0.83

续表

	小 学							初 中						
	2002	2003	2004	2005	2006	2007	2008	2002	2003	2004	2005	2006	2007	2008
安徽	0.39	0.39	0.40	0.39	0.41	0.40	0.41	0.44	0.45	0.46	0.47	0.46	0.49	0.48
福建	0.71	0.69	0.66	0.66	0.69	0.77	0.76	0.78	0.79	0.69	0.71	0.71	0.80	0.75
江西	0.52	0.56	0.57	0.55	0.53	0.56	0.54	0.54	0.54	0.53	0.56	0.54	0.53	0.48
山东	0.49	0.50	0.53	0.56	0.52	0.53	0.55	0.49	0.47	0.48	0.50	0.64	0.65	0.68
河南	0.36	0.36	0.38	0.37	0.38	0.39	0.42	0.44	0.42	0.41	0.39	0.39	0.42	0.45
湖北	0.44	0.49	0.49	0.50	0.53	0.55	0.40	0.63	0.64	0.59	0.51	0.51	0.53	0.46
湖南	0.44	0.45	0.45	0.46	0.50	0.50	0.49	0.61	0.63	0.60	0.59	0.59	0.62	0.53
广东	0.68	0.70	0.82	0.91	0.99	0.55	0.63	0.58	0.57	0.60	0.70	0.73	0.74	0.65
广西	0.57	0.58	0.58	0.60	0.60	0.60	0.55	0.71	0.71	0.72	0.66	0.58	0.61	1.17
海南	0.44	0.49	0.49	0.51	0.51	0.46	0.45	0.48	0.47	0.57	0.61	0.47	0.37	0.60
重庆	0.42	0.37	0.40	0.40	0.41	0.49	0.50	0.59	0.68	0.43	0.42	0.66	0.63	0.73
四川	0.66	0.67	0.66	0.60	0.56	0.60	0.61	0.67	0.59	0.64	0.75	0.77	0.77	0.77
贵州	0.50	0.48	0.46	0.46	0.49	0.51	0.56	1.01	0.74	0.57	0.61	0.57	0.55	0.56
云南	0.55	0.54	0.55	0.56	0.55	0.57	0.58	0.59	0.54	0.54	0.53	0.48	0.50	0.48
西藏	0.45	0.44	0.45	0.44	0.42	0.85	0.70	0.22	0.00	0.38	0.19	0.14	0.32	0.25
陕西	0.50	0.51	0.51	0.51	0.50	0.51	0.52	0.62	0.63	0.58	0.58	0.56	0.57	0.55
甘肃	0.53	0.54	0.54	0.52	0.53	0.49	0.50	0.64	0.62	0.62	0.59	0.52	0.52	0.55
青海	0.71	0.73	0.75	0.69	0.70	0.68	0.53	0.45	0.47	0.50	0.53	0.54	0.63	0.58
宁夏	0.37	0.37	0.41	0.39	0.41	0.54	0.53	0.21	0.33	0.39	0.39	0.44	0.59	0.54
新疆	0.60	0.61	0.57	0.56	0.57	0.52	0.53	0.56	0.57	0.64	0.56	0.62	0.62	0.64

附表 5-3　农村义务教育阶段学校生均教学及辅助用房面积省内县际变异系数均值

	小 学							初 中						
	2002	2003	2004	2005	2006	2007	2008	2002	2003	2004	2005	2006	2007	2008
北京	0.31	0.31	0.32	0.38	0.38	0.29	0.30	0.36	0.34	0.30	0.43	0.51	0.36	0.44
天津	0.36	0.37	0.38	0.40	0.42	0.44	0.45	0.56	0.42	0.43	0.47	0.47	0.46	0.44
河北	0.46	0.46	0.48	0.48	0.53	0.54	0.56	0.55	0.53	0.52	0.52	0.54	0.59	0.61
山西	0.44	0.50	0.53	0.51	0.50	0.52	0.50	0.55	0.58	0.55	0.55	0.58	0.56	0.57

	小 学							初 中						
	2002	2003	2004	2005	2006	2007	2008	2002	2003	2004	2005	2006	2007	2008
内蒙古	0.52	0.51	0.52	0.54	0.57	0.58	0.62	0.56	0.55	0.56	0.56	0.59	0.66	0.72
辽宁	0.43	0.46	0.50	0.48	0.55	0.59	0.73	0.42	0.48	0.41	0.45	0.60	0.48	0.51
吉林	0.55	0.57	0.58	0.61	0.60	0.57	0.52	0.52	0.53	0.51	0.54	0.50	0.47	0.45
黑龙江	0.48	0.48	0.50	0.50	0.52	0.54	0.59	0.53	0.56	0.65	0.60	0.55	0.57	0.56
上海	0.41	0.44	0.42	0.49	0.43	0.34	0.48	0.54	0.53	0.50	0.39	0.28	0.11	0.17
江苏	0.43	0.43	0.44	0.49	0.51	0.50	0.48	0.41	0.39	0.41	0.44	0.46	0.46	0.46
浙江	0.54	0.51	0.57	0.57	0.58	0.72	0.78	0.54	0.55	0.78	0.75	0.73	0.78	0.75
安徽	0.44	0.43	0.43	0.44	0.45	0.44	0.45	0.49	0.50	0.51	0.52	0.51	0.53	0.51
福建	0.74	0.72	0.69	0.68	0.70	0.77	0.74	0.81	0.83	0.72	0.72	0.71	0.82	0.77
江西	0.56	0.62	0.63	0.61	0.60	0.62	0.60	0.58	0.62	0.61	0.59	0.56	0.58	0.47
山东	0.53	0.55	0.58	0.60	0.57	0.58	0.61	0.52	0.52	0.53	0.55	0.64	0.60	0.66
河南	0.41	0.41	0.43	0.40	0.41	0.42	0.43	0.61	0.58	0.55	0.52	0.49	0.49	0.49
湖北	0.45	0.48	0.50	0.52	0.55	0.58	0.47	0.58	0.56	0.52	0.45	0.46	0.47	0.54
湖南	0.46	0.47	0.47	0.48	0.53	0.52	0.51	0.66	0.68	0.67	0.64	0.66	0.67	0.53
广东	0.66	0.66	0.74	0.83	0.86	0.53	0.61	0.64	0.59	0.62	0.71	0.75	0.78	0.68
广西	0.57	0.58	0.59	0.62	0.62	0.61	0.54	0.64	0.65	0.65	0.64	0.50	0.74	1.20
海南	0.42	0.50	0.50	0.52	0.53	0.50	0.47	0.49	0.52	0.60	0.65	0.44	0.37	0.55
重庆	0.42	0.38	0.39	0.40	0.37	0.47	0.49	0.61	0.67	0.46	0.39	0.56	0.58	0.66
四川	0.68	0.71	0.65	0.61	0.61	0.57	0.60	0.84	0.59	0.57	0.74	0.82	0.85	0.86
贵州	0.52	0.53	0.51	0.51	0.55	0.57	0.64	1.01	0.99	0.70	0.68	0.67	0.68	0.66
云南	0.61	0.60	0.60	0.61	0.61	0.63	0.64	0.53	0.48	0.48	0.49	0.49	0.54	0.50
西藏	0.48	0.48	0.51	0.51	0.51	1.02	0.83	0.23	0.00	0.38	0.19	0.14	0.36	0.30
陕西	0.53	0.53	0.53	0.54	0.54	0.55	0.56	0.65	0.65	0.61	0.61	0.60	0.60	0.56
甘肃	0.53	0.54	0.54	0.52	0.53	0.50	0.52	0.65	0.63	0.62	0.62	0.60	0.54	0.55
青海	0.72	0.75	0.77	0.72	0.74	0.74	0.54	0.46	0.49	0.51	0.55	0.62	0.72	0.65
宁夏	0.38	0.40	0.44	0.40	0.42	0.58	0.62	0.26	0.36	0.41	0.43	0.43	0.58	0.64
新疆	0.58	0.58	0.56	0.56	0.57	0.51	0.53	0.54	0.56	0.67	0.56	0.67	0.65	0.69

附表 5-4 　农村义务教育阶段学校生均生活用房面积省内县际变异系数均值

	小 学							初 中						
	2002	2003	2004	2005	2006	2007	2008	2002	2003	2004	2005	2006	2007	2008
北京	0.31	0.34	0.39	0.47	0.50	0.39	0.43	0.33	0.66	0.58	0.50	0.56	0.51	0.48
天津	0.55	0.58	0.59	0.58	0.57	0.55	0.62	0.64	0.56	0.58	0.62	0.70	0.70	0.67
河北	0.75	0.78	0.72	0.66	0.69	0.67	0.74	0.82	0.76	0.69	0.61	0.63	0.68	0.71
山西	0.66	0.61	0.62	0.63	0.66	0.66	0.65	0.60	0.69	0.65	0.69	0.71	0.69	0.67
内蒙古	0.56	0.55	0.52	0.47	0.57	0.57	0.58	0.69	0.68	0.65	0.61	0.66	0.71	0.81
辽宁	0.55	0.56	0.54	0.53	0.64	0.66	0.77	0.56	0.56	0.56	0.62	0.63	0.67	0.70
吉林	0.79	0.78	0.79	0.82	0.67	0.68	0.65	0.73	0.66	0.62	0.70	0.55	0.55	0.73
黑龙江	0.85	0.88	0.88	0.91	0.80	0.80	0.74	0.63	0.62	0.66	0.69	0.65	0.64	0.67
上海	0.49	0.60	0.31	0.72	0.43	0.35	0.19	0.46	0.50	0.56	0.93	0.33	0.33	0.17
江苏	0.45	0.47	0.60	0.75	0.86	0.73	0.49	0.52	0.51	0.55	0.62	0.59	0.63	0.57
浙江	0.70	0.63	0.57	0.62	0.60	0.62	0.80	0.61	0.64	0.80	0.80	0.75	0.86	0.93
安徽	0.52	0.51	0.50	0.50	0.42	0.48	0.52	0.45	0.45	0.47	0.51	0.48	0.53	0.53
福建	0.68	0.64	0.64	0.65	0.68	0.74	0.80	0.75	0.75	0.67	0.68	0.72	0.79	0.72
江西	0.62	0.56	0.57	0.56	0.55	0.55	0.56	0.59	0.54	0.53	0.64	0.61	0.57	0.57
山东	0.53	0.52	0.54	0.63	0.57	0.55	0.59	0.57	0.54	0.56	0.58	0.73	0.78	0.74
河南	0.71	0.69	0.67	0.64	0.50	0.48	0.50	0.53	0.53	0.51	0.46	0.44	0.48	0.51
湖北	0.58	0.62	0.58	0.53	0.57	0.58	0.54	0.71	0.69	0.64	0.56	0.57	0.60	0.55
湖南	0.54	0.53	0.53	0.52	0.53	0.55	0.60	0.56	0.57	0.55	0.56	0.56	0.61	0.61
广东	0.75	0.82	0.89	0.97	1.10	0.72	0.77	0.70	0.69	0.68	0.86	0.88	0.85	0.81
广西	0.57	0.57	0.57	0.59	0.55	0.48	0.47	0.75	0.76	0.78	0.71	0.65	0.66	0.95
海南	0.46	0.45	0.45	0.45	0.44	0.39	0.45	0.50	0.46	0.55	0.57	0.52	0.44	0.68
重庆	0.42	0.43	0.43	0.52	0.60	0.56	0.59	0.74	0.50	0.49	0.71	0.67	0.80
四川	0.66	0.68	0.71	0.64	0.63	0.60	0.72	0.69	0.68	0.66	0.70	0.73	0.75	0.74
贵州	0.48	0.43	0.44	0.44	0.40	0.41	0.42	1.14	0.52	0.52	0.58	0.53	0.50
云南	0.50	0.50	0.50	0.50	0.48	0.54	0.57	0.65	0.60	0.60	0.57	0.50	0.51	0.49
西藏	0.44	0.44	0.43	0.41	0.37	0.75	0.61	0.23	0.00	0.38	0.19	0.14	0.32	0.25
陕西	0.66	0.64	0.64	0.66	0.53	0.54	0.56	0.70	0.72	0.64	0.65	0.55	0.57	0.57
甘肃	0.71	0.75	0.76	0.80	0.75	0.67	0.64	0.69	0.68	0.71	0.76	0.72	0.65	0.67

续表

	小 学							初 中						
	2002	2003	2004	2005	2006	2007	2008	2002	2003	2004	2005	2006	2007	2008
青海	0.84	0.82	0.82	0.78	0.70	0.66	0.62	0.54	0.54	0.54	0.56	0.60	0.68	0.55
宁夏	0.60	0.56	0.58	0.58	0.61	0.51	0.59	0.35	0.41	0.44	0.49	0.58	0.72	0.64
新疆	0.88	0.91	0.94	0.86	0.76	0.76	0.78	0.69	0.73	0.77	0.88	0.68	0.62	0.62

附表 5-5 农村义务教育阶段学校生均普通教室面积省内县际变异系数均值

	小 学							初 中						
	2002	2003	2004	2005	2006	2007	2008	2002	2003	2004	2005	2006	2007	2008
北京	0.34	0.31	0.32	0.36	0.38	0.28	0.30	0.43	0.37	0.33	0.49	0.34	0.37	0.40
天津	0.38	0.38	0.40	0.41	0.44	0.46	0.48	0.60	0.45	0.46	0.50	0.51	0.51	0.47
河北	0.46	0.47	0.49	0.49	0.54	0.55	0.57	0.60	0.58	0.57	0.57	0.58	0.64	0.67
山西	0.44	0.51	0.53	0.52	0.51	0.53	0.52	0.57	0.62	0.59	0.59	0.61	0.59	0.61
内蒙古	0.52	0.51	0.52	0.54	0.56	0.60	0.65	0.57	0.55	0.55	0.55	0.60	0.66	0.71
辽宁	0.44	0.45	0.46	0.48	0.55	0.60	0.73	0.43	0.40	0.40	0.45	0.65	0.50	0.55
吉林	0.56	0.58	0.58	0.61	0.60	0.57	0.57	0.53	0.55	0.52	0.56	0.51	0.49	0.47
黑龙江	0.50	0.50	0.52	0.52	0.54	0.56	0.60	0.58	0.62	0.75	0.66	0.60	0.62	0.61
上海	0.42	0.43	0.41	0.43	0.36	0.46	0.48	0.61	0.59	0.57	0.37	0.25	0.07	0.17
江苏	0.45	0.45	0.47	0.52	0.53	0.53	0.51	0.41	0.40	0.42	0.48	0.48	0.50	0.48
浙江	0.56	0.54	0.55	0.55	0.57	0.76	0.86	0.54	0.57	0.78	0.74	0.70	0.95	0.82
安徽	0.45	0.43	0.44	0.44	0.46	0.45	0.47	0.50	0.52	0.52	0.54	0.54	0.56	0.54
福建	0.72	0.71	0.68	0.67	0.70	0.76	0.72	0.78	0.78	0.68	0.69	0.69	0.82	0.76
江西	0.56	0.63	0.64	0.62	0.61	0.64	0.61	0.60	0.67	0.62	0.61	0.58	0.60	0.51
山东	0.56	0.58	0.62	0.63	0.60	0.61	0.67	0.54	0.53	0.56	0.59	0.68	0.63	0.73
河南	0.41	0.41	0.42	0.39	0.41	0.42	0.44	0.59	0.52	0.54	0.52	0.47	0.50	0.51
湖北	0.45	0.49	0.51	0.53	0.55	0.58	0.47	0.61	0.53	0.51	0.47	0.46	0.50	0.57
湖南	0.46	0.47	0.48	0.49	0.54	0.53	0.51	0.68	0.70	0.70	0.66	0.67	0.69	0.53
广东	0.63	0.61	0.66	0.71	0.73	0.54	0.63	0.55	0.50	0.51	0.68	0.72	0.72	0.73
广西	0.58	0.59	0.59	0.62	0.64	0.62	0.53	0.61	0.65	0.64	0.63	0.52	0.76	1.03
海南	0.40	0.48	0.48	0.51	0.53	0.50	0.48	0.47	0.51	0.59	0.66	0.53	0.41	0.59

续表

	小 学							初 中						
	2002	2003	2004	2005	2006	2007	2008	2002	2003	2004	2005	2006	2007	2008
重庆	0.41	0.39	0.40	0.40	0.39	0.47	0.49	0.61	0.70	0.49	0.39	0.59	0.63	0.71
四川	0.69	0.71	0.66	0.62	0.63	0.59	0.62	0.98	0.62	0.60	0.78	0.85	0.89	0.90
贵州	0.52	0.52	0.52	0.52	0.57	0.60	0.66	1.01	1.07	0.76	0.73	0.69	0.71	0.69
云南	0.62	0.61	0.61	0.63	0.63	0.65	0.66	0.53	0.48	0.47	0.49	0.50	0.58	0.54
西藏	0.51	0.51	0.53	0.53	0.53	1.06	0.84	0.21	0.00	0.38	0.19	0.14	0.39	0.29
陕西	0.53	0.53	0.53	0.54	0.55	0.56	0.57	0.65	0.64	0.60	0.61	0.61	0.61	0.58
甘肃	0.52	0.53	0.54	0.51	0.52	0.49	0.52	0.64	0.62	0.61	0.62	0.61	0.55	0.55
青海	0.73	0.75	0.77	0.72	0.75	0.74	0.53	0.46	0.49	0.51	0.54	0.63	0.75	0.68
宁夏	0.41	0.43	0.47	0.44	0.43	0.61	0.57	0.23	0.33	0.38	0.40	0.42	0.54	0.58
新疆	0.60	0.61	0.59	0.58	0.58	0.54	0.57	0.57	0.58	0.66	0.60	0.66	0.66	0.71

附表 5-6　农村义务教育阶段学校生均图书室面积省内县际变异系数均值

	小 学							初 中						
	2002	2003	2004	2005	2006	2007	2008	2002	2003	2004	2005	2006	2007	2008
北京	0.26	0.26	0.31	0.43	0.40	0.30	0.28	0.42	0.42	0.43	0.49	0.45	0.34	0.40
天津	0.32	0.32	0.33	0.35	0.39	0.39	0.40	0.39	0.33	0.30	0.31	0.32	0.34	0.32
河北	0.53	0.55	0.55	0.54	0.58	0.58	0.59	0.59	0.69	0.61	0.56	0.55	0.59	0.59
山西	0.61	0.62	0.61	0.60	0.58	0.57	0.53	0.51	0.48	0.49	0.46	0.52	0.55	0.58
内蒙古	0.63	0.61	0.59	0.60	0.63	0.62	0.62	0.63	0.67	0.66	0.59	0.63	0.72	0.77
辽宁	0.50	0.52	0.49	0.55	0.61	0.65	0.75	0.46	0.41	0.41	0.49	0.69	0.51	0.50
吉林	0.68	0.70	0.71	0.77	0.73	0.71	0.60	0.64	0.67	0.64	0.53	0.50	0.50	0.47
黑龙江	0.51	0.51	0.54	0.57	0.59	0.63	0.68	0.48	0.48	0.49	0.54	0.54	0.59	0.56
上海	0.37	0.34	0.37	0.57	0.49	0.37	0.46	0.65	0.65	0.56	0.34	0.27	0.28	0.17
江苏	0.47	0.45	0.46	0.49	0.49	0.50	0.50	0.54	0.56	0.54	0.52	0.48	0.47	0.55
浙江	0.63	0.56	0.72	0.72	0.68	0.95	0.88	0.87	0.81	0.92	0.88	0.83	0.78	0.73
安徽	0.59	0.58	0.58	0.59	0.57	0.58	0.59	0.57	0.56	0.57	0.58	0.56	0.51	0.50
福建	0.71	0.71	0.67	0.66	0.76	0.70	0.70	1.00	1.13	0.96	1.04	0.92	0.90	0.84
江西	0.74	0.66	0.64	0.70	0.69	0.65	0.67	0.57	0.48	0.81	0.61	0.54	0.56	0.46

续表

	小 学							初 中						
	2002	2003	2004	2005	2006	2007	2008	2002	2003	2004	2005	2006	2007	2008
山东	0.53	0.53	0.55	0.53	0.48	0.51	0.50	0.59	0.61	0.57	0.62	0.59	0.62	0.65
河南	0.49	0.48	0.53	0.49	0.49	0.49	0.51	0.58	0.56	0.55	0.56	0.55	0.54	0.57
湖北	0.53	0.55	0.57	0.58	0.65	0.64	0.51	0.60	0.57	0.55	0.51	0.54	0.55	0.55
湖南	0.66	0.64	0.64	0.63	0.63	0.59	0.66	0.65	0.68	0.64	0.61	0.61	0.61	0.52
广东	0.64	0.68	0.76	0.85	0.95	0.57	0.68	0.68	0.57	0.78	0.77	0.75	0.86	0.61
广西	0.68	0.69	0.69	0.68	0.65	0.64	0.61	0.74	0.72	0.68	0.65	0.53	0.66	1.41
海南	0.59	0.69	0.70	0.70	0.67	0.65	0.50	0.39	0.50	0.59	0.60	0.39	0.43	0.53
重庆	0.69	0.54	0.54	0.45	0.49	0.50	0.55	0.57	0.75	0.46	0.52	0.64	0.59	0.57
四川	0.79	1.24	0.85	0.67	0.69	0.65	0.68	0.62	0.57	0.54	0.64	0.77	0.79	0.77
贵州	1.07	1.15	0.79	0.63	0.54	0.55	0.59	1.55	1.10	0.81	0.69	0.67	0.69	0.66
云南	0.79	0.80	0.81	0.80	0.78	0.78	0.75	0.93	0.92	0.96	0.97	0.68	0.61	0.58
西藏	1.06	0.94	0.99	0.95	0.91	0.84	0.79	0.28	0.00	0.36	0.19	0.14	0.30	0.36
陕西	0.64	0.59	0.54	0.51	0.50	0.50	0.50	0.62	0.65	0.61	0.58	0.56	0.56	0.52
甘肃	0.93	0.94	0.97	0.92	0.90	0.82	0.80	0.67	0.72	0.72	0.70	0.65	0.56	0.56
青海	0.79	0.76	0.80	0.80	0.86	0.81	0.70	0.62	0.64	0.62	0.69	0.65	0.64	0.57
宁夏	0.39	0.38	0.44	0.39	0.43	0.57	0.89	0.41	0.53	0.58	0.57	0.45	0.53	0.97
新疆	0.70	0.68	0.67	0.64	0.65	0.58	0.57	0.66	0.61	0.67	0.61	0.70	0.70	0.72

附表 5-7 农村义务教育阶段学校生均计算机室面积省内县际变异系数均值

	小 学							初 中						
	2002	2003	2004	2005	2006	2007	2008	2002	2003	2004	2005	2006	2007	2008
北京	0.47	0.38	0.35	0.44	0.52	0.39	0.39	0.42	0.42	0.32	0.50	0.51	0.37	0.40
天津	0.67	0.63	0.41	0.40	0.43	0.41	0.43	0.52	0.37	0.38	0.39	0.42	0.41	0.38
河北	1.00	0.83	0.68	0.58	0.61	0.60	0.60	0.58	0.48	0.47	0.45	0.50	0.56	0.56
山西	1.42	1.32	1.19	1.08	0.97	0.85	0.76	0.76	0.69	0.64	0.63	0.67	0.62	0.53
内蒙古	0.82	0.72	0.73	0.63	0.51	0.52	0.64	0.67	0.57	0.61	0.67	0.65	0.70	0.77
辽宁	0.79	0.70	0.64	0.60	0.62	0.66	0.79	0.39	0.40	0.36	0.37	0.53	0.47	0.54
吉林	0.78	0.76	0.75	0.82	0.81	0.82	0.70	0.64	0.65	0.61	0.57	0.55	0.52	0.47

续表

	小　学							初　中						
	2002	2003	2004	2005	2006	2007	2008	2002	2003	2004	2005	2006	2007	2008
黑龙江	0.99	0.91	0.89	0.84	0.84	0.74	0.74	0.53	0.50	0.49	0.51	0.49	0.47	0.49
上海	0.60	0.65	0.70	0.48	0.54	0.38	0.19	0.39	0.27	0.29	0.71	0.41	0.38	0.17
江苏	0.89	0.68	0.63	0.51	0.50	0.51	0.51	0.53	0.42	0.43	0.44	0.45	0.44	0.44
浙江	0.89	0.75	0.84	0.82	0.74	0.78	0.88	0.98	0.74	0.97	0.88	0.82	0.76	0.79
安徽	0.71	0.72	0.74	1.05	1.04	0.94	0.84	0.71	0.64	0.58	0.59	0.51	0.54	0.47
福建	1.70	1.52	1.40	1.31	1.20	1.13	1.10	1.02	0.91	0.80	0.75	0.70	0.73	0.64
江西	1.39	1.12	1.12	0.94	0.88	0.78	0.81	0.73	0.55	0.96	0.55	0.54	0.51	0.50
山东	1.26	1.13	0.86	0.64	0.57	0.57	0.58	0.68	0.65	0.60	0.53	0.57	0.60	0.61
河南	1.04	0.93	0.92	1.31	1.06	0.93	0.60	0.59	0.56	0.54	0.54	0.50	0.46	0.51
湖北	1.18	1.07	0.92	0.76	0.71	0.74	0.85	0.73	0.71	0.66	0.50	0.49	0.50	0.49
湖南	1.41	1.18	1.12	0.96	0.85	0.86	0.96	0.79	0.76	0.68	0.63	0.60	0.61	0.52
广东	2.27	2.24	2.12	2.23	2.32	1.77	1.26	1.49	0.95	0.98	0.99	1.01	1.03	0.64
广西	1.86	1.62	1.45	1.63	1.43	1.11	1.49	1.09	1.00	0.89	0.70	0.58	0.68	1.27
海南	0.87	0.97	0.89	0.75	0.84	0.75	0.64	0.55	0.56	0.64	0.59	0.40	0.52	0.57
重庆	0.71	0.62	0.46	0.42	0.42	0.48	0.87	0.62	0.76	0.45	0.54	0.60	0.53	0.64
四川	0.82	1.75	0.83	0.67	0.70	0.66	0.68	0.62	0.58	0.54	0.70	0.77	0.82	0.79
贵州	0.86	1.47	0.79	0.65	0.58	0.56	0.63	1.27	1.26	0.55	0.51	0.57	0.56	0.59
云南	1.84	1.49	1.28	1.10	0.98	0.85	0.79	1.30	1.38	1.13	0.95	0.81	0.65	0.55
西藏	3.42	2.21	1.52	1.26	1.09	1.01	1.34	—	0.00	0.38	0.19	0.14	0.30	0.54
陕西	1.21	1.04	0.87	0.79	0.70	0.65	0.61	0.78	0.76	0.72	0.66	0.61	0.59	0.53
甘肃	2.42	2.10	1.85	1.63	1.57	1.43	1.36	1.53	1.19	1.07	0.95	0.99	0.86	0.85
青海	1.32	1.42	1.25	0.93	0.85	0.86	0.83	0.48	0.68	0.74	0.69	0.62	0.69	0.64
宁夏	0.91	0.77	0.78	0.90	0.80	0.56	0.94	0.75	0.82	0.71	0.50	0.45	0.63	1.02
新疆	1.65	1.36	1.24	0.83	0.72	0.71	0.67	1.27	1.12	1.18	0.75	0.69	0.75	0.71

附表 5-8　农村义务教育阶段学校生均食堂面积省内县际变异系数均值

	小　学							初　中						
	2002	2003	2004	2005	2006	2007	2008	2002	2003	2004	2005	2006	2007	2008
北京	—	—	—	—	0.43	0.52	0.52	—	—	—	—	0.72	0.48	0.43
天津	—	—	—	—	0.52	0.48	0.43	—	—	—	—	0.66	0.68	0.61

续表

	小 学							初 中						
	2002	2003	2004	2005	2006	2007	2008	2002	2003	2004	2005	2006	2007	2008
河北	—	—	—	—	1.00	0.94	0.97	—	—	—	—	0.59	0.67	0.63
山西	—	—	—	—	0.81	0.82	0.92	—	—	—	—	0.81	0.77	0.78
内蒙古	—	—	—	—	0.95	0.88	0.78	—	—	—	—	0.75	0.86	0.87
辽宁	—	—	—	—	0.95	0.93	0.81	—	—	—	—	0.65	0.75	0.83
吉林	—	—	—	—	1.19	1.13	0.97	—	—	—	—	0.59	0.58	0.73
黑龙江	—	—	—	—	1.51	1.49	1.32	—	—	—	—	0.68	0.66	0.73
上海	—	—	—	—	0.49	0.37	0.59	—	—	—	—	0.35	0.25	0.17
江苏	—	—	—	—	0.90	0.82	0.79	—	—	—	—	0.56	0.61	0.51
浙江	—	—	—	—	0.69	0.70	0.71	—	—	—	—	0.77	0.84	0.85
安徽	—	—	—	—	1.21	1.13	1.13	—	—	—	—	0.58	0.69	0.72
福建	—	—	—	—	0.72	0.75	0.83	—	—	—	—	0.86	0.90	0.82
江西	—	—	—	—	0.54	0.54	0.55	—	—	—	—	0.72	0.69	0.54
山东	—	—	—	—	0.86	0.71	0.88	—	—	—	—	0.65	0.70	0.79
河南	—	—	—	—	0.90	0.88	0.73	—	—	—	—	0.48	0.51	0.60
湖北	—	—	—	—	0.60	0.65	1.07	—	—	—	—	0.61	0.61	0.46
湖南	—	—	—	—	0.65	0.67	0.60	—	—	—	—	0.59	0.59	0.60
广东	—	—	—	—	1.51	0.91	0.77	—	—	—	—	1.03	0.93	0.77
广西	—	—	—	—	0.75	0.82	0.81	—	—	—	—	0.64	0.74	1.40
海南	—	—	—	—	0.80	0.62	0.67	—	—	—	—	0.52	0.60	0.76
重庆	—	—	—	—	0.46	0.54	1.34	—	—	—	—	0.65	0.66	0.76
四川	—	—	—	—	0.72	0.68	0.75	—	—	—	—	0.73	0.75	0.78
贵州	—	—	—	—	1.24	1.19	1.14	—	—	—	—	0.74	0.66	0.62
云南	—	—	—	—	0.63	0.73	0.74	—	—	—	—	0.69	0.70	0.65
西藏	—	—	—	—	0.40	0.52	0.56	—	—	—	—	0.14	0.46	0.38
陕西	—	—	—	—	0.68	0.68	0.70	—	—	—	—	0.61	0.68	0.67
甘肃	—	—	—	—	1.65	1.40	1.29	—	—	—	—	1.01	0.90	1.03
青海	—	—	—	—	0.84	0.95	0.99	—	—	—	—	0.58	0.61	0.42
宁夏	—	—	—	—	0.73	0.59	0.72	—	—	—	—	0.57	0.94	0.66
新疆	—	—	—	—	1.41	1.35	1.25	—	—	—	—	0.79	0.65	0.67

附表 5-9　农村义务教育阶段学校生均厕所面积省内县际变异系数均值

	小　学							初　中						
	2002	2003	2004	2005	2006	2007	2008	2002	2003	2004	2005	2006	2007	2008
北京	—	—	—	—	0.50	0.40	0.40	—	—	—	—	0.44	0.42	0.47
天津	—	—	—	—	0.52	0.58	0.62	—	—	—	—	0.55	0.58	0.58
河北	—	—	—	—	0.53	0.54	0.55	—	—	—	—	0.63	0.71	0.71
山西	—	—	—	—	0.69	0.65	0.64	—	—	—	—	0.58	0.59	0.58
内蒙古	—	—	—	—	0.65	0.65	0.69	—	—	—	—	0.63	0.70	0.77
辽宁	—	—	—	—	0.89	0.91	1.00	—	—	—	—	0.68	0.59	0.64
吉林	—	—	—	—	0.70	0.74	0.73	—	—	—	—	0.66	0.64	0.63
黑龙江	—	—	—	—	0.90	0.87	0.77	—	—	—	—	0.61	0.52	0.49
上海	—	—	—	—	0.52	0.38	0.40	—	—	—	—	0.35	0.41	0.17
江苏	—	—	—	—	0.55	0.57	0.53	—	—	—	—	0.53	0.56	0.53
浙江	—	—	—	—	0.57	0.70	0.84	—	—	—	—	0.65	0.84	0.87
安徽	—	—	—	—	0.53	0.56	0.56	—	—	—	—	0.52	0.55	0.54
福建	—	—	—	—	0.65	0.69	0.68	—	—	—	—	0.71	0.75	0.67
江西	—	—	—	—	0.54	0.55	0.60	—	—	—	—	0.60	0.68	0.59
山东	—	—	—	—	0.50	0.51	0.51	—	—	—	—	0.70	0.67	0.62
河南	—	—	—	—	0.65	0.64	0.52	—	—	—	—	0.49	0.51	0.55
湖北	—	—	—	—	0.56	0.58	0.59	—	—	—	—	0.54	0.54	0.51
湖南	—	—	—	—	0.52	0.53	0.51	—	—	—	—	0.61	0.68	0.49
广东	—	—	—	—	0.95	0.69	0.75	—	—	—	—	0.76	0.77	0.78
广西	—	—	—	—	0.75	0.73	0.65	—	—	—	—	0.71	0.74	1.14
海南	—	—	—	—	0.60	0.60	0.51	—	—	—	—	0.57	0.50	0.64
重庆	—	—	—	—	0.42	0.58	0.86	—	—	—	—	0.55	0.59	0.85
四川	—	—	—	—	0.67	0.65	0.66	—	—	—	—	0.77	0.79	0.77
贵州	—	—	—	—	0.46	0.47	0.54	—	—	—	—	0.56	0.55	0.56
云南	—	—	—	—	0.65	0.68	0.68	—	—	—	—	0.64	0.66	0.62
西藏	—	—	—	—	0.59	0.95	0.79	—	—	—	—	0.14	0.49	0.42
陕西	—	—	—	—	0.58	0.59	0.61	—	—	—	—	0.57	0.58	0.57
甘肃	—	—	—	—	0.61	0.56	0.59	—	—	—	—	0.72	0.65	0.65

续表

	小 学							初 中						
	2002	2003	2004	2005	2006	2007	2008	2002	2003	2004	2005	2006	2007	2008
青海	—	—	—	—	0.92	0.91	0.62	—	—	—	—	0.65	0.80	0.71
宁夏	—	—	—	—	0.53	0.51	0.93	—	—	—	—	0.44	0.59	0.90
新疆	—	—	—	—	0.77	0.70	0.62	—	—	—	—	0.67	0.67	0.69

附表 5-10　农村义务教育阶段学校生均危房面积省内县际变异系数均值

	小 学							初 中						
	2002	2003	2004	2005	2006	2007	2008	2002	2003	2004	2005	2006	2007	2008
北京	1.17	1.18	1.26	1.66	1.68	2.94	1.78	1.61	1.22	0.92	2.65	2.09	2.77	2.76
天津	2.37	1.50	1.24	0.96	2.20	1.78	1.44	0.61	0.39	0.66	0.58	3.31	—	—
河北	1.10	1.02	0.93	1.05	1.07	1.12	1.40	1.31	1.24	1.10	1.24	1.56	1.58	1.38
山西	1.23	1.15	1.27	1.35	1.74	1.57	1.59	1.15	1.01	1.10	1.22	1.34	1.24	1.63
内蒙古	0.74	0.75	0.86	1.10	0.87	0.89	0.98	0.90	0.81	1.01	1.17	1.08	1.27	1.15
辽宁	1.47	1.45	1.52	1.60	1.74	1.42	1.48	1.03	1.13	1.28	1.26	1.25	1.49	1.85
吉林	0.98	0.67	0.98	0.99	0.75	0.81	1.13	0.86	0.63	0.65	0.96	0.91	0.99	0.96
黑龙江	0.56	0.70	0.68	0.70	1.31	1.67	2.61	0.91	1.04	1.15	0.94	1.00	1.23	1.79
上海	—	—	—	—	—	—	0.58	—	—	—	—	—	—	0.18
江苏	—	3.27	5.53	4.60	—	11.35	—	5.55	5.06	25.91	5.60	5.39	—	16.50
浙江	1.55	2.16	3.07	3.97	3.43	5.92	5.08	2.00	2.14	2.72	3.90	3.81	4.92	6.94
安徽	0.51	0.46	0.50	0.54	0.53	0.81	0.90	0.61	0.58	0.72	0.65	0.57	0.72	1.13
福建	1.44	1.44	1.04	1.59	1.68	1.11	2.48	0.98	0.93	1.27	2.08	2.00	1.32	2.05
江西	0.78	1.02	1.14	1.07	1.03	1.19	1.61	1.20	0.90	0.89	0.98	1.18	1.43	1.53
山东	1.75	1.25	1.54	2.12	2.11	1.84	2.06	2.57	1.41	1.78	2.15	1.74	2.44	2.43
河南	0.77	0.86	0.98	1.08	1.00	1.02	1.42	1.09	0.92	0.99	1.23	1.15	1.19	1.39
湖北	1.01	0.81	0.78	0.98	1.01	1.07	0.78	0.88	0.71	0.86	0.89	1.28	1.06	0.80
湖南	0.92	1.05	0.93	0.98	1.16	1.38	1.33	1.00	1.05	0.90	0.93	1.01	1.12	1.26
广东	1.17	1.25	1.27	1.33	0.98	1.81	2.06	1.11	1.11	1.21	1.27	1.04	1.44	2.00
广西	0.75	0.74	0.78	0.82	0.78	0.99	1.28	0.69	0.61	0.80	0.91	1.16	1.05	2.21
海南	0.52	0.60	0.55	0.89	1.70	1.15	0.52	0.68	0.71	0.48	1.32	1.14	1.68	1.12

续表

	小 学							初 中						
	2002	2003	2004	2005	2006	2007	2008	2002	2003	2004	2005	2006	2007	2008
重庆	0.82	1.01	1.07	1.32	1.63	1.13	1.00	0.77	1.65	0.92	1.58	1.92	1.52	1.40
四川	0.99	1.21	2.47	1.77	1.40	1.47	1.50	1.08	0.93	2.41	2.13	1.65	1.47	2.11
贵州	1.22	1.02	1.30	1.36	1.57	1.50	5.96	1.37	1.86	2.01	1.62	1.89	2.81	6.38
云南	0.70	0.70	0.79	0.93	0.83	0.82	0.81	0.98	0.97	1.03	1.06	1.01	0.98	0.90
西藏	1.37	1.44	1.95	1.69	2.00	2.78	1.47	0.28	0.00	0.38	—	—	1.57	1.11
陕西	1.24	0.88	1.11	1.18	0.97	1.09	1.26	1.24	1.04	1.13	1.04	0.91	1.22	1.03
甘肃	0.66	0.76	0.77	0.86	0.94	0.75	0.83	0.67	0.77	0.74	0.86	0.92	0.78	0.81
青海	0.68	0.68	0.58	1.00	1.35	1.16	1.08	0.80	0.79	0.73	0.92	0.85	0.79	1.09
宁夏	0.74	0.68	0.98	0.85	0.87	0.85	1.54	0.83	0.85	0.85	0.83	1.39	1.43	1.56
新疆	1.08	1.05	1.07	0.87	1.07	1.56	1.66	1.10	0.88	0.78	0.92	1.37	1.56	2.28

附表 5-11　农村义务教育阶段学校生均图书册数省内县际变异系数均值

	小 学							初 中						
	2002	2003	2004	2005	2006	2007	2008	2002	2003	2004	2005	2006	2007	2008
北京	0.36	0.35	0.37	0.40	0.46	0.35	0.33	0.43	0.38	0.34	0.37	0.34	0.29	0.35
天津	0.55	0.55	0.58	0.66	0.64	0.71	0.60	0.57	0.44	0.49	0.50	0.56	0.54	0.43
河北	0.54	0.53	0.52	0.49	0.56	0.58	0.60	0.62	0.58	0.55	0.54	0.58	0.58	0.61
山西	0.53	0.57	0.56	0.54	0.53	0.55	0.51	0.51	0.54	0.55	0.52	0.59	0.57	0.56
内蒙古	0.55	0.52	0.50	0.54	0.66	0.61	0.66	0.72	0.73	0.70	0.67	0.72	0.72	0.75
辽宁	0.45	0.43	0.44	0.47	0.53	0.56	0.85	0.42	0.44	0.43	0.48	0.57	0.52	0.57
吉林	0.60	0.63	0.63	0.67	0.62	0.62	0.56	0.58	0.60	0.59	0.59	0.56	0.55	0.54
黑龙江	0.58	0.58	0.61	0.61	0.62	0.66	0.72	0.67	0.74	0.74	0.81	0.82	0.81	0.84
上海	0.50	0.52	0.42	0.58	0.50	0.43	0.30	0.38	0.36	0.48	0.45	0.14	0.17	0.17
江苏	0.41	0.42	0.44	0.50	0.50	0.47	0.47	0.46	0.46	0.48	0.51	0.51	0.50	0.47
浙江	0.64	0.63	0.66	0.67	0.65	0.77	0.74	0.56	0.54	0.75	0.83	0.73	0.85	0.76
安徽	0.56	0.55	0.56	0.54	0.47	0.47	0.43	0.56	0.60	0.59	0.62	0.58	0.60	0.56
福建	0.80	0.80	0.75	0.75	0.78	0.86	0.84	0.82	0.84	0.74	0.73	0.77	0.85	0.83
江西	0.73	0.66	0.77	0.69	0.73	0.63	0.71	0.70	0.59	0.61	0.65	0.59	0.59	0.55

续表

	小　学							初　中						
	2002	2003	2004	2005	2006	2007	2008	2002	2003	2004	2005	2006	2007	2008
山东	0.53	0.52	0.51	0.50	0.46	0.47	0.52	0.60	0.63	0.60	0.62	0.62	0.62	0.59
河南	0.43	0.42	0.43	0.42	0.44	0.45	0.53	0.47	0.44	0.43	0.42	0.43	0.43	0.54
湖北	0.53	0.51	0.51	0.47	0.50	0.65	0.49	0.73	0.74	0.68	0.56	0.55	0.57	0.46
湖南	0.59	0.59	0.59	0.59	0.60	0.60	0.59	0.67	0.67	0.66	0.65	0.66	0.70	0.65
广东	0.72	0.75	0.75	0.85	0.90	0.74	0.83	0.54	0.54	0.54	0.67	0.69	0.79	0.67
广西	0.53	0.52	0.52	0.51	0.53	0.67	0.78	0.76	0.74	0.73	0.62	0.60	0.76	1.20
海南	0.47	0.57	0.58	0.53	0.53	0.53	0.44	0.57	0.36	0.67	0.71	0.47	0.41	0.50
重庆	0.66	0.58	0.51	0.41	0.42	0.50	0.61	0.67	0.80	0.47	0.44	0.65	0.57	0.57
四川	0.69	0.70	0.68	0.68	0.67	0.62	0.62	0.68	0.71	0.70	0.76	0.72	0.73	0.72
贵州	0.59	0.57	0.54	0.52	0.59	0.60	0.67	1.49	1.11	0.76	0.66	0.67	0.66	0.66
云南	0.56	0.55	0.54	0.54	0.54	0.55	0.54	0.66	0.63	0.62	0.61	0.63	0.61	0.50
西藏	0.91	1.21	0.85	0.79	0.69	0.65	0.68	0.28	0.00	0.37	0.19	0.14	0.51	0.35
陕西	0.67	0.65	0.61	0.58	0.55	0.55	0.54	0.68	0.70	0.64	0.68	0.65	0.65	0.63
甘肃	0.83	0.82	0.79	0.72	0.75	0.66	0.62	0.86	0.85	0.86	0.90	0.79	0.71	0.81
青海	0.86	0.86	0.85	0.84	0.91	0.81	0.58	0.49	0.52	0.59	0.61	0.67	0.78	0.71
宁夏	0.50	0.46	0.53	0.50	0.53	0.59	0.72	0.32	0.46	0.62	0.47	0.44	0.62	0.90
新疆	0.70	0.76	0.72	0.66	0.63	0.67	0.71	0.77	0.71	0.77	0.62	0.85	0.94	0.96

附表 5-12　农村义务教育阶段学校生均仪器设备值省内县际变异系数均值

	小　学							初　中						
	2002	2003	2004	2005	2006	2007	2008	2002	2003	2004	2005	2006	2007	2008
北京	2.21	2.09	0.95	0.94	0.93	0.68	1.18	0.69	0.80	0.68	0.83	0.44	0.52	1.05
天津	0.38	0.39	0.26	0.53	0.29	0.51	0.32	0.44	0.30	0.34	0.34	0.33	0.49	0.26
河北	0.98	0.82	0.74	0.59	0.71	0.69	0.64	0.64	6.80	0.62	3.15	0.60	0.68	0.61
山西	0.91	0.85	1.85	1.17	4.06	0.81	0.76	0.90	1.31	1.19	0.93	1.73	1.21	0.65
内蒙古	0.66	0.61	0.58	0.54	0.75	0.69	0.61	0.72	0.72	0.62	1.09	0.81	0.79	0.74
辽宁	0.97	2.22	0.68	0.65	0.67	0.68	1.07	0.52	0.79	0.75	0.88	0.56	0.48	0.55
吉林	6.08	2.11	2.65	0.81	0.76	0.69	0.65	4.82	0.56	0.59	1.16	0.50	0.47	0.59

续表

	小　学							初　中						
	2002	2003	2004	2005	2006	2007	2008	2002	2003	2004	2005	2006	2007	2008
黑龙江	0.49	0.58	0.52	0.53	0.60	0.55	0.52	0.54	0.79	0.68	1.04	0.72	0.79	0.73
上海	0.59	0.54	0.52	0.85	1.01	0.93	0.18	0.56	0.38	0.38	0.72	0.51	0.75	0.17
江苏	2.44	0.73	0.75	0.66	0.71	0.71	0.61	0.72	0.69	0.62	0.56	0.62	0.57	0.56
浙江	0.65	0.68	0.71	0.70	0.93	0.90	0.64	0.71	0.86	0.82	0.80	1.80	0.76	0.64
安徽	0.59	0.49	0.62	0.48	0.60	0.58	0.48	0.58	3.82	3.54	3.48	0.59	0.64	0.52
福建	1.27	1.38	3.63	1.21	1.30	1.70	1.24	0.94	0.90	1.33	0.83	3.52	1.02	0.89
江西	7.17	6.17	0.64	1.89	2.18	2.15	1.40	1.07	1.33	0.82	3.79	0.66	1.00	0.67
山东	0.70	0.62	0.57	0.83	0.56	0.59	0.61	0.78	0.73	0.68	0.88	0.71	0.80	1.14
河南	0.91	0.54	0.47	1.28	0.52	0.50	0.48	1.18	1.08	1.28	0.49	0.45	0.45	0.47
湖北	1.74	1.13	0.87	0.50	0.55	0.59	0.42	0.66	2.31	0.59	0.70	3.46	0.59	0.38
湖南	3.95	2.86	1.53	1.09	0.90	0.71	0.71	0.80	0.98	1.83	1.81	2.44	0.68	0.65
广东	1.99	2.15	2.21	2.26	2.57	1.99	1.67	1.38	1.30	1.17	1.15	1.28	1.50	0.82
广西	0.70	0.71	0.80	0.78	0.73	0.78	2.11	0.82	1.05	0.93	0.85	0.68	0.79	1.86
海南	1.34	0.77	0.70	0.64	0.64	0.82	0.41	7.31	0.66	0.60	0.66	0.69	0.69	0.50
重庆	0.48	0.49	0.47	0.44	0.53	0.69	0.74	0.63	0.76	0.51	0.51	0.61	0.71	0.58
四川	2.74	0.63	0.62	0.63	0.79	0.69	0.68	0.65	0.65	0.70	0.65	0.73	0.75	0.63
贵州	5.07	1.68	0.61	0.53	0.59	0.73	0.59	0.96	0.86	0.65	0.55	0.60	0.61	0.61
云南	0.60	0.59	0.56	0.67	0.75	0.76	0.66	1.12	1.00	0.63	0.81	0.83	0.79	0.74
西藏	1.58	1.44	1.43	1.20	2.13	1.52	0.77	0.28		0.38	0.19	0.14	0.68	0.63
陕西	0.78	0.74	0.65	0.74	0.64	0.61	0.51	4.14	0.86	1.09	0.79	0.94	0.88	0.68
甘肃	4.96	3.93	1.83	2.79	0.81	0.72	0.68	5.95	6.01	5.82	5.21	0.80	0.77	0.75
青海	0.82	0.89	0.93	0.85	1.10	1.09	0.76	0.54	0.78	0.73	0.73	0.98	1.02	0.97
宁夏	0.62	0.69	0.92	0.55	0.69	1.19	0.88	0.72	1.05	0.89	0.81	0.59	0.74	1.11
新疆	1.74	2.33	2.87	3.88	1.30	1.08	0.67	1.75	1.32	1.12	1.14	1.48	1.24	0.75

附录 6： 历史视距中农村中小学办学条件及 改善举措

《大学》中说："物有本末，事有终始，知所先后，则近道矣。"对某一现象，了解其历史发展演变的过程，大概也就能发现一些原委。纵观新中国成立以来的历史进程，我们发现，我国中小学办学条件是随着国民社会经济的全面发展而逐步改善的，体现国家意志的法律法规、方针政策在其中发挥了主导作用，而基于经济发展的国家财力则是重要的基础性保障。

一、新中国成立之初

我国的教育体系以解放区的教育为基础，在学习苏联的过程中逐步建立。基础教育阶段的中小学办学条件的改善被列为发展基础教育的基本要求。1952 年颁布的《中学暂行规程（草案）》在学校的举办和建设方面提出中学各项设备以适用、经济为原则，各校对于图书、仪器、体育、卫生等设备，应尽先充实。《小学暂行规程（草案）》提出小学应有坚固、适用、安全的校舍；课堂的建筑以向南或向东南、由左面采光、光线充足、地位宽广的平房为原则；应有必要的校具、教具和有关体育、卫生的各种设备以及适当的校地和校园。

在"普及为主"的教育方针指引下，我国基础教育迅速发展，主要体现为学生和学校数量的迅速增长。《关于整顿和改进小学教育的指示》（简称《指示》）指出：1953 年小学生人数达 5500 多万，较之新中国成立前中国历史上小学生人数最高年份（1946 年）增加了 135%，但学校的混乱现象很严重，其中表现较为突出的就是原有师资水平低，校舍设备简陋；初中阶段，1954 年全国共有 4200 多所中学，在校学生共 297 万人。在当时的社会经济发展水平下，基础教育的普及以小学教育的普及为主，因而办学条件的相关政策更倾向于小学阶段。《指示》在办学条件方面也做出了相关规定：自 1954 年 1 月 1 日起，各地应按小学的行政领导关系分别列入各级预算；城市公立小学校舍的修缮、修建费及设备费，都由各该市、县政府预算开支；乡村公立小学校舍的修缮、修建以及增添设备，由各该县人民政府统筹解决，如有不足，得在群众自愿的原则下筹款备料，或采取群众献工献料等办法加以解决；各县在土地改革中如留有机动土地，在可能条件下，应划出一部分作为学田，由县掌握，以弥补小学经费之不足。

二、改革开放初期

1978 年 9 月颁布的《全日制中学工作条例（试行草案）》和《全日制小学暂行工作条例（试行草案）》在办学条件方面也提出了相关要求。中学要认真贯彻执行勤工俭学、勤俭办学的方针；教育行政部门应该积极地、有步骤地改善学校校舍和教学、体育、卫生、生活等方面的设备，切实加强学校的后勤工作、管理好学校；学校的布局要力求合理，每个学校的规模不宜过大；全日制中学实行党支部领导下的校长分工负责制，校长是学校行政负责人，管理学校的校舍、设备和经费，努力改善教学条件。小学要认真贯彻执行勤工俭学、勤俭办学的方针，努力做好后勤工作；要加强对校舍的维修和管理，逐步改善教学、体育、卫生、生活等方面的设备；学校布局要力求合理，便于学生就近入学；全日制小学实行党支部领导下的校长分工负责制；校长是学校的行政负责人，管理学校的校舍、设备和经费，努力改善教学条件。

而学校危房，尤其是农村学校危房是中小学办学条件改善的主要任务，据 1978 年不完全统计，农村中小学危房面积 5000 多万平方米，占中小学校舍总面积的 17.2%。在这些危房中，有些是新中国成立初期使用至今的旧祠堂、寺庙、书院、会馆等古旧建筑；有些是 20 世纪 60 年代以后，因校舍不够用而改造的仓库、牛棚，或是因基建投资不足，因陋就简建设的土房、茅屋。这些校舍条件都对教育教学活动的开展和师生的人身安全造成了威胁。同时，还存在着县城以下村镇中小学建设过程中的质量问题引起的房屋倒塌等办学条件问题。①

三、20 世纪 80 年代中期至 20 世纪末

1985 年，《中共中央关于教育体制改革的决定》颁布，标志着我国教育事业正式进入了改革与发展的新阶段。1986 年《中华人民共和国义务教育法》从国家意志的层面确定了九年制义务教育的法律地位，要求地方各级人民政府必须创造条件，使适龄儿童、少年入学接受义务教育，但对学校办学条件没有做出详细规定。

1992 年国家教委印发的《全国教育事业十年规划和"八五"计划要点》指出，今后十年，中央和地方各级政府都要逐步增加教育投入，完善多渠道筹措教育经费的体制，使各级各类学校的办学条件有显著改善，使其分期分批地达到国家和地方规定的设置标准。"八五"计划期间教育发展的基本任务是一般农村地区要搞好学校布局调整，充实办学条件，着重抓好的几项主要工作和采取的措施是加强校舍和教学设施建设，改善办学条件。"八五"期间各级政府要把改善学校的办学条件，首先是校舍建设列为重要工作，抓紧抓好，并在投资安排上实行倾斜政策，使教育基建投资有较多增加，使学校尽快达到规定的设置标准。中小学新建校舍、改造旧校舍的任务仍然十分繁重，要继续动员各方面的力量，增加教育基建投资。要做到新增危房问题当年解决。中小学实验室建设，要视不同地区的财力和实施义务教育的进度进行规划。

1992 年，《中华人民共和国义务教育法实施细则》对办学条件做出了规定。该文件要求实施义务教育应当具备与适龄儿童、少年数量相适应的校舍及其他基本教学设施；具有按编制标准配备的教师和符合义务教育法规定要求的师资来源；具有一定的经济能力，能够按照规定标准逐步配置教学仪器、图书资料和文娱、体育、卫生器材；地方各级人民政府和其他办学单位应当积极采取措施，不断改善实施义务教育的条件。同年国家教委发布的《关于多渠道筹措教育经费改善办学条件的公

---

① 国家教育委员会办公厅. 基础教育法规文件选编. 北京：北京师范大学出版社，1988.

告》指出，十一届三中全会以来，我国中小学校面貌发生了显著变化，办学条件得到很大改善。我国绝大部分地区的中小学基本实现了"一无两有"（校校无危房，班班有教室，人人有课桌凳）。

据不完全统计：1981—1991 年，我国多渠道筹措用于改善中小学办学条件的经费共 1066 亿元，其中国家财政拨款为 357.5 亿元，社会集资、捐助等各种渠道筹措教育经费为 708.5 亿元，共修缮、新建、改建中小学校舍总面积 6.72 亿平方米，添置课桌凳 1.16 亿套，并使我国 80 多万所中小学校的教学仪器、图书资料、文化器材和校园设施等也有不同程度的充实。① 新的任务是确保在 1994 年前消除中小学危房，为学校标准化建设扫清障碍。

中国共产党第十四次全国代表大会，确定了社会主义市场经济体制，经济改革步伐进一步加快。1993 年中共中央、国务院颁布的《中国教育改革和发展纲要》指出发展基础教育，必须继续改善办学条件，逐步实现标准化。

1996 年 4 月 10 日，国家教委关于印发《全国教育事业"九五"计划和 2010 年发展规划》，提出了改善基础教育办学条件的政策措施，要求"今后一个时期，要集中一定的财力、物力，有计划、有步骤地改善办学条件，为全面提高教育质量奠定必要的物质基础。基础教育在实现'一无两有'之后，要进一步推进学校标准化建设，切实解决教具、实验仪器、图书资料短缺问题，保证民族教育教材的翻译出版和供应。"

四、21 世纪的第一个十年

党中央和政府在不断完善教育管理体制和经费保障机制的过程中，采取了积极有效的措施，特别是政府在 21 世纪的第一个十年当中，实施了"两基"攻坚计划、"农村初中校舍改造工程""农村寄宿制工程""农村远程教育工程"等，农村义务教育阶段学校办学条件总体上得到了极大改善。特别是在经济发达地区，义务教育城乡一体化进程加快，农村学校办学条件的现代化水平更是处于领先地位。

---

① 何东昌. 中华人民共和国重要教育文献（1949—1997）. 海口：海南出版社，1998：3429.

附录 7：回归与超越：中小学建筑的教育意蕴

中小学校建筑空间的教育意蕴在于，其作为一种特定的场所服务于人类教育教学活动的开展和学生个体的个性化与社会化成长。但是，随着我国经济社会的发展，中小学阶段建筑与教育之间原本应如影随形的关系变得渐行渐远。教育的发展无暇顾及甚至是遗忘了建筑空间的局限与可资利用，在理论的洪流和实践的困窘之中奋力寻找方法、制度等的应对之策。在建筑界，学校建筑就是其歇脚的"客栈"，建筑空间的教育意蕴不是其深究的内容。面对中小学建设以至教育发展中的诸多问题，教育界需要主动实现建筑空间的转向与回归，促进建筑界的教育超越，进而实现中小学建筑空间时代性教育意蕴的融入。

毫无疑问，无论是从个体的经验感知还是科学研究的证据看，人们都明显地受到了环境的影响。能够清晰勾勒出人类进化历程的建筑就是重要的环境之一，它促进、制约并体现着人类文明的发展。到了今天，建筑的功能和意蕴已经发生巨大的变化，为了开发一种跳出简单功能主义巢穴的建筑，使用者的福利就必须予以关注。[①] 而对于教育来讲，学校就是作为使用的学生将要度过其生命中漫长而又十分关键阶段的特殊场所——这就是学校建筑为什么格外值得关注的理由。

但是在我国，教育界只是感受到了学校建筑对教育教学所能产生的影响，而且仅仅停留在诸如学校"一无两有"的基本办学条件层面。学校建筑似乎向来都是建筑界和行政部门的事情。于是，呈现出教育界的集体缺席和建筑界的浅尝与轻忽，在学校建筑实践当中就呈现出

---

① 卡雷特·布洛特. 当代教育设施. 桂林：广西师范大学出版社，2013：1.

学校建设的混论和毫无章法。如果说在 20 世纪，学校建筑因地制宜、因陋就简因为是严重地受到了经济社会发展水平的制约，那么当前学校建设中超豪华建设、趋同的标准化建设以及胡乱建设的乱象，诸如管理制度等影响因素很多，但其重要原因就在于教育和建筑之间的渐行渐远。因而，厘清并认识这种现状，对于中小学建筑教育意蕴的回归意义重大。

一、历史进程：中小学建筑的教育意蕴

（一）建筑之于教育的意义

简单地说，建筑就是人类盖的房子，为了解决他们生活上"住"的问题，就是解决他们安全食宿的地方、生产工作的地方和娱乐休息的地方。① 技术上是指人们用泥土、砖、瓦、石材、木材（近代用钢筋砼，型材）等材料构成的一种供人生产、生活和使用的房屋和场所。在人类发展的历程当中，教育和建筑都是不可或缺的要素，二者如影随形地交织在一起，并发生着内容和形态的变化。② 但是在很长的时间里，建筑更多地都只是一种工具性的载体而存在于教育活动中。

原始人类在生产、生活浑然一体的原始形态下，在简单原始的建筑中进行着早期形态的教育活动，渐渐地，有了所谓的"成均之学"③，再后来有了传授知识的公共场所，一如史书记载的孔子"杏坛讲学"和古埃及、古希腊"智者"演讲的场所，这时期的教育建筑空间大多附属于贵族、僧侣的生活工作空间或者公共空间；到了 12、13世纪，西方行会及城市学校出现，依然没有专门用来进行教育教学的独立学校建筑，这个时候的中国虽然有了较为成熟的教育制度和先进

---

① 梁思成. 梁思成谈建筑. 北京：当代世界出版社，2006：3.
② 卡雷特·布洛特. 当代教育设施. 桂林：广西师范大学出版社，2013：1.
③ "成均"本意是指经过人工加工的、平坦宽阔的场地，很可能是指氏族部落居住区内的"广场"。儿童在那里进行有教育性质的活动，学习生产生活知识和技能。"成均之学"就是指当时的教育建筑空间形式。

的教育思想，但建筑空间上也是"学在官府"；直到 16 世纪编班制课堂在西欧尝试，以及夸美纽斯"班级授课制"理论于 19 世纪末的大规模推广，独立的学校建筑才应运而生并随各种教育理论的变迁而受到挑战，进而呈现出不同的阶段形态，诸如 19 世纪末期常见的 Giddings 学校建筑，20 世纪初常见的"四合式"学校建筑，20 世纪中后期的"陈列馆式"学校建筑和"开放式教学空间"等。①

（二）中小学建筑的教育意蕴

相对于其他阶段的学生来说，中小学学生由于处于特殊的身心发展阶段，更容易受到外界环境的影响，所以中小学建筑的教育意蕴就在于，其作为一种特定的场所服务于学校教育教学活动的开展和学生个体的个性化与社会化成长。具体体现为如下方面。

1. 庇护以保护青少年儿童的人身安全

在任何社会历史时期，处于个体成长阶段的青少年儿童由于生理机能和心理认知的不成熟，都极易遭受人身与生命安全的侵害，所以从最基本的人类延续的意义上讲，青少年儿童都是受到保护的。从原始的教育活动到现代中小学教育，建筑的第一教育要义就是提供安全的庇护。这也是中小学校结构相对简单、坚固并建有围墙的原因之所在②，这样可以为青少年儿童提供安全保护。毕竟对于个体的发展来说，生命才是第一重要的。

2. 浸润以培养学生良好的道德品质

建筑通过人的视觉、听觉、触觉等感官塑造个体的态度和行为。如果一所学校的建筑空间让人觉得如沐春风，那么学生就会产生一种被悦纳的愉快感觉，还可能附加上"光环效应"而形成对周遭人物的良好态度，而不会因为糟糕的情绪激发一连串的冲突与破坏性行为。这就是环境对个体的潜移默化。中小学阶段是青少年世界观、人生观、价值观形成的关键时期。因而，学校如果把公民道德、良好的文明习

---

① 张宗尧，李志民．中小学建筑设计．北京：中国建筑工业出版社，2008：8.

② 美国的校车可以视作学校建筑的一种活的延伸，其坚固实用的设计就是基于安全第一的"以学生为本"的教育理念。

惯与行为规范、优秀的传统美德等德育内容，融入学校的建筑环境和氛围当中，就会收到建筑之润物无声的德育效果。

3. 唤醒以促成学生高尚的艺术审美

或许在每个年幼的生命当中都沉睡着一种与生俱来对美的感知力，这或许是人类共通的对于美的社会遗传。李泽厚先生说"美作为感性与理性，形式与内容，真与善，合规律性与合目的性的统一，与人性一样，是人类历史的伟大成果。"① 建筑之美亦然，当学校建筑呈现出这样一种统一之美，就能在适当的时候唤醒学生对建筑美、艺术美乃至生命之大美的感知，促使其生发行为与心灵之美。

二、渐行渐远：教育界的缺席与建筑界的浅尝

可是，随着经济社会的发展，教育的建筑之用和建筑的教育之意在中小学建筑中是渐行渐远，② 表现为教育界在中小学建筑理论研究与实践上的集体缺席和建筑界在中小学建筑理论上的浅尝与实践上的轻忽。

（一）教育界在中小学建筑中的缺席

"学校建筑"似乎是一个被教育界遗忘了的领域，在新中国成立以来的历程中，笔者通过文献资料的回顾，只能觅得教育界的寥寥数人。在中国知网（CNKI）中以"学校建筑"进行篇名的"精确"搜索，共有各类相关文献资料 270 余篇，分布在自 1956 年至今近 60 年的时间跨度上。在所有这些文献资料中，刊发在含《中国教育报》在内的教育类期刊上的仅 30 篇③，其中，还有个别作者为建筑界学者。其余200 多篇文献资料，包括 10 多篇学位论文大多来自建筑界的理论与实践工作者。当然，在以学校为分析单元的宽泛意义上的建筑层面，有

---

① 李泽厚. 美的历程. 北京：生活·读书·新知三联书店，2009：217.

② 这种状况体现在各级各类的学校建筑中，但笔者仅关注中小学校，因为关于高等教育阶段学校建筑的研究的数量已较多。

③ 此外，华东师范大学有两篇以"学校建筑"为篇名主题词的学位论文，分别为绍兴江 2009 年的博士学位论文《学校建筑研究：教育意蕴和文化价值》和李存金 2011 年的硕士学位论文《凝固的教育音符》。

另外两类与此相关呈"一虚一实"的研究，即校园文化建设和学校办学条件。前者作为学校管理学的范畴，研究相对较多且微观；后者作为教育经济与管理的范畴，研究较少且宏观，但在国外，对学校建筑设施的范畴有比较微观和丰富的研究。① 与此相关的，教育界的另一种缺席则更为彻底，即在学校建筑的规划设计和建造过程当中，鲜有教育研究者参与并提出教育的关照。

相应地，这种理论与实践层面缺席的原因在于如下彼此相关的几个方面：其一，受传统的"劳其体肤、苦其心智"等苦学思想影响，学校建筑对教育教学活动以及师生工作学习的影响还没有得到清楚的认识，在既有教育改革发展的纲领性文件中难见学校建筑的内容便很能说明这一点。其二，教育界在经济社会发展的推动下，身陷教育理论的洪流与教育内在问题的困窘之中而奋力挣扎，只试图从方法、技术、内容、教育自身和学生以及制度方面寻求教育教学以及学生发展的突破口，而无暇顾及习以为常的教育之所。其三，长期以来，学校规划建设管理体制中建和用完全分离，学校建筑被纳入民用建筑，通过主管部门批准和经费单列的程序进行，建筑设计单位负责规划设计，施工单位负责建设，学校师生只管使用。如此，教育基本理念、理论很难有机会融入学校的建筑中。

（二）建筑界在中小学建筑中的浅尝

相对于教育界在中小学建筑中的缺席而言，建筑界的确是一直在场，但也只是一种"浅尝辄止"，主要原因在于其特定的立场和目的。正如建筑学界所承认的，中小学校是大量性民用建筑，在建筑学专业的教学计划中，中小学校建筑设计多被选定为建筑设计系列课程中的第二个或第三个课程设计题目，即低年级学生的设计入门课，是为以后建筑设计课奠定基础的一个课题。原因在于：其一，学生都有中小学学习经历，对中小学校所承载的行为活动比较熟悉，有利于学生很快地进入设计状态；其二，中小学建筑功能空间相对于其他类型建筑

---

① 杨小敏. 办学条件对学生影响的"凯西模型"及其应用与发展. 中国人民大学教育学刊，2011（3）：88～98.

较为简单，易于学生理解建筑空间的各设计要素。① 可见，中小学校的建筑只是建筑界"侠客们"经过的一个"客栈"，他们的目的地在别处。

当然，也有以此处为目的的建筑界业者，其宏图大志就是要回应教育教学改革发展进程中令人忧思的育人问题和中小学建设问题。② 但与教育界的研究者所遭遇的中小学建筑施行程序不同的是，受制于建设单位委托和主管们审批的程序，建筑设计工作者同样难以进行改革创新，其富有创意的设想只能屈服于"雇主的要求"。在现行体制下，从某种程度来说，我们今天的建筑水平实际上体现了甲方的水平，甲方对建筑的要求有多高，设计出来的建筑水平就有多高，这是非常要命的。还有，建筑师昨天设计会堂，今天设计厂房，明天设计校舍，要建筑师对学校的教学功能以及教育的动态完全了解是不可能的。③ 这就更不用说在建筑中融入教育教学的理念了。

三、回归与超越：走向富有生命的中小学建筑

在新的世纪，教育和建筑都有了划时代性的新发展。对我国中小学建筑而言，是时候努力实现教育的空间回归和建筑对教育超越，让建筑成为富有生命力的教育场所了。

（一）教育的空间回归与建筑转向

1. 新时期教育综合改革发展的必然

坚持以人为本、全面实施素质教育是新时期教育改革发展的战略主题，其核心在于解决好培养什么人、怎样培养人的重大问题，重点要面向全体学生，坚持德育为先、能力为重、全面发展。于细微处，学生所处的环境不容忽视，为学生全面而富有个性的发展而进行的教育教学改革，需要回归到其所在空间，大到整个校园的建筑空间布局，小到课桌椅的摆放和室内的温度和湿度环境。这是新时期教育综合改

---

① 张宗尧，李志民．中小学建筑设计．北京：中国建筑工业出版社，2008：8.

② 叶辉．中国学校建筑忧思录．观察与思考，2006（2）：14～19.

③ 叶辉．中国学校建筑忧思录．观察与思考，2006（2）：14～19.

革的必然要求，影响教育教学和学生发展的因素众多，一直以来缺乏重视的建筑环境更容易成为发展短板。

2. 建筑对学生发展存在系统化影响

心理学的研究指出了学校规模、建筑质量和风格、活动空间、室内光照和空气质量等物理环境和相关条件等对儿童的影响。例如，规模较小的学校对学生的发展更为有利，表现在学生的考试成绩和其他一些行为要好于规模较大的学校。学校规模小，有利于教师之间、师生之间和学生之间的有效沟通，进而影响学生的态度和行为。因此，加里·埃文斯再次强调了物理环境的重要性，并认为物理环境对少年儿童的发展直接和间接（通过父母和其他监护人）产生影响。这种影响发生的潜在机制有多种可能，例如父母和子女间以及其他的人际互动、自我调节、生理性适应、信念控制等，但需要通过更多设计精妙的科学研究予以验证。影响还和少年儿童的年龄阶段、性别、气质、营养状况、智力和是否早熟等因素相关。虽然我们对多种环境的影响的累积性知之甚少，但可以肯定的是，环境对少年儿童的影响不是随机的。[1]

（二）建筑的教育超越

对于建筑界或者绝大多数建筑设计师而言，他们缺乏在中小学建筑上精耕细作的内在动力，而且也没有一种外在力量可以迫使其改变在中小学建筑中的浅尝与轻忽，因为中小学建筑对于他们来讲就是一件简单的练习作品，倘若要寻找创作的灵感或提升设计水平，他们就奔向艺术了。[2] 但对教育者来讲，他们希望自己的理念能够体现在建筑之中，可以对学生发挥显性与潜在、直接与间接的教育影响。

因此，教育界的主动介入除可能在实现自己空间转向与建筑回归的同时，还可以外在地促进建筑的教育超越。一方面通过理论层面的学术交流激发建筑界对中小学建筑教育意蕴的关注；另一方面通过教育行政管理部门释放建筑界在学校建筑设计上的活力，而不仅仅是建

---

① 杨小敏. 办学条件及其对学生成绩的影响——基于中国农村义务教育阶段中小学校的实证研究. 北京：北京师范大学，2012.

② 肯尼斯·弗兰姆普敦. 现代建筑：一部批判的历史. 北京：生活·读书·新知三联书店，2012：5.

筑师。一如日本著名建筑师所说，建筑师并不像画家或钢琴家那样独自一人就可以发挥自己的艺术才能，建筑师本身并不进行作品的制作，而是率领多人进行工作，给他们下指示，在操作手法上与电影导演或交响乐团的指挥有些相似。① 中小学建筑的教育超越更需要一种通畅有效的协同工作环境和机制，从而实现教育与建筑的融合。

（三）走向富有生命的建筑

富有生命的建筑往往在于其百世的流传，一如万里长城永不倒，一如金字塔屹立于地球两千多年不见老态等，充分体现了坚固、适用、美观的经典要素。对于中小学建筑来讲，其生命活力也在于此。

1. 以学生为本

学生是学校建筑生命的源头，学校及建筑在根本上都是服务于学生个体个性化与社会化发展的。中小学建筑首先要考虑的就是安全防护，其次才是发展性需要。所以，无论是学校的新建还是改扩建，建筑的坚固都是优先目标，贯穿于学校的网点布局、校址选择、校园规划建设、校舍建筑组合以及室内空间布局等方面的每一个环节。之后才是学校建筑的适用、美观和经济等目标。

2. 结构系统灵活开放

从耐久性上讲，建筑大都建立在地上，体积大，建造的投入也大，所以一旦建筑施工完成，就不会轻易移动或拆除。但作为一个组织化的建筑结构，需要在运行的过程中完成新陈代谢，那么就需要在规划设计上充分考虑学校建筑系统的灵活开放，以便于根据教育教学的实际需要进行内在调整、升级和对外交流。当然这种对外开放并不一定要超前地拆除校园围墙。②

3. 蕴含教育理念

如前文所述，学校建筑须有教育的意蕴，也就是要有教育功能。与建筑基本作用相关的诸如安全等方面除外，学校建筑还应满足学生

---

① 安藤忠雄. 安藤忠雄论建筑. 北京：中国建筑工业出版社，2002：158.
② 有学校建筑的设计案例要拆掉学校的围墙甚至是教室的墙壁。笔者认为基于教育意蕴的学校建筑改革创新是必要的，但要防范不顾安全要素的过度超前。

成长的个性化与社会化发展的要求，而这些教育理念是在不断变化发展的，因而就需要基于建筑的开放性理念，适时地利用先进的教育理念和方法。例如随着特殊教育中融合教育理论与实践的发展，教育建筑所体现出的理念就需要通过完善的无障碍设施予以表现，凡此种种。

四、结语

本文基于对学校建筑研究现状的分析和把握，阐述了中小学建筑中教育和建筑的关系，以及回归与超越可能的行动选择。但这也只是一种初步的探讨，关于在教育改革发展新的历史阶段中小学建设和建筑的宏观政策问题和微观经验证据的研究几乎还没起步，教育学界对该问题也还没有给予应有的关注。

教育家陶西平先生说："中国应当建立一门学校建筑学，从教育学的高度研究、改进现有的学校，设计、建造出一批承载现代教育理念、具备现代教育功能的一流学校建筑。"① 当学校建筑成为一门学科，也就意味着很多的学校建设与教育发展问题会得到应有的关注和深入系统的研究，有助于学科视域带来的局限可以被慢慢突破，从而以一种新的视角破解中小学教育教学的发展以及学校建设中存在的种种问题。尽管这还是一种企盼，却令人欣慰。

---

① 叶辉.中国学校建筑忧思录.观察与思考，2006（2）：14～19.

参考文献

一、中文文献

1. 艾尔·巴比．社会研究方法（第 11 版）．北京：华夏出版社，2009．

2. 《北京市中小学办学条件标准》编制小组．《北京市中小学办学条件标准》编制和实施的原则．教育科学研究，2004（2）：13～20．

3. 陈敬朴．农村教育概念的探讨．教育理论与实践，1999（11）：39～43．

4. 陈龙俊．农村小学校舍与设备规范化建设．北京：人民教育出版社，1994．

5. 程介明．形式与实质．上海教育，2005（03A）：31．

6. 辞海．上海：上海辞书出版社，1999．

7. 辞海．上海：上海辞书出版社，1979．

8. 崔相录，劳凯声．教育法实务全书．北京：宇航出版社，1995．

9. 杜育红，刘亚荣，宁本涛．学校管理的经济分析．北京：北京师范大学出版社，2003．

10. 杜育红．教育发展不平衡研究．北京：北京师范大学出版社，2000．

11. 杜育红．教育政策的监测与评价研究——以"西部地区基础教育发展"项目影响力评价为例．北京：人民教育出版社，2011．

12. 范先佐，等．中国中西部地区农村中小学合理布局结构研究．北京：中国社会科学出版社，2009．

13. 高洪源，耿申，李政，赵蒂．关于修订北京市中小学办学条件标准的理性思考. 教育科学研究，2002（9）：5～9.

14. 高洪源，耿申，李壑. 加速推进首都教育现代化的坚强支柱. 北京教育（普教版），2006（6）：4～7.

15. 顾佳峰. 中国教育资源非均衡配置研究——空间计量分析. 北京：光明日报出版社，2010.

16. 顾明远，石中英. 国家中长期教育改革和发展规划纲要（2010—2020年）解读. 北京：北京师范大学出版社，2010.

17. 顾明远. 教育大辞典. 上海：上海教育出版社，1998.

18. 郭志成. 不同发展水平地区义务教育办学条件的比较. 中国教师，2006（2）：19～21.

19. 国家教育委员会办公厅. 基础教育法规文件选编. 北京：北京师范大学出版社，1988.

20. 国家教育委员会政策法规司. 中华人民共和国基础教育现行法规汇编（1949—1992）. 北京：北京师范大学出版社，1993：407～408.

21. 侯杰泰，温忠麟，成子娟. 结构方程模型及其应用. 北京：教育科学出版社，2004.

22. 胡卫，唐晓杰. 中国教育现代化进程研究. 北京：教育科学出版社，2010.

23. 胡咏梅，杜育红. 中国西部农村初级中学教育生产函数的实证研究. 教育与经济，2008（3）：1～7.

24. 胡咏梅，杜育红. 中国西部农村初级中学配置效率评估：基于DEA方法. 教育学报，2009（5）：108～114.

25. 胡咏梅，杜育红. 中国西部农村小学教育生产函数的实证研究. 教育研究，2009（7）：58～67.

26. 胡咏梅，杜育红. 中国西部农村小学资源配置效率评估. 教育与经济，2008（1）：1～6.

27. 胡咏梅. 学校资源配置与学生成绩关系——基于西部农村的实证分析. 北京：教育科学出版社，2010.

28. 胡又农. 教育装备评价简明教程. 北京：北京大学出版社，2008.

29. 胡又农. 教育装备学导论. 北京：北京大学出版社，2011.

30. 贾宏燕．教育现代化的"世纪"探索．北京：中国时代经济出版社，2010.

31. 蒋鸣和．教育成本分析．北京：高等教育出版社，2000.

32. 教育科学研究编辑部．办学条件标准的若干基础性问题访谈．教育科学研究，2004（2）：16～20.

33. 杰弗里·M. 伍德里奇．计量经济学导论（第 4 版）．北京：中国人民大学出版社，2010.

34. 梁文艳．教师对学生学业成绩影响的增值性评价——基于西部五省农村中小学的实证研究．北京：北京师范大学，2010.

35. 龙承建，周鸿．论教育标准化与义务教育均衡发展．河北师范大学学报（教育科学版），2009（1）：117～121.

36. 卢淑华．社会统计学．北京：北京大学出版社，2001.

37. 闵维方，等．教育投入、资源配置与人力资本收益——中国教育与人力资源问题研究．北京：经济科学出版社，2009.

38. M. 卡诺依．教育经济学国际百科全书（第 2 版）．北京：高等教育出版社，2000.

39. 邱浩政，林碧芳．结构方程模型的原理与应用．北京：中国轻工业出版社，2009.

40. 邱浩政．量化研究与统计分析——SPSS 中文视窗版数据分析范例解析．重庆：重庆大学出版社，2009.

41. 荣泰生．AMOS 与研究方法（第 2 版）．重庆：重庆大学出版社，2010.

42. 唐·埃思里奇．应用经济学研究方法论．北京：经济科学出版社，2007.

43. 唐松林．中国农村教师发展研究．杭州：浙江大学出版社，2005.

44. 陶西平．教育评价辞典．北京：北京师范大学出版社，1998.

45. 王道俊，王汉澜．教育学．北京：人民教育出版社，1989.

46. 王焕勋．实用教育大词典．北京：北京师范大学出版社，1995.

47. 王小卫，宋澄宇．经济学方法：十一位经济学家的观点．上海：复旦大学出版社，2006.

48. 温铁军．城乡二元结构的长期性．书摘，2008（1）：38.

49. 文喆．为基础教育现代发展服务——关于中小学校办学条件标准的若干问题．教育科学研究，2004（2）：7～12.

50. 吴昊，王伟同．我国中小学建设标准体系构建研究．教育财会研究，2007（5）：3～8.

51. 吴明隆．结构方程模型——AMOS 的操作与应用（第 2 版）．重庆：重庆大学出版社，2010.

52. 吴明隆．问卷统计分析实务——SPSS 操作与应用．重庆：重庆大学出版社，2010.

53. 谢宇．回归分析．北京：社会科学文献出版社，2010.

54. 许杰．教育分权：公共教育体制范式的转变．教育研究，2004（2）：10～15.

55. 杨小敏，杜育红．农村义务教育办学条件改善的成就、问题和对策．教育理论与实践，2012（13）：20～23.

56. 杨小敏．办学条件对学生影响的凯西模型及其应用与发展．中国人民大学教育学刊，2012（3）：88～98.

57. 杨兆山，金金．建设"标准化学校" 搭建义务教育均衡发展的操作平台．东北师大学报（哲学社会科学版），2005（5）：36～41.

58. 尹海洁，刘耳．社会统计软件 SPSS 15.0 FOR WINDOWS 简明教程．北京：社会科学文献出版社，2008.

59. 袁桂林，等．中国农村教育发展指标研究．北京：经济科学出版社，2009.

60. 约翰·杜威．我们怎样思维·经验与教育．北京：人民教育出版社，1991.

61. 岳昌君．教育计量学．北京：北京大学出版社，2009.

62. 郑子莹．统一办学条件标准 保障义务教育底线公平．重庆工学院学报，2005（9）：146～149.

63. 钟秉林．中国高等教育发展地图集．北京：高等教育出版社，2009.

64. 钟晓鸣，万小笠．Excel 在统计分析中的应用：基础知识、典型范例、综合实战. 北京：科学出版社，2009.

65. 周稽裘，等. 教育现代化：一个特定历史时期的描述. 北京：教育科学出版社，2009.

二、英文文献

1. Adriel Ezra Shearer. The Impact of a New School Facility. Athens，Ohio：Ohio University，2010.

2. Angus Deaton. Instruments，Randomization，and Learning about Development. Journal of Economic Literature 48，2010 (6)：424-455.

3. Anna Vignoles，Rosalind Levacic，James Walker，Stephen Machin，David Reynolds. The Relationship between Resource Allocation and Pupil Attainment：A review. London：Centre for the Economics of Education，2000.

4. Carol S. Weinstein. The Physical Environment of the School：A Review of the Research. Review of Educational Research，1979，49 (4)：577-610.

5. Cynthia Uline，Megan Tschannen-Moran. The Walls Speak：The Interplay of Quality Facilities，School Climate，and Student Achievement. Journal of Educational Administration，2008，46 (1)：55-73.

6. C. Cash. A Study of the Relationship between School Building Condition and Student Achievement and Behavior. Blacksburg，VA：Virginia Polytechnic Institute and State University，1993.

7. C. Kenneth Tanner. Effects of School Design on Student Outcomes. Journal of Educational Adminstration，2009，47 (3)：381-399.

8. C. McGuffey. Improving Educational Standards and Productivity：The Research Basis for Policy. Berkeley，CA：McCutchan Publishing Corporation，1982.

9. David H. Monk. Educational Finance：An Economic Approach. New York：McGraw-Hill Publishing Company，1990.

10. D. Branham. The Wise Man Builds His House Upon the Rock：The Effects of Inadequate School Building Infrastructure on Student Attendance. Social Science Quarterly，2004，85 (5)：1112-1128.

11. E. A. Hanushek. The Impact of Differential Expenditures on School Performance. Educational Researcher, 1989, 18 (4): 45-51.

12. E. Hines. Building Condition and Student Achievement and Behavior. Blacksburg, VA: Virginia Polytechnic Institute and State University, 1996.

13. Gary Natriello. Diverting Attention from Conditions in American Schools. Educational Researcher, 1996, 25 (8): 7-9.

14. Gary W. Evans. Child Development and the Physical Environment. Annual Review of Psychology, 2006, 57: 423-451.

15. Kenneth Leithwood, Doris Jantzi. A Review of Empirical Evidence about School Size Effects. Review of Educational Research, 2009, 79 (1): 464-490.

16. Lanham Ⅲ, James Warren. Relating Building and Classroom Conditions to Student Achievement in Virginia's Elementary Schools. Blacksburg, VA: Virginia Polytechnic Institute and State University, 1999.

17. L. K. Lemasters. A Synthesis of Studies Pertaining to Facilities, Student Achievement, and Student Behavior. Blacksburg, VA: Virginia Polytechnic Institute and State University, 1997.

18. L. V. Hedges, R. D. Laine, R. Greenwald. Does Money Matter? A Meta-analysis of Studies of the Effects of Differential School Inputs on Student Outcomes. Educational Researcher, 1994, 23 (3): 5-14.

19. Martin Eugene Sheets. The Relationship between the Condition of School Facilities and Certain Educational Outcomes, Particularly in Rural Public High Schools in Texas. Lubbock, TX: Texas Tech University, 2009.

20. M. M. Al-Enezi. A Study of the Relationship Between School Building Conditions and Academic Achievement of Twelfth Grade Students in Kuwaiti Public High Schools. Blacksburg, VA: Virginia Polytechnic Institute and State University, 2002.

21. M. M. Berner. Building Conditions, Parental Involvement, and Student

Achievement in the District of Columbia Public School System. Urban Education, 1993, 28 (1): 6-29.

22. Robert Scott McGowen. The Impact of School Facilities on Student Achievement, Attendance, Behavior, Completion Rate and Teacher Turnover Rate in Selected Texas High Schools. College Station, TX: Texas A&M University, 2007.

23. Sean O'Sullivan. A Study of the Relationship between Building Conditions and Student Academic Achievement in Pennsylvania's High School. Blacksburg, VA: Virginia Polytechnic Institute and State University, 2006.

24. Stephanie Marie Hughes. The Relationship between School Design Variables and Student Achievement in a Large Urban Texas School District. Waco, TX: Baylor University, 2005.

25. W. Brannon. A Study of the Relationship between School Leadership and the Condition of School Buildings. Blacksburg, VA: Virginia Polytechnic Institute and State University, 2000.

26. Zheadric E. Barbra. Georgia School Principals' Perceptions of the Impact of School Facilities on Student Achievement. Statesboro, GA: Georgia Southern University, 2006.

后　记

　　呈现在读者面前的这本专著是基于我的博士论文修改而成的，也是我的第一本个人专著。"初生之物，其形必丑"，这本专著难免存在很多的不足，但还是希望能对读者有些许的启发，尤其希望本书的出版能够唤起学术界以及所有关心教育事业的同人对中小学器物层面的办学条件以及学校建筑的关注和进一步的认识。

　　在本书即将出版之际，对师长和亲朋好友的感激之情油然而生。可以说，对学校投入和办学条件问题的关注与系统思考以及本书的形成，要归功于我的导师杜育红教授。在论文写作过程中，杜老师从选题到最终定稿都给予了悉心指导。杜老师严谨的治学态度以及谦逊、平实而富有智慧的为人处事之道，令学生受益匪浅。也要感谢向蓓莉老师的鼓励，她的鼓励增加了我面对自己的信心和勇气。滴水之恩当涌泉相报，唯有以不辜负期望的努力和一种将师之大爱转赠于人的行动才能回报老师的谆谆教导。

　　衷心感谢杜老师门下的兄弟姐妹。相遇相知是一种缘分。我们就像从天上飘落的雪花，一片一片落在了一起，相聚在这样一所古老而又年轻的学校学习、生活，感谢大家给予的无私帮助。也感谢教育经济研究所的老师和同学们，胡咏梅老师、杜屏老师、曾晓东老师等，翁秋怡、冯羽、侯玉娜、龚爱芊、刘叶、李真真、赵汝英、李琳琳、吴映熊、朱庆环等同学在我写作的过程中给予了很大的帮助，在此一并表示感谢！此外，特别感谢北京师范大学经济与工商管理学院袁连生教授、赖德胜教授，北京大学教育学院丁晓浩教授、岳昌君教授给予的宝贵意见和建议，特别感谢对"联校教育、社会科学、医学研究论文奖计划"无偿提供资助的香港圆玄学院和汤伟奇博士，以及作为

"联校教育、社会科学、医学研究论文奖计划"发起人之一的杜祖贻教授。

衷心感谢我的同窗好友们！

衷心感谢北京教育科学研究院提供的出版资助，感谢教育发展研究中心的同事们提出的修改建议！

衷心感谢北京师范大学出版社陈红艳等编辑为本书的出版所付出的辛勤劳动！

最后，感谢家人给予的无私支持和帮助！

由于知识和能力有限，本书一定存在着纰漏甚至是错误之处，也恳请读者批评指正！

杨小敏

于北京师范大学四合院

2015 年 6 月 13 日

图书在版编目（CIP）数据

办学条件及其对学生的影响：基于中国农村义务教育阶段中小学校的实证研究/杨小敏著. —北京：北京师范大学出版社，2015.9
　ISBN 978-7-303-19195-6

　Ⅰ．①办…　Ⅱ．①杨…　Ⅲ．①农村学校—中小学—学校教育—研究—中国　Ⅳ．①G639.21

　中国版本图书馆 CIP 数据核字（2015）第 153126 号

北京教育科学研究院学术著作出版资助基金项目

研究得到"联校教育、社会科学、医学研究论文奖计划"的奖励资助

营　销　中　心　电　话　　010-58805072　58807651
北师大出版社学术著作与大众读物分社　　http://xueda.bnup.com

BANXUETIAOJIAN JIQI DUI XUESHENG DE YING XIANG

出版发行：北京师范大学出版社　www.bnup.com
　　　　　北京市海淀区新街口外大街 19 号
　　　　　邮政编码：100875
印　　刷：北京京师印务有限公司
经　　销：全国新华书店
开　　本：787 mm×1092 mm　1/16
印　　张：15.25
字　　数：230 千字
版　　次：2015 年 9 月第 1 版
印　　次：2015 年 9 月第 1 次印刷
定　　价：48.00 元

策划编辑：陈红艳　　　　　责任编辑：齐　琳　康　悦
美术编辑：王齐云　　　　　装帧设计：王齐云
责任校对：陈　民　　　　　责任印制：马　洁